VARIEDADES LINGÜÍSTICAS Y LENGUAS EN CONTACTO EN EL MUNDO DE HABLA HISPANA

EDITORAS

CARMEN FERRERO
NILSA LASSO - VON LANG

SEGUNDA EDICIÓN

authorHOUSE™

1663 LIBERTY DRIVE, SUITE 200
BLOOMINGTON, INDIANA 47403
(800) 839-8640
WWW.AUTHORHOUSE.COM

First published by AuthorHouse 5/3/2011

ISBN: 978-1-4208-2205-2 (e)
ISBN: 978-1-4208-2204-5 (sc)

Printed in the United States of America

This book is printed on acid-free paper.

TABLA DE CONTENIDO

INTRODUCCIÓN

El presente volumen es la segunda edición de este libro que surgió de nuestra intención de preparar un texto para ofrecer una revisión general de las variedades lingüísticas del español o castellano y su situación como lengua en contacto con otras lenguas en diversas partes del mundo de habla hispana. El multilingüismo y el bilingüismo, en muchos de los países, áreas o ciudades donde el castellano es la lengua que predomina o ha predominado en el pasado, son fenómenos bastante estudiados. Sin embargo, existen pocos libros que recopilen artículos que hagan referencia a situaciones del español en contacto con otras lenguas a ambos lados del Atlántico. No pretende este volumen ser un estudio exhaustivo de todos los casos y situaciones de plurilingüismo en España y el continente Americano (Latinoamérica y el Caribe); nuestra intención es contribuir a la investigación de esta situación lingüística, a veces poco conocida fuera del mundo de habla hispana. Tampoco aparecen los artículos en un orden particular que indique la relevancia de cada estudio. Simplemente, hemos dividido el libro en dos secciones, una dedicada a Latinoamérica y el Caribe, y la otra a España. Por tanto, no pretendemos que el lector tome el orden como una clasificación que denote una importancia geográfico-lingüística.

En la sección de Latinoamérica y el Caribe se incluyen estudios sobre el español de América en su historia y en su contexto actual, el español y las diversas lenguas de Mesoamérica anteriores a la conquista en México, el español y las lenguas mayas en Guatemala, el español y el inglés en Puerto Rico y Panamá, el español y el quichua en Ecuador, el español y el quechua en Perú, el español y el guaraní en Paraguay, y el español y el italiano en Argentina. Además, se incluye un artículo de la situación lingüística en la zona fronteriza entre Brasil, donde se habla portugués como lengua oficial, y sus vecinos de habla hispana. El artículo sobre el "portuñol" anuncia las nuevas formas lingüísticas que se van desarrollando y que todavía no tienen un reconocimiento formal o legal, pero que sin embargo existen en las comunidades que las utilizan para comunicarse.

En la sección de España, se incluyen estudios sobre el contacto del vernáculo y el estándar en el español meridional, así como situaciones de contacto del español con otras formas lingüísticas reconocidas como lenguas co-oficiales, como el asturiano (o bable), el catalán y el euskera (vasco). Se han añadido en esta segunda edición, situaciones de contacto lingüístico que, aunque no hayan sido tan difundidas o estudiadas en el pasado, existen históricamente. Éste es el caso del español y el árabe en la ciudad de Ceuta y el español e inglés en Gibraltar.

Es oportuno aclarar que se hicieron grandes esfuerzos para crear una compilación lo más completa e inclusiva posible. La ausencia de representación de algunas regiones, zonas o Comunidades Autónomas, que reconocemos de vital importancia en el tema que nos ocupa, no se ha debido a nuestra falta de interés. Simplemente, este proyecto parece haber despertado más deseo de colaboración en algunos especialistas en la materia que en otros.

Esperamos que este libro permita a los lectores entender algo más de la realidad lingüística de algunos de los países en los que el castellano o español convive de forma cotidiana con otra u otras lenguas; así mismo, deseamos que estas páginas den muestra de las enormes posibilidades que el campo del estudio de esta situación de lenguas en contacto ofrece a los investigadores del bilingüismo.

Por último, deseamos agradecer sinceramente a todos los colaboradores que han hecho posible esta recopilación por su interés en aportar ensayos que cubren las más diversas áreas geográficas del mundo de habla hispana. También, agradecemos al Comité para el Desarrollo de la Investigación

Profesional (FDRC) en Moravian College y al Departamento de Lenguas por su apoyo económico parcial al proyecto.

PARTE I
LATINOAMÉRICA Y EL CARIBE

EL ESPAÑOL DE AMÉRICA EN LA HISTORIA Y EN SU CONTEXTO ACTUAL

Eva Bravo
Universidad de Sevilla, España

1. Introducción: el español de España y el español de América.

Hablamos un mismo idioma. Esto es lo que nos hace ser miembros de una misma comunidad idiomática que, con sucesos históricos y sociales diferentes a ambos lados del Océano, nos permite comprendernos y compartir una herencia cultural. Es la impresión que tienen un hablante de cualquier país hispanoamericano y un hablante de España cuando intercambian una comunicación en la que la lengua española se utiliza de diferente manera, poniendo en marcha distintos recursos lingüísticos, pero que crea sin duda un vínculo común. La intuición del hablante popular percibirá diferencias fundamentalmente entonativas, que no sabe describir muy bien, pero que otorga una cualidad más musical a la entonación del español americano. Curiosamente, ambos se tienen aprecio sociolingüístico: el hablante de la Península Ibérica piensa que en América se habla una lengua más pura, más ajustada a los usos correctos, mientras que el hablante americano sigue viendo en la norma peninsular un modelo digno de ser tenido en cuenta.

La variación lingüística es inherente a una lengua de expansión histórica y geográfica tan amplia como el español. Por una parte, dentro de España hay discordancias lingüísticas muy notables, hasta el punto de que un hablante español del sur puede sentirse más próximo al hispanoamericano, con el que comparte rasgos de pronunciación e incluso de morfosintaxis, que con un hablante norteño, cuya articulación de las consonantes establece una ruptura más acusada. El caso más llamativo es Canarias: el hablante de algunas zonas de estas islas puede "ser confundido" con un venezolano o un caribeño incluso por los propios peninsulares, ya que la coincidencia entonativa y de articulación puede ser sorprendente. De otra parte, dentro del continente americano hay también radicales diferencias en la articulación de consonantes y vocales, en los usos morfosintácticos y en la entonación y el léxico; estos últimos factores sin duda por directa influencia de sustrato indígena y por el contacto del español y lenguas autóctonas en la actualidad. Haciendo una simplificación extrema, podemos decir que se percibe una pronunciación distinta entre las llamadas "tierras altas" de América (cordilleras y altiplanicie), de consonantes tensas y vocales breves e incluso elididas; y las "tierras bajas" (costas e islas) donde por el contrario son las consonantes las que se articulan con extremada relajación, hasta el punto de que pueden llegar a perderse mientras las vocales se alargan o abren reforzando su articulación.

Tabla 1

Diferencias geográficas			
Articulación CONSONANTES VOCALES			
tierras altas	Articulación tensa	debilitamiento y/o pérdida	*p=s* (pues) *tons* (entonces)
tierras bajas	Debilitamiento y/o pérdida	abertura y/o alargamiento	*pué* (pues) *ento^{n}se* (entonces)

1

Desde este punto de vista, las "tierras altas" americanas coinciden en general más con la pronunciación del norte de España; las "tierras bajas" con las variedades lingüísticas peninsulares del sur: el andaluz y el canario. Esto es así hasta tal punto que se ha defendido la existencia de una variedad lingüística llamada *español atlántico* (Catalán 1958), que comprendería las características del español de América y del andaluz y canario, constituyendo un macrodialecto que cuenta hoy con un abrumador número de hablantes (98%) (Lapesa 1985:43). Incluso los hablantes de tierras altas americanas coinciden parcialmente con esta variedad meridional de la península en usos de pronunciación (seseo, yeísmo, etc.) o de morfosintaxis (ustedes), en los que se apartan de los usos castellanos norteños (Lapesa 1985:52).

2. Un punto de partida común.

2.1. Del latín al romance y del *castellano* al *español*.

El fin de la Edad Media española está marcado por el matrimonio de Isabel I de Castilla y Fernando II de Aragón, los Reyes Católicos (1474-1516), que desarrollan una política encaminada a la unificación de los distintos reinos peninsulares y a la expulsión del Islam de la Península Ibérica. Ésta culmina con la toma de Granada en 1492, unos meses antes de que Colón zarpara hacia su aventura. A la unidad política y religiosa se le suma la unidad lingüística, pues el rey Fernando abandona su lengua materna aragonesa en favor del castellano, que será a partir de ese momento la lengua del reino y del vínculo sociopolítico que el reinado de los Reyes Católicos representa. En este punto, el castellano ha dejado de ser la lengua de uno de los reinos peninsulares y se ha convertido en el *español*[1], la lengua de la unidad cultural, social y política[2]. No debemos entender esta expansión del castellano como una mera imposición de estado. Su generalización frente a otras lenguas peninsulares (navarro, leonés, aragonés, gallego, etc.) estaba avalada por su vitalidad lingüística, el creciente prestigio social que fue ganado a lo largo de los siglos precedentes y la realidad de los hablantes. Los pobladores de los territorios peninsulares que se iban ocupando tras ganarlos al Islam, hablaban castellano, en el que mezclaban a veces palabras de otras lenguas romances, según la procedencia de estos individuos. Los literatos y hombres cultos de la época reconocen una mayor propiedad lingüística del castellano y una superioridad en su vocabulario y en sus estructuras gramaticales. El latín sigue siendo la lengua de cultura y de los temas elevados, pero la sociedad real va introduciendo en ellos cada vez más el uso del castellano. Por eso, cuando Cristóbal Colón se pone al servicio de la Corona española, adopta este idioma para sus escritos y aunque en su primer viaje llevó intérpretes en lenguas orientales, todo el descubrimiento y población de las Indias occidentales se hace en español. Tras la muerte de la reina Isabel en 1504, sobrevienen años de incertidumbre en la sucesión y en el futuro de esta reciente unidad, hasta que ocupa el trono su nieto Carlos I en 1516, quien respaldará definitivamente el lugar que ocupa el castellano. Con él España adquirirá una proyección europea, no sólo por los territorios que la Corona española tiene en Flandes e Italia, sino también porque Carlos es nombrado Emperador de Alemania en 1519 y desde entonces sus viajes y su actividad diplomática y militar en Europa serán incesantes. Él personalmente adoptó el castellano como lengua de sus relaciones sociales, dentro y fuera de España, utilizándola incluso en actos políticos delicados. Con Carlos I el español desborda la geografía peninsular y se consolida como una lengua de cultura y de una proyección social incomparable, y su reinado coincide precisamente con la época en que se dibuja la geografía americana y se toma conciencia del alcance del descubrimiento de Colón.

---

[1]   Una esclarecedora síntesis histórica del nombre de la lengua en España y en América puede encontrarse en el trabajo ya tradicional de A. Alonso (1943).

[2]   Al oeste de la Península Ibérica estaba el Reino de Portugal, que en distintos momentos pertenecerá a la Corona española y lingüísticamente emparentado con la lengua que se habla aún hoy en el noroeste de la península, el gallego, de tal manera que desde el punto de vista de la historia dialectal se habla de gallego-portugués.

[3]   Por las características de este trabajo, no puedo detenerme en detalles sobre la expansión actual de estos rasgos en

Sin este respaldo de los hablantes y de la política lingüística llevada a cabo por estos gobernantes, no podría explicarse ni la difusión por América de la lengua española, ni el desarrollo de la ingente actividad literaria que se llevará a cabo en los siglos XVI y XVII, que dará sus frutos en obras de autores trascendentales para la estilización de la lengua y su cohesión hasta hoy.

2.2. La norma lingüística en la época del descubrimiento de América.

Llegados a este punto podemos preguntarnos qué variedad del castellano es la que se toma como modelo lingüístico de buen hablar y qué características conforman la norma castellana del siglo XVI. Sin duda, podemos decir que es el entorno de Carlos I el que marca el concepto de lengua prestigiosa, núcleo al que pertenecen importantes caballeros que además de su carrera militar comparten actividades literarias encarnando el ideal del cortesano: el tópico de "las armas y las letras" que simboliza el poeta Garcilaso de la Vega (c.1501-1536). Cuando el sucesor al trono, Felipe II, establece la corte en Madrid en 1561, la norma se vinculará con los rasgos lingüísticos de la documentación administrativa y de los círculos culturales que se van desarrollando en esta ciudad, dando lugar a la llamada *norma madrileña*.

Por otra parte, la floreciente actividad económica de esta época tiene en Sevilla un centro de importancia para las actividades mercantiles, especialmente las vinculadas con América. En esta ciudad el castellano llevado por los repobladores a lo largo de la etapa medieval, ha ido tomando unas características propias que la diferencian del uso cortesano. El habla de Sevilla adquirió prestigio sociolingüístico por el auge de la ciudad como capital más importante de Andalucía y puerta de América, por las actividades económicas y culturales que en ella se desarrollan, entre ellas la imprenta, y el consecuente nivel socioeconómico de sus habitantes. Surge así la *norma sevillana* como uso prestigioso de un castellano más innovador y con mayor empuje social.

Tabla 2

NORMA LINGÜÍSTICA		
Edad Media	**Norma toledana**	centro cultural potenciado por Alfonso X Escuela de traductores de Toledo
Siglo XVI	**Norma castellana o** *madrileña*	establecimiento de la corte en Madrid centralización de la gestión administrativa
	Norma sevillana	centro mercantil salida para América

En estas circunstancias está claro que la conquista y población de América se va a hacer en castellano y, puesto que la flota y toda la comunicación con las Indias se gestiona durante dos siglos desde puertos andaluces (primero Sevilla y después Cádiz), es obvio que la norma sevillana se llevó a América, sobre todo en los primeros momentos de su población.

3. Desarrollo histórico del español en América.

El asentamiento en el Nuevo Mundo empezó en el Caribe, de ahí a Tierra Firme (México y Centroamérica); cruzando el territorio hacia el Pacífico se llegó a Perú y desde allí, atravesando los Andes hacia Chile y Argentina. Así se iban desgranando por territorio americano los pobladores y su lengua española, donde entran en contacto a cada paso con la realidad lingüística indígena y crean núcleos urbanos que pronto tomarían singular importancia y se constituyen en nuevos centros culturales y administrativos americanos, como es el caso de México y Lima.

3.1. Teorías sobre el origen de la modalidad americana.

Desde finales del siglo XIX y durante las primeras décadas del XX, se han formulado distintas teorías sobre el origen del español hablado en América, sus características y componentes esenciales. Las opiniones se han agrupado en tres hipótesis de trabajo que dieron lugar a: la teoría indigenista, la teoría poligenética, y la teoría andalucista.

Tabla 3

TEORÍAS SOBRE EL ORIGEN DEL ESPAÑOL DE AMÉRICA.			
Teoría indigenista	Rodolfo Lenz (finales s. XIX)	influencia de la lengua indígena a través del componente materno	
Teoría poligenética	P. Henríquez Ureña (1925) A. Alonso	nivelación autóctona y original	sustrato indígena
			variedades peninsulares
Teoría andalucista	M.L. Wagner (1927)	teoría climatológica	semejanzas entre tierras bajas americanas y el andaluz
	P. Boyd-Bowman (1964)	datos de la emigración	emigración andaluza en el 1/3 del s. XVI

a) La teoría indigenista fue defendida por primera vez por R. Lenz, quien en su obra *Estudios chilenos* (1892-1893) establecía el origen de muchas de las peculiaridades fonéticas del español americano en la lengua indígena. Centró su estudio en la confrontación de rasgos del español de Chile con una lengua autóctona: el araucano. Sus conclusiones fueron contundentes: el español de nivel popular que se habla en Chile "es principalmente español con sonidos araucanos." Lenz fundaba su opinión en dos hechos: de una parte, en la primera población de Chile se dio el mestizaje más que en otras zonas de América; de otra, la base del aprendizaje infantil es la lengua de las madres y, en el caso de Chile, esas madres y nodrizas eran siempre indias que, aunque hablaran español, lo harían con una fuerte influencia de su lengua vernácula.

Desgraciadamente, los rasgos que Lenz atribuía a indiscutible sustrato araucano, no eran extraños en otros territorios de América y aún de España, por lo que su teoría quedaba débilmente probada. Sin duda el mestizaje influyó en el español hablado en Chile, pero no en los rasgos ni en la intensidad que auguró este investigador.

b) A partir de 1920, el dominicano P. Henríquez Ureña (1925, 1931) publicó diferentes trabajos en los que defendía el origen autóctono de las peculiaridades americanas, como síntesis de las diversas influencias peninsulares y de las culturas indígenas, dando lugar a una mezcla con identidad propia. Empezaba así a formularse la teoría poligenética, que encontró apoyo en los trabajos del español A. Alonso (1967:12): La base del español americano es la forma americana que fue adquiriendo en su marcha natural el idioma que hablaban los españoles del siglo XVI, los de 1500 y los de 1600, y unos decenios del XVII.

La idea que compartían ambos investigadores es que la base del español americano era fruto de un proceso de nivelación autóctono en el que hay que contar con el componente indígena y con las distintas precedencias peninsulares (entre ellas la andaluza), pero del que surgió una síntesis propia y original.

c) La teoría andalucista tuvo una primera formulación en los trabajos de M.L. Wagner (1927, 1930), que observó similitudes entre las tierras bajas de América y la variante lingüística andaluza, por lo que aventuró la llamada "teoría climatológica." En síntesis esta teoría sugiere que los colonos españoles tendían a asentarse en territorios de clima similar al de su región de origen; así se justificaría la abundante aparición de rasgos andaluces en la franja costera americana, frente a la menor incidencia de los mismos en las zonas del interior.

Esta teoría sufrió posteriores matizaciones por parte de otros autores como R. Menéndez Pidal (1962), quien señaló la conveniencia de hablar con más propiedad de tierras marítimas o "de flota" y tierras del interior. Las marítimas son aquéllas en contacto habitual con los barcos que llegaban de España; estas flotas estaban pensadas, organizadas y equipadas en Andalucía y salían del puerto de Sevilla cargadas de mercancías y futuros pobladores. En los primeros años del descubrimiento los pasajeros eran andaluces o españoles de otra procedencia pero que tenían que pasar un tiempo considerable en Sevilla mientras preparaban su pasaje. Las tierras del interior, por el contrario, estaban más próximas a las cortes virreinales a las que llegaban los individuos que iban a desempeñar cargos en la administración indiana y que lingüísticamente eran más afines a los usos cortesanos de la metrópoli.

El apoyo definitivo a la teoría andalucista lo proporciona el estudio de P. Boyd-Bowman (1964-68) sobre el origen de los primeros pobladores. Las listas de pasajeros a Indias le proporcionan datos que demuestran que la presencia andaluza en el primer siglo del descubrimiento se mantuvo en torno al 40% y en algunos momentos son muy elocuentes sobre la aportación meridional:

> El 81% de todos los nuevos pobladores de México llegados entre 1560-70 procedieron de la parte sur de la península: Andalucía, Extremadura y Castilla la Nueva. Entre 7.218 pobladores identificados, los 3.174 (el 44.0%) eran andaluces, y de estos últimos 2.209 (o sea el 70% aproximadamente) procedían de la provincia (y en la mayoría de los casos de la misma ciudad) de Sevilla. (Boyd-Bowman, 1972:59)

Indudablemente la presencia de andaluces no es igual en todos los territorios americanos, aunque todos ellos recibieron en mayor o menor medida individuos de esa procedencia. El Caribe fue desde 1492 hasta el siglo XVIII, el punto de llegada y de partida del emigrante que iniciaba su aventura americana y el lugar en el que los marineros andaluces vivían durante unos meses esperando que se organizara la flota de regreso. El área caribeña recibió, por lo tanto, las características andaluzas de los primeros momentos y la de los siglos siguientes y las difundió hacia el interior del continente a través de las expediciones que desde ella se organizaban.

La teoría andalucista aún recibirá un apoyo definitivo con el estudio de los documentos históricos. Los defensores de la teoría poligenética no tenían posibilidades de conocer los datos de la emigración que proporcionaría P. Boyd-Bowman casi cincuenta años después. Tampoco se percataron de la antigüedad de los rasgos andaluces en la documentación peninsular, mal conocida incluso hasta hoy. Siendo así que ellos encontraban los rasgos lingüísticos caracterizadores en la documentación americana desde los primeros momentos, era lógico pensar en un origen autóctono. Desde los años 70 y hasta la actualidad, el acercamiento a la documentación guardada en los archivos de España y América ha servido para cotejar la datación de los fenómenos y asegurar que los andaluces hunden sus raíces en la época medieval, por lo que perfectamente pudieron ir en el habla de los pobladores americanos. Y no sólo esto: tenemos constancia de que autores de procedencia castellana como el cronista Bernal Díaz del Castillo, adquieren estos rasgos tras llevar un tiempo en América, prueba de la vitalidad y empuje con que nació esta nueva variedad del español.

3.2. Rasgos de procedencia andaluza en la variedad americana. Las diferencias de la norma sevillana se centran en la pronunciación y afecta fundamentalmente a las consonantes y sobre todo a aquellos procesos que se estaban desarrollando a finales de la Edad Media y aún no tenían una única solución[3]:

3.2.1. Seseo/ceceo: la realización en las hablas andaluzas de una única sibilante donde el castellano mantiene hasta hoy una distinción. De esta forma la distinción castellana entre *casa (edificio para habitar) - caza (acción de cazar)* podría tener dos soluciones:

a) una realización única como /s/ (grafía *s*): *casa*, dando lugar a lo que llamamos *seseo*;

b) o una realización única interdental /Ө/ (grafía *z* o *c+e,i*): *caza*, fenómeno conocido como *ceceo*.

Desde los primeros momentos de la aparición de este fenómeno, el seseo se identifica con el habla urbana de Sevilla y adquiere prestigio lingüístico. El ceceo se extiende sobre todo por el campo y adquiere la connotación de rural y, además, se identifica con un defecto de articulación: el verbo medieval "zacear" significaba balbucir[4] o ser algo tartamudo. Su difusión rural y el recuerdo de un defecto en la pronunciación hicieron que el *seseo* (la *s* como solución única) fuera considerada una alternativa más culta.

3.2.2. El *yeísmo*: en las hablas andaluzas se produce una única palatal central /y/ (grafía *y*) donde el castellano tiene dos, una palatal central /y/ (grafía *y*) y una lateral /.l/ (grafía *ll*): *poyo* (banco de piedra)- *pollo* (cría de la gallina). Este es un fenómeno antiquísimo que hunde sus raíces probablemente en el romance hablado en Andalucía antes de la invasión árabe.

3.2.3. Debilitamiento de consonantes implosivas (final de sílaba), que afecta principalmente a:

a) la /-s/ sufre un proceso de debilitamiento que origina realizaciones aspiradas [h] (*mihmo*, *floreh*) e incluso la pérdida total de la consonante: *má*(s), *do*(s), etc. Pese a que la *-s* es también la marca de plural, no hay peligro en la comunicación ya que se ponen en marcha otros recursos para garantizar la comprensión de un plural (abertura de la vocal anterior, pronombres, numerales, etc.).

b) la /- d/ se realiza muy débil o se pierde por completo: *ciudá(d) calidá(d)*, etc.

c) las consonantes líquidas /-r, -l/ suelen tener como resultado la pérdida total en posición final de palabra *colo(r), igua(l), mejo(r), come(r)*; en el interior de las mismas se neutralizan con resultado vibrante en la mayor parte de Andalucía: /-r/ - /-l/ > [-r], *arma* (alma), *arto* (alto), etc., aunque hay algunas zonas donde la solución es la lateral [l].

[ ] el mediodía peninsular, ni sobre las diversas soluciones que ofrecen en esta región. Para una información gráfica y detallada, son de gran utilidad los atlas dialectales confeccionados sobre Andalucía, Canarias y algunos países americanos.

[4] Así aparece recogido por A. de Nebrija, autor de la primera gramática de la lengua castellana en 1492: "*cecear*: balbutio"

[5] Algo parecido ocurre actualmente en España, donde algunas regiones han revitalizado o "reinventado" el uso de

Tabla 4

	Español peninsular	Español americano
Seseo	distinción casa /caza	articulación única [kása]
Yeísmo	distinción pollo / poyo	articulación única [póyo]
Consonantes implosivas	mantenimiento /-s, -l, -r, -d/	debilitamiento: *ciudaᵈ* aspiración: *ehpañoleʰ* pérdida: *má* (mar, mal, más)

Estos rasgos, junto a otras características articulatorias, fueron caracterizando el castellano que se hablaba en el sur de España y concretamente en el habla de Sevilla, ciudad que se convirtió en centro cultural y prestigioso tanto desde el punto de vista: a) cultural: por la imprenta, el mecenazgo de algunas familias y una floreciente producción literaria; b) económico, como reguladora del comercio atlántico; y c) social, ya que el habla de sus pobladores se convirtió en modelo lingüístico. Esta norma se difunde fuera de las fronteras españolas hacia Canarias y América y entra en contacto con la lengua de otros peninsulares desde una fuerte posición de prestigio.

3.3. Los frutos de una política lingüística.

En esta situación lingüística de tanto empuje y vitalidad y con ese afán de unidad, es lógico que la Corona española no hubiera dudado en imponer, por fuerza o de grado, su lengua en América. Los primeros veinte años del descubrimiento fueron confusos, pero cuando se va dibujando América y conociendo la magnitud del descubrimiento, se hace necesario un nuevo planteamiento. No se trata, como en la reconquista peninsular, de extender el castellano sobre el árabe, sino que se plantean aquí temas más delicados de gobierno y de conciencia. Es éste uno de tantos asuntos en la historia de España en que el hecho histórico y sus repercusiones sociales, no puede ser comprendido sin tener en cuenta el factor religioso.

La principal justificación para la conquista de territorios era la expansión de la fe católica. Así lo había expresado el Papa en repetidos documentos, en los que encomendaba el descubrimiento de los nuevos territorios a España y Portugal estableciendo una línea de demarcación definida en la bula *Inter caetera* (1493). En la mentalidad de la época y para la conciencia de los reyes españoles -los Reyes Católicos primero y luego sus sucesores Carlos I y Felipe II- no era éste un detalle sin importancia. Se trataba de conquistar y conocer las riquezas y las posibilidades comerciales de las nuevas tierras, pero también de atraer a la religión a tantas almas. En este sentido, Portugal tiene un planteamiento estrictamente comercial y por lo tanto radicalmente distinto del de los monarcas españoles. Si ambas monarquías hubieran compartido este interés exclusivamente mercantil, posiblemente no se hubieran asentado tantos pobladores en la América hispana y la Corona española hubiera optado por un sistema menos comprometido, como el establecimiento de factorías y puertos donde hacer el intercambio, sin implicación humana en la empresa. Pero la conciencia religiosa hizo que desde los primeros momentos enviara a las Indias Occidentales numerosos individuos miembros de diferentes órdenes religiosas, con la tarea de evangelizar (Borges 1960). De otra parte, los territorios descubiertos nunca fueron considerados colonias, sino parte del territorio español con el mismo rango que cualquier otra provincia peninsular; es decir, el conquistador español iba al Nuevo Mundo a asentarse, a establecer allí su vida y su familia y a mejorar su posición social mediante el esfuerzo del descubrimiento. Era la posibilidad de saltar las barreras que la estratificación de la nobleza imponía en el viejo mundo.

Lo espontáneo y natural a la llegada de estos individuos era usar su lengua, sobre todo por la tremenda diversidad lingüística que ofrecían estos territorios y así se hizo en los primeros momentos de asentamiento en el Caribe. Pero enseguida la opinión de los misioneros fue terminante: había que acercarse al indio en su lengua; es decir, la Corona española debía favorecer que se mantuvieran y aprendieran las lenguas indígenas para ganar el afecto de los naturales y su sincera conversión a la fe católica (Ricard 1947). Era esto algo más fácil de decir que de llevar a la práctica, ya que estas lenguas eran muchas y muy diferentes entre sí, la mayoría no tenía alfabeto ni otro sistema de escritura y, desde luego, no había gramáticas para aprenderlas. Los misioneros usaron el procedimiento de inmersión en la vida indígena para aprender las lenguas autóctonas, convirtiéndose en asombrosos políglotas y preocupándose de conocer y poner por escrito las costumbres y todo el universo cultural indígena. Fruto de este empeño es una cantidad ingente de gramáticas, vocabularios, historias de los naturales, etc., pero también de traducción de libros religiosos (vidas de santos, confesionarios, homilías, obras teatrales, composiciones poéticas, etc.) que hicieran posible a otros sacerdotes aprender dichas lenguas a su llegada a América y dedicarse con rapidez a la predicación.

La política lingüística llevada a cabo en la América española está estrechamente unida a la evangelización. Bajo este filtro, desde fecha muy temprana se levantaron opiniones a favor de la castellanización del indio y otras a favor de las lenguas autóctonas. Había buenas razones para defender ambas, pero también para argumentar en contra de una y otra y, justo es decir que tanto la Corona como la Iglesia dudaron en sus decisiones (Castañeda Delgado 1990). En 1580, Felipe II establece las cátedras de *lenguas generales* indígenas, que garantizan el conocimiento por lo menos de las lenguas mayoritariamente conocidas por los naturales, ya que correspondían a los grandes imperios extendidos antes de la llegada de los españoles como el *náhuatl* en México, el *quechua* en Perú, el *chibcha* en Colombia o el *guaraní* en Paraguay. Como consecuencia, estas lenguas indígenas se extienden y aumentan en número de hablantes tras la llegada de los españoles. Una aliada vital en esta empresa fue la imprenta: en México la funda el obispo fray Juan de Zumárraga en 1539 (quizás en 1535) y el primer impreso que se conserva es precisamente una *Breve y más enjundiosa Doctrina Cristiana en lengua mexicana y castellana;* en Perú se establece en 1583 y el primer impreso limeño fue una doctrina trilingüe en español, quechua y aimara.

El mestizo tuvo un papel en la acción hispanizadora. De los primeros hijos de los conquistadores sabemos que unos volvieron al mundo indígena, otros se incorporaron a la vida colonial y algunos marchan a España, como el Inca Garcilaso de la Vega que escribió diversas obras históricas. Recibieron una cuidada educación que en nada se distinguía de la que se proporcionaba al criollo descendiente de españoles y desde 1513 hay disposiciones de la Corona española que mandan enseñar latín a indios escogidos en las Antillas. Los frailes daban una instrucción sumaria a la generalidad, dedicando más atención a los niños y antes de que hubiera colegio para españoles, fray Pedro de Gante funda el Colegio de San Francisco de Borja en Cuzco el año 1523; allí estudió el Inca Garcilaso. En México, los franciscanos fundan el Colegio Imperial de Santa Cruz de Tlatelolco en 1536. Se enseñaban las artes liberales como la gramática y, en latín, retórica, poética, lógica, filosofía y medicina e incluso tuvo entre sus enseñanzas la medicina indígena.

Pero la sociedad americana del siglo XVI y sus ciudades se estaban construyendo en español, por eso desde los primeros momentos se procuró que el indígena pudiera acceder antes o después a la lengua que no lo restringiría al ámbito rural y que le podría permitir el acceso a un puesto en la nueva sociedad colonial (Rosenblat 1963). El español era la lengua de integración y proyección social y su ignorancia podía significar en algunos casos la marginalidad. La política lingüística de la Corona y de la Iglesia oficial se volvió decididamente a favor del castellano a partir de 1770. En esa fecha, una Real Cédula del rey Carlos III impone el empleo del español a petición del arzobispo de México, aunque hay razones para dudar de que tuviera mucha eficacia. De todas formas, para esta época los movimientos de insurgencia que desembocarán en los distintos procesos de independencia de los países hispanoamericanos están ya en marcha y empieza otro capítulo de la política lingüística sujeto a las vicisitudes de gobierno de cada país. Hasta esta época el balance general que podemos hacer es que no se logró la plena hispanización, en el sentido de que aún quedaban masas de indígenas que sólo conocen su lengua autóctona, pero el español es la lengua de integración y de prestigio urbano en la sociedad americana. Este rápido desarrollo de las lenguas indígenas o del español (según los casos y las opiniones) es también el responsable de que no tuvieran fuerza en América los pidgines y apenas se hayan producido lenguas criollas que se mantengan (como el palenquero o el papiamento).

El fruto esencial de este proceso de expansión lingüística y sociocultural llevado a cabo tras el descubrimiento de América es que, en el territorio que perteneció a la Corona española, hoy se habla español y, aunque la hispanización no se haya producido al cien por cien en todos los individuos, es sin duda la lengua en la que se ha constituido la sociedad y, concretamente, la sociedad urbana. Aunque un individuo utilice su lengua autóctona en la vida cotidiana, en el desarrollo de la experiencia personal se enfrentará con la necesidad de entender o de producir un texto en español, además de que determinadas facetas de la vida y de las ocupaciones y trabajos se desarrollan exclusivamente en esta lengua. El español es una lengua prestigiosa que cohesiona las zonas urbanas a las que llegan hablantes de distintas lenguas indígenas. No tiene ambientes sociales "vetados," más allá de aquéllos ámbitos donde el uso monolingüe de una lengua indígena impida la intercomprensión; en contrapartida, las lenguas aborígenes no se usan en ciertos ambientes o trabajos. Sería impensable que un profesional de la banca descuelgue el teléfono y hable en lengua indígena, excepto si conoce al cliente que hay al otro lado de la línea, mientras que sí lo hará con total naturalidad y aceptación en español e incluso en inglés, según la zona. En conclusión, la pervivencia y uso actual de las lenguas indígenas no lesiona la funcionalidad del castellano y éste presta un servicio como lengua de intercomunicación[5].

Tabla 5

POLÍTICA LINGÜÍSTICA		
Ejecutor		**Propuestas**
la Corona	Audiencia y representantes	Castellanización del indio. Respetar las lenguas indígenas. Difusión de las lenguas generales. Enseñanza del latín (colegios).
la Iglesia	Iglesia oficial	
	órdenes mendicantes	

una lengua autóctona convirtiéndola en lengua oficial de su Comunidad Autónoma y así aparece reconocido en la Constitución. En estos momentos se debate en el gobierno la propuesta de que estas lenguas puedan utilizarse en el Congreso de los Diputados y en el Senado, ofreciendo traducción a los que no la entienden. Cuando los diputados tomen un café o charlen en el pasillo, entre ellos sin duda hablarán la lengua común; es decir, entre hablantes de las distintas lenguas autóctonas de sus respectivas regiones, el medio de comunicación es necesariamente el español.

[6] Los lexicólogos no se ponen de acuerdo a la hora de distinguir de forma unánime entre americanismo e indigenismo, hasta el punto de que algunos prefieren soslayar la cuestión hablando de "indoamericanismos." En este trabajo

4. Los usos lingüísticos americanos en su contexto actual.

El español americano presenta diferencias:

a) Diatópicas: derivadas de su proceso de expansión y del contacto con las distintas lenguas autóctonas. La modalidad hablada concretamente en el Caribe costero e insular y en las llamadas tierras bajas, comparte en general rasgos comunes con las hablas de Andalucía; mientras que el español de las zonas altas (altiplanicies y zonas del interior) tiene características comunes con el norteño de la Península Ibérica.

b) Diastráticas: por las características de la competencia lingüística de los individuos, podemos distinguir un uso de la lengua según los usos sociales y considerar la existencia de hablantes cultos, medios y populares. Cada comunidad lingüística tiene sus usos estratificados de manera que aquéllos que en una comunidad pertenecen al habla prestigiosa, en otra pueden tener una connotación abiertamente vulgar o popular. De ahí que un rasgo lingüístico pueda estar muy extendido por Hispanoamérica, pero con valoraciones sociolingüísticas muy diferentes entre los diferentes grupos que lo conocen.

c) Diafásicas: cada hablante según las circunstancias de la comunicación (el tema, el interlocutor, su estado de ánimo, etc.) alterna estilos de lengua que son perfectamente identificables por los miembros de su comunidad y confieren variedad de registros y adecuación a sus actos de comunicación. Indudablemente, el individuo culto es más capaz de alternar y cambiar de estilo de lengua o de incorporar a su estilo de habla familiar rasgos lingüísticos de un nivel social considerado popular. Sin embargo, el individuo popular, cuanta menos instrucción tenga, menos posibilidades tiene también de poder cambiar de registro, quedando atado a su único y reducido conocimiento del idioma.

Un elemento no siempre suficientemente valorado es la ortografía. La escritura es un factor unificador muy potente que ha demostrado su alta eficacia en procesos de disgregación lingüística. Aunque el español se pronuncie de forma distinta siempre se escribe igual, lo que se convierte en un apoyo vital para el afianzamiento de la norma lingüística estándar. En este sentido, hay que mencionar la fidelidad de los países hispanoamericanos a la forma de escritura normativa y el prestigio sociolingüístico que tiene en toda Hispanoamérica el individuo que conoce y maneja con competencia las normas de expresión escrita. Tras los distintos procesos de independencia de los países hispanoamericanos, en algunos trató de difundirse una "ortografía americana," adecuando las grafías a sus usos lingüísticos. Los distintos intentos no pasaron de ser experimentos con poco éxito que fueron abandonados para recuperar la ortografía convencional.

Los países de América se han implicado en la Real Academia de la Lengua Española, creada en 1713, estableciendo las academias correspondientes en sus capitales a veces sólo unos años después de sus propios procesos de independencia. Desde la primera, fundada en Bogotá (Colombia) en 1871 hasta la Academia Norteamericana de la Lengua Española (creada en New York en 1973) un total de veintidós componen esta institución que recoge las demandas de renovación lingüística y establece propuestas y pautas normativas sobre la lengua española. Con mayor o menor seguimiento, la Academia ha desempeñado un papel importante como punto de convergencia lingüística y unificación idiomática. Aunque transitoriamente algunos países americanos cayeron tras su independencia política bajo la órbita cultural de Inglaterra o Francia, llevados por el natural rechazo que un proceso de emancipación suscitaba hacia todo lo que fuera español, la ruptura total nunca se dio y es opinión común que las mejores páginas de la literatura española del siglo XX están escritas por autores hispanoamericanos. Durante décadas la Academia ha sido el referente para la enseñanza y la instrucción pública americana y su seguimiento repercute indudablemente en la unidad cultural.

Las peculiaridades lingüísticas del español americano están adscritas, en general, a uno o varios de los niveles diastráticos, diatópicos o diafásicos mencionados anteriormente.

Tabla 6

VARIEDADES LINGÜÍSTICAS			
Diatópica	tierras altas (altiplanicies e interior)		
	tierras bajas (costas e islas)		
Diastrática	Lengua culta	Oral	Literatura científica y de creación Lengua académica
		Escrita	
	Lengua estándar	Oral	Conversación Entrevistas Medios de comunicación
		Escrita	
	Lengua coloquial	Oral	Determinados programas y secciones de prensa Conversación informal
		Escrita	
Diafásica	Circunstancias de la comunicación	tema interlocutor asunto receptor estado de ánimo, etc.	

Sólo hay dos fenómenos, uno de pronunciación y otro de morfología, que se dan de manera general y con independencia de los niveles sociolingüísticos en todos los territorios de habla española en América: el *seseo* y el uso del pronombre *ustedes* como fórmula de tratamiento de confianza. Para la interpretación y adecuada valoración de éstos y otros fenómenos que caracterizan hoy la variedad americana del español, hemos de tener presente dos fuerzas que configuran esta modalidad: el arcaísmo y la innovación. Aunque contrarias, interactúan en el mantenimiento y desarrollo de ciertos rasgos muy peculiares, dándole una peculiar fisonomía.

4.1. Características de pronunciación.

4.1.1 **El seseo**. La realización *s* es única, general y prestigiosa. Desde los primeros momentos se adoptó esta solución simplificadora de la distinción castellana entre /s/ y /z/: *casa/caza, poso/pozo, caso/cazo*. La realización única [s] en estos y otros dobletes no provoca confusiones de significado, ya que es el propio contexto gramatical o de situación el que con frecuencia desambigua el significado de la palabra: "Vamos a ca*s*a" (edificio) / "Vamos de ca*s*a" (acción de cazar). La articulación de esta /s/ tiene variedades en cuanto a modo y punto de articulación, con realizaciones muy próximas al timbre ceceoso que se pueden escuchar en El Salvador, Honduras, Nicaragua, Venezuela (costa) y con menor frecuencia en localidades de Puerto Rico, México y Colombia. El tipo de /s/ más extendido, la predorsal convexa, es el más difundido en el sur de España y prestigioso en Sevilla.

4.1.2. **El yeísmo y el rehilamiento**. La distinción de los dos fonemas palatales castellanos lateral /l/ y central /y/ se mantiene en algunas zonas de Colombia, Ecuador, Perú y Chile, donde es realización prestigiosa; sin embargo, son muy extensas las regiones yeístas con neutralización en una única realización palatal central [y] que puede tener variantes articulatorias que caminan hacia el debilitamiento de esta consonante y otras que constituyen un refuerzo de la misma.

La palatal [y] llega a articularse prácticamente como una semivocal [i] o semiconsonante [j] en el norte de México y en Nuevo México, en casi toda Centroamérica, costa atlántica de Colombia y costa norte de Perú. Se trata de un proceso de desconsonantización de /y/, es decir, una disminución de la tensión articulatoria que se produce sobre todo en el contexto intervocálico, lo que hace que no se produzca la fricción que distingue [y] de [i]: *cuio* (cuyo), *poio* (poyo, pollo), *maior* (mayor). En las hablas chicanas o en los dialectos del suroeste de los Estados Unidos, el debilitamiento llega al extremo de que no se pronuncia la palatal, sobre todo cuando está en contacto con las vocales palatales del español /e,o/: *tortía* (tortilla), *cuchío* (cuchillo), *ea* (ella), etc.   Por el contrario, el llamado **rehilamiento** es un refuerzo articulatorio ya que consiste en realizar la consonante palatal con una fricatización sonora, tensa y estridente. Es muy característica de Argentina y Uruguay, pero se encuentra también en otras zonas de Centroamérica, México, Colombia y de manera dispersa en otros territorios. Por énfasis o emotividad puede aparecer en hablantes de otras zonas y del mediodía peninsular, aunque nunca con la frecuencia e intensidad que podemos oír en la zona rioplatense: (poyo, pollo), (callo, cayo), (yo), etc.

Esta realización existía ya en el siglo XVIII y es prestigiosa, pero tiene una variante ensordecida que se articula sin vibración de las cuerdas vocales. Es un fenómeno variable, que no está condicionado por el contexto fónico; más bien guarda relación con factores sociolingüísticos como clase social, sexo, edad y registro popular: en la capital de Uruguay, Montevideo, aparece más entre mujeres que entre hombres y es más característica del habla popular; en Bahía Blanca (Argentina) es muy peculiar y propia del habla de mujeres jóvenes.

4.1.3. **Los fonemas /l/ y /r/.** Es clara la influencia de las hablas andaluzas en la tendencia al debilitamiento articulatorio de estas consonantes en posición final de sílaba, que puede llevar a distintas soluciones:

a) Debilitamiento articulatorio.

b) Pérdida total, especialmente en posición final de palabra: *caló* (calor), *iguá* (igual).

c) Neutralización: un resultado único que en Andalucía y en la costa del Pacífico suele ser la vibrante [r]: *carma* (calma), *arto* (alto). En el Caribe costero e insular, la solución más frecuente es [l]: *amol* (amor), *calta* (carta) aunque en algunas zonas como Puerto Rico esta realización está estigmatizada y tiende a evitarse en los estilos más cuidados de habla.

d) Vocalización: de forma esporádica se da en hablantes del sur de España y en algunos de Cuba, República Dominicana, Puerto Rico y Colombia: *taide* (tarde), *poique* (porque), *cuai* (cual).

e) Otras soluciones son la articulación de estas consonantes como una aspirada [h] o una sibilante [s], indicadores del debilitamiento articulatorio y de la falta de seguridad que el hablante tiene en su identificación.

En otras posiciones, la /r/ tiene articulaciones peculiares en América, como la asibilación o la velarización. La asibilación es característica de Chile que afecta a la articulación de la vibrante cuando va sola o agrupada [tr]; su timbre en estos casos se acerca mucho a la /s/ castellana. La velarización se produce principalmente en Puerto Rico aunque no es general, y consiste en una realización posterior en la zona velar, con variantes de realización, algunas de ellas muy fricativas (semejantes al oído a la articulación francesa). Ambos fenómenos tienen que ver con factores sociolingüísticos y son propios del hablante popular o rural, que entran sólo ocasionalmente en la conversación informal del hablante culto.

4.1.4. **La /s/ implosiva** puede tener una realización aspirada [h] o llegar incluso a su pérdida total y vincula las hablas andaluzas con el español hablado en buena parte de América: el Caribe,

Centroamérica, Venezuela; costas de México, Colombia, Ecuador y Perú, Chile y Argentina, donde este debilitamiento es característico de la zona porteña y entra incluso en regiones del interior: *mo[h] ca, má[h], li[h]ta*, etc. La pérdida total se puede dar tanto en posición interior como final de palabra, aunque en este último caso, el mantenimiento es más frecuente cuando la palabra que le sigue empieza por vocal. El debilitamiento y la pérdida afectan al entorno fónico:

a) La vocal que precede a la /s/ suele abrirse y/o alargarse un poco. Este fenómeno tiene consistencia en Andalucía oriental donde el sistema vocálico del español se desdobla en diez unidades: vocales cerradas para el singular / vocales abiertas para el plural. Así se recupera la marca morfológica.

b) Si a la /s/ le sigue una consonante sonora, p.ej. /b, d, g/, el efecto que produce en ella puede ser el ensordecimiento; si es sorda (/p, t, k/) un refuerzo articulatorio, especialmente cuando hay un factor emotivo o enfático: *[áhko]> [áʰko]> [ákko]* (asco).

En cuanto a los factores sociolingüísticos, en determinadas hablas americanas como Chile y Panamá, se ha observado que la aspiración marca el nivel popular, mientras que la elisión es propia de los niveles más bajos. No obstante, es difícil establecer una pauta general, porque en la República Dominicana la elisión está muy generalizada, más que en otras zonas, y sube en la escala sociolingüística hasta los sociolectos altos sin distinción de contextos fónicos; en Puerto Rico y Cuba, la aspiración es norma y la elisión es más frecuente en posición final.

En posición explosiva (inicial de sílaba), la aspiración de la /s/ se produce en hablas populares de Andalucía y del Caribe, pero siempre con marcado carácter popular: *[nohótro], [sinko hentavo], [peheta]*.

4.1.5. Otras características consonánticas tienden hacia el debilitamiento articulatorio, coincidiendo plenamente con las hablas andaluzas que afecta a los siguientes fonemas:

a) Velar /x/, grafías *j, g* (+*e,i*), que se articula más suave que en España o incluso claramente aspirado (al igual que en las hablas andaluzas): *[h]ente* (gente), *mu[h]er* (mujer) y aparece en toda la escala social.

b) Palatal central africado (grafía *ch*), que se articula como fricativo: *[-s]ico* (chico), *mu[-s] o* (mucho), etc. Es una articulación muy extendida en algunas zonas, como Panamá capital, donde parece que está favorecida por el contexto fónico intervocálico y es más frecuente en hablantes jóvenes. En otros lugares como Puerto Rico, la realización fricativa es marcadamente popular, aunque se encuentra en la conversación menos formal de hablantes cultos.

c) El dental sonoro /d/ tiende a perderse en posición final de palabra y a relajarse y/o perderse en posición intervocálica: *calidá, ciudá, deo, cantao*, etc. Es un fenómeno interesante desde el punto de vista sociolingüístico, pues aunque se da con total distribución en el habla de Madrid y está bastante extendido y aceptado en el habla popular español, sin embargo en América suele tener una fuerte estigmatización, como ocurre en puntos tan distantes entre sí como Puerto Rico y Buenos Aires.

d) El fonema nasal dental /n/ en posición final sufre procesos de velarización y debilitamiento articulatorio que pueden llegar a la pérdida total y a la nasalización de la vocal precedente: *[mánso] > [maŋso]> [m˜anso] > m˜aso]*. Tiene aceptación general en el Caribe, costas de Perú y Ecuador.

e) El labiodental fricativo /f/ tiene realizaciones labializadas [v] o aspiradas [h]; la articulación velarizada [x] (*juerte, jue*) se considera rural y está fuertemente estigmatizada.

4.2. Morfología.

Nos detendremos únicamente en dos hechos pronominales que ejemplifican el arcaísmo y la innovación del español de América, además de ser marcadores de las formas de tratamiento en el español hablado en América: el *voseo* y *ustedes*.

4.2.1. **El voseo** es hoy un uso exclusivamente americano y de aceptación social. En la época medieval existía la forma *vos* (construida con verbo en 2ª persona del plural) como tratamiento de respeto para un *tú*. Esta forma fue perdiendo el valor de cortesía hasta el punto de que a finales de la Edad Media indicaba ya confianza e incluso menosprecio. Hubo que recurrir entonces a otra expresión para indicar la distancia social: *vuestra merced* (de la que proviene el actual *usted)*. Estos cambios llegaron a América y se difundieron desde sus principales cortes virreinales, México y Lima. Pero a los lugares más alejados o de más difícil contacto con ellas tardaron mucho en llegar y aún más en generalizarse, hasta el punto de que cuando se producen los procesos de independencia el cambio aún no se ha introducido plenamente. En esos territorios alejados de los focos culturales, se conserva hoy *vos* como tratamiento de confianza (equivalente o sustituyendo a *tú)*.

Se han producido algunos cambios en las desinencias verbales, ya que los verbos de la 1ª y 2ª conjugación (*-ar, -er*) reducen su diptongo (*vos cantás, vos comés*) y pierden la *-d* en el imperativo (*cantá, comé, salí*). Y puesto que para algunos hablantes sustituye a *tú*, también se emplea *vos* con verbo en 2ª persona del singular (es decir, morfología de *tú*): *vos cantas, vos comes, vos sales,* e igualmente pueden aparecer con pronombre complemento de *tú (vos te callás, vos te callas, tú te callas)*.

Tabla 7

TRATAMIENTO DE CONFIANZA 2ª PERSONA DEL SINGULAR			
Estándar español	**tú**	+ 2ª pers. sing.	tú cantas, comes, duermes
Estándar americano	**tú**	+ 2ª pers. sing.	tú cantas, comes, duermes
	vos	+ 2ª pers. sing. + 2ª pers. plural	*vos cantas, comes, duermes* vos cantás, comés, dormís

Para el estándar peninsular es la pervivencia de una forma y un uso arcaizante, pero en Argentina, Uruguay, amplias zonas de Centroamérica y Ecuador, Perú, Chile, etc. goza de plena vitalidad y aceptación en el ámbito familiar, ya que *tú* es más formal y a veces puede indicar una cierta falta de confianza o distancia social. El uso según clases sociales, grado de formalidad de la situación y niveles de educación varía de región a región: desde lugares donde sólo aparece entre las clases menos educadas y en la lengua hablada muy familiar de las clases cultas, hasta zonas como Argentina y Uruguay, donde es usada por todas las clases sociales, en todos los ambientes y tanto en la lengua escrita como en la oralidad. Su vitalidad actual está firmemente arraigada en buena parte por el prestigio de que goza el habla argentina.

4.2.2. El uso de ***ustedes*** como tratamiento de confianza es el único rasgo morfológico común a todo hispanohablante y tiene plena aceptación y prestigio en toda la gradación sociolingüística. En el español estándar tiene dos usos claramente asignados: *ustedes* (+ 3ª pers.) es la forma de plural para el tratamiento de respeto, mientras que la confianza se marca con *vosotros* (+ 2ª pers. verbal). No obstante, en Canarias y en buena parte de Andalucía se ha extendido también el uso de *ustedes* como forma de confianza, aunque algunos hablantes andaluces seleccionan la 2ª persona verbal (*ustedes cantáis*) y otros alternan entre ambas formas verbales: *ustedes sabéis / ustedes saben.*

Tabla 8

FÓRMULAS DE TRATAMIENTO 2ª PERSONA DEL PLURAL			
	Confianza		*Respeto*
Español estándar	**vosotros + 2ª pers. plural** (vosotros cantáis)		**ustedes + 3ª pers. plural** (ustedes cantan)
Estándar andaluz	**vosotros + 2ª pers. plural** (vosotros cantáis)		**ustedes + 3ª pers. plural** (ustedes cantan)
	ustedes	**+ 2ª pers. plural** (ustedes cantáis)	
		+ 3ª pers. plural (ustedes cantan)	
Estándar americano	**ustedes + 3ª pers. plural** (ustedes cantan)		

El hablante americano (al igual que el canario) construye siempre con el verbo en 3ª persona y *ustedes* tiene un doble significado como tratamiento de respeto y de confianza. Es un uso general en todos los niveles y situaciones, ya que la forma *vosotros* se aprende en la escuela pero es rara en la vida cotidiana y se considera hiperculta.

4.3. Léxico

Las principales características del léxico hispanoamericano se gestan en el mismo proceso del descubrimiento. A partir de las primeras noticias de América difundidas por Colón a su regreso, la naturaleza de los territorios recién descubiertos se muestra como algo desbordante y el adjetivo "maravilloso" será recurrente en las primeras descripciones. Para explicar ese "nuevo mundo" el léxico patrimonial del castellano del siglo XVI sufre un proceso de expansión semántica, a partir del cual las palabras castellanas simples adquieren un nuevo significado aplicado exclusivamente a América, dando lugar a los llamados *americanismos* léxicos[6]. Es el léxico castellano el que se adapta a la descripción de la realidad americana, utilizando los recursos lingüísticos de sufijación o estructuras sintagmáticas, hasta que poco a poco se van conociendo y adaptando a español las palabras que proporcionaban las lenguas autóctonas.

Es muy interesante tener presente que desde los primeros momentos de su incorporación al caudal léxico del español estas palabras de procedencia indígena tienen indudable prestigio; de hecho, se

---

llamo *americanismo* al vocablo que, procedente del fondo léxico patrimonial del español, amplía su significado para designar una realidad americana: *piña* para el fruto llamado en guaraní *ananás*, *pimiento de Indias* en vez del náhuatl *chile*. El *indigenismo* es la palabra que etimológicamente procede de una lengua autóctona americana (*ananás*, *chile*).

[7] En el español popular peninsular la designación es hoy *coche* (con motor) y *coche de caballos*. *Carro* designa el vehículo tirado por animales y destinado a transportar cargas. Tanto en el español peninsular como en el americano

incorporan inmediatamente al lenguaje literario y aparecen en las obras de los grandes autores de la época: Cervantes, Lope de Vega, Calderón. Desde el español y con la base del prestigio que esta lengua tiene en la Europa de la época y su predominio en Indias, estos vocablos se difundirán al inglés, francés, italiano, etc. Conocer y utilizar en los textos los americanismos e indigenismos era signo de experiencia de la realidad americana, "ser perito," circunstancia muy valorada en la sociedad peninsular del XVI; por eso es significativo que hagan gala de él más los autores peninsulares y criollos que los mestizos. Esto explica en parte que algunos términos patrimoniales fueran aceptados y utilizados por criollos de las ciudades, consiguiendo desplazar al indigenismo autóctono. Y así el *puma* siguió llamándose *tigre*, *lagarto* al inquietante *yacaré* y *perrillo* al singular *escuincle* mexicano.

La desaparición en la lengua hablada de indigenismos procedentes de distintas lenguas que designan una misma realidad sólo fue un proceso natural de selección y economía léxica, nunca un rechazo al término indígena, puesto que el conquistador y poblador de América utilizan, si les era posible, no uno sino varios vocablos para mostrar su profundo y exacto conocimiento de la tierra. El descubridor incorpora desde los primeros momentos los indigenismos y los utiliza de manera natural y cuando entra en contacto con otras lenguas, da cuenta de los sinónimos, pero continúa utilizado y difundiendo el primero que aprendió. Esto explica que las primeras palabras de la lengua taína aprendidas en el Caribe, pasen en boca de los conquistadores a México y desde allí se difundan en el estándar por toda América del sur. Es la sociedad criolla americana del XVI la que hace la selección, basada en el prestigio lingüístico que tiene la lengua de estos primeros hombres.

El vocabulario del español de América se caracteriza de una parte por esa enorme capacidad para innovar, para crear palabras nuevas utilizando los procedimientos lexicogenésicos del propio español; y de otra por el arcaísmo, es decir, por la pervivencia de palabras y significados que ya han desaparecido del uso estándar del español peninsular. Éste es el caso de *carro*, una palabra muy general hoy en el español americano, que originariamente se utilizaba para designar "el vehículo de carga con ruedas tirado por animales." Cuando se dedica al transporte de dos o más pasajeros, el español peninsular del siglo empezó a utilizar el galicismo *coche*, préstamo de escaso éxito en el español americano; y cuando la revolución industrial aplica el motor a este medio de transporte, el español peninsular utiliza popularmente *coche* (en niveles más cultos *automóvil*) mientras que Hispanoamérica sigue fiel a la designación tradicional, amplía el significado del vocablo y lo llama *carro* hasta la actualidad.[7]

Desde el punto de vista del estándar peninsular, el español americano utiliza arcaísmos porque en él perviven palabras que tienen escasa vitalidad en la norma para el hablante peninsular o están relegadas a usos dialectales, pero para el hablante americano tienen plena vigencia, como es el caso de la palabra *pollera* (falda), *vidriera* (escaparate), o la preferencia por los adverbios de lugar *acá* y *allá* frente a la selección peninsular (*aquí, allí*).

Finalmente, apuntaba antes una mayor facilidad que parece caracterizar al español americano hasta hoy para crear palabras con los procedimientos de designación internos del español sin recurrir a préstamos de otras lenguas, rasgo este fuertemente apreciado por el hablante peninsular que suele pensar que, en general, el hablante americano, incluso el más popular, usa una lengua española más propia y tradicional. De hecho, los estudios sociolingüísticos sobre el habla de las principales ciudades americanas, muestran que en ellas hay menor presencia de préstamos en general y de anglicismos en particular, que en el español de España, incluso en aquellos países de mayor proximidad o vinculación con Estados Unidos (Lope Blanch 1979): *parquear* y *parqueo* frente al galicismo general

---

hay numerosas designaciones específicas y muchísimas más en hablas familiares o jergales.

[8] La norma castellana culta (madrileña "académica") tiene sobre cada una de las *fragmentadas* normas locales de Hispanoamérica la ventaja de su *prestigio histórico*; pero cuando la norma americana es general -común a todas o a la mayor parte de las hablas prestigiosas del Nuevo Mundo-, su peso contrarresta plenamente esa prioridad de

en España *aparcar* y *aparcamiento*; *tocino* frente al peninsular *beicon (bacón)*; o el tan mencionado e internacional signo de la circulación "stop" que en muchos países de América y concretamente de la zona caribeña está sustituido por el castizo "alto."

5. Conclusión: el prestigio lingüístico y el estándar.

Las últimas décadas del siglo XX han mostrado un desplazamiento del centro de gravedad en cuanto a la norma prestigiosa de la lengua española. El modelo no se encuentra ya indiscutiblemente en el habla de la antigua metrópoli[8], sino que cada vez más se atiende a un estándar americano considerado como culto y prestigioso y que muestra sin complejos en la oralidad los rasgos que he descrito en este trabajo. Ya que las soluciones lingüísticas aceptadas no lo son por cuestiones etimológicas sino por motivos extralingüísticos (prestigio, difusión social, vitalidad, simplificación, etc.) hay que prestar atención al número de hablantes de esta modalidad y su creciente aceptación social. Los medios de comunicación y la publicidad son claros receptores de estas tendencias y, atentos a su consumidor final, cada día conceden más cabida a estos usos en sus producciones. El efecto llega incluso a España, donde se emiten una gran cantidad de producciones hispanoamericanas que tienen buena acogida de audiencia[9].

En la América que habla español, ninguna ciudad tiene más prestigio lingüístico que otra. Cada capital es modelo en su país, pero está claro que la emigración del campo a la ciudad confiere al habla urbana una apreciación social indiscutible. La actitud de los hablantes será fundamental para el futuro de la lengua y está clara hoy por hoy la voluntad de unidad lingüística en el mundo hispánico. Se trata de conseguir una unidad en el respeto a la diversidad lingüística.

---

raigambre histórica (Lope Blanch 1986:31). No creo, sin embargo que estemos, como augura este autor, a las puertas de un "divorcio lingüístico" entre el español de España y el americano, sino más bien ante una mayor aceptación y permeabilidad en el español de los usos característicos del español atlántico.

[9] A España están empezando a llegar películas dobladas en el llamado "español internacional," que no es más que una síntesis de la forma de hablar de los distintos actores hispanos en los Estados Unidos encargados del doblaje. De igual forma, desde hace unos años las principales productoras de teleseries hispanoamericanas acordaron utilizar un español normalizado que no recoja rasgos demasiado peculiares de un país, para poder vender sus producciones dentro del mercado americano y sin que la forma de hablar las hiciera demasiado extraña.

[10] Esta investigación, incluida dentro del proyecto de tesis doctoral "Cambio lingüístico inducido por contacto: el caso de Guatemala. Estudio del sistema de pronombres átonos en áreas de contacto con la lengua maya tzutujil," ha sido financiada por la Fundación Caja Madrid.

[11] La familia maya está formada por 30 lenguas, que a su vez se subdividen en cuatro ramas o subgrupos lingüísticos. En la actualidad se estima que son habladas por unos 3,5 millones de personas en los territorios del altiplano guatemalteco, sur de México y Belice. Entre el 50% y el 60% de la población guatemalteca pertenece a alguna etnia

OBRAS CITADAS

Aleza Izquierdo, Milagros - Enguita Utrilla, José M. *El español de América: aproximación sincrónica.* Valencia: Tirant lo Blanch, 2002.

Alonso, Amado. *Castellano, español, idioma nacional.* Buenos Aires: Losada, 1943.

--- "La base lingüística del español americano." *Estudios lingüísticos. Temas hispanoamericanos.* Madrid: Gredos, 1967: 7-60.

Alvar, Manuel. [dir] *Atlas lingüístico y etnográfico de las Islas Canarias.* Las Palmas de Gran Canaria: Cabildo Insular de Gran Canaria, 1975-1978.

Alvar, Manuel - Salvador, Gregorio, Llorente, Antonio. [dir] *Atlas Lingüístico y etnográfio de Andalucía*, Granada: Universidad de Granada, 1961-1973.

Borges, Pedro. *Métodos misionales en la cristianización de América. Siglo XVI.* Madrid: CSIC, 1960.

Boyd-Bowman, Peter. "La emigración peninsular a la Nueva España hasta 1580." *Estudios de Historia del Noroeste.* Monterrey: Alfonso Reyes, 1972.

--- *Índice geobiográfico de cuarenta mil pobladores españoles de América en el siglo XVI.* Bogotá, México: Instituto Caro y Cuervo, 1964-1968.

Castañeda Delgado, Paulino. "La Iglesia y la Corona ante la nueva realidad lingüística en Indias." *I Simposio de Filología Iberoamericana.* Zaragoza: Pórtico, 1990: 29-41.

Catalán, Diego. "Génesis del español atlántico. Ondas varias a través del océano." *Revista de historia canaria.* 24 (1958):233-242. *El español orígenes de su diversidad.* Madrid:Paraninfo, 1989: 119-126.

Florez, Luis. [dir] *Atlas lingüístico-etnográfico de Colombia.* Bogotá: Instituto Caro y Cuervo, 1981-1983.

Henríquez Ureña, Pedro. "El supuesto andalucismo dialectal de América (1925)." *Obras completas V*, Santo Domingo: Universidad Nacional Pedro Henríquez Ureña, 1979: 219-228.

--- "Observaciones sobre el español en América, III: Comienzos del español en América." *RFE* XVII (1931):120-148.

Lapesa, Rafael. "Orígenes y expansión del español atlántico." *Rábida* 2, 1985: 43-54.

Lenz, Rudolph. "Estudios chilenos (Fonética del castellano en Chile)." *El español en Chile. Boletín de Dialectología Hispanoamericana* [Buenos Aires: Instituto de Filología] VI (1940): 87-208.

Lope Blanch, Juan M. "Anglicismos en la norma lingüística culta de México." *Investigaciones sobre dialectología mexicana.* México:UNAM, 1979:183-192.

--- [dir] *Atlas lingüístico de México*, México: Colegio de México, 1990.

--- "El concepto de *prestigio* y la norma lingüística del español." *Estudios de lingüística española.* México:UNAM,1986:17-31

Menéndez Pidal, Ramón. "Sevilla frente a Madrid. Algunas precisiones sobre el español de América." *Miscelánea Homenaje a Andrè Martinet* III, Tenerife: Universidad de La Laguna, 1962: 99-1965.

Ricard, Robert. *La conquista espiritual de México. Ensayo sobre el apostolado y los métodos misioneros de las órdenes mendicantes en la Nueva España de 1523-24 a 1572.* México: Jus Polis, 1947.

Rosenblat, Ángel. "La hispanización de América. El castellano y las lenguas indígenas desde 1492." *Presente y futuro de la lengua española* II. Madrid:Ofines, 1963: 189-216.

Sánchez Méndez, Juan P. *Historia de la lengua española en América.* Valencia:Tirant lo Blanch, 2003.

Wagner, Max L. "El español de América y el latín vulgar." *Boletín de Dialectología Hispanoamericana* [Buenos Aires: Instituto de Filología] I, 1930.

--- "El supuesto andalucismo de América y la teoría climatológica." *Revista de Filología Española* XIV, 1927: 20-32.

ESPAÑOL EN CONTACTO CON LENGUAS MAYAS EN GUATEMALA[10]

Ana Isabel García Tesoro
Universidad Autónoma de Madrid

1. Introducción

La mayor parte de las monografías que tratan sobre el español hablado en América no han tenido en cuenta las complejas situaciones de contacto lingüístico que se producen en aquellas regiones donde aún se mantienen las lenguas amerindias. En áreas donde se da desde hace años una situación estable de bilingüismo entre el español y la lengua amerindia, la población indígena mantiene y transmite durante generaciones su lengua como forma de preservar su cultura y su identidad. De esta forma la lengua indígena se mantiene principalmente en el ámbito personal y familiar. El español, en cambio, es aprendido como segunda lengua durante la niñez o en la edad adulta, y queda restringido a determinados contextos: la escuela, la administración, o cualquier interacción que se dé fuera del ámbito de la comunidad indígena. Estas situaciones de contacto lingüístico han influido en el uso lingüístico local del español, pues los que en principio eran errores propios de aprendizaje de una segunda lengua han ido conformando una variedad de español que ha pasado a ser la habitual dentro de la comunidad. Muchos de estos cambios lingüísticos lejos de reducirse a cuestiones puntuales de aprendizaje, se han consolidado como norma regional de estas áreas, tanto para la población bilingüe como para aquellos hablantes que no hablan la lengua indígena local. Así lo ponen de manifiesto los estudios realizados para estas variedades de español, en los que se detectan cambios que se producen de manera sistemática y homogénea respecto de la norma estándar de los diferentes países hispanoamericanos. En todos los casos, los especialistas señalan que el papel de la lengua de contacto con el español desempeña un papel primordial en el desarrollo de estos cambios lingüísticos.

Guatemala presenta una intensa situación de contacto lingüístico entre el español y 21 lenguas mayas, que son habladas en la zona central y suroeste del país[11]. A pesar de no estar reconocidas oficialmente gozan de plena vigencia entre la población indígena, que constituye más de la mitad de la población total del país. Desde la época de la colonia perviven insertas en una situación de diglosia como códigos poco prestigiosos o minoritarios entre las comunidades mayas, las cuales, como ha ocurrido con otras comunidades indígenas en América, mantienen un alto grado de bilingüismo español-lengua amerindia. El origen de esta variedad lingüística se remonta a la época de la colonia española. Durante años no se promovió el aprendizaje del español entre la población y sólo existió un bilingüismo minoritario entre la élite colonial española y algunos indígenas con fines evangélicos, mercantiles o de movilización de mano de obra indígena para trabajar en las haciendas e industrias

---

indígena y la mayoría habla alguna de las lenguas mayas. Los datos del último censo oficial llevado a cabo en el año 1981 señalan que existen 2.174.469 hablantes de lenguas mayas (el 35.92% respecto a la población nacional); otras fuentes como los datos ofrecidos por *Ethnologue* apuntan a que el número de hablantes de lenguas mayas supera los dos millones y medio. Las lenguas habladas en Guatemala que no pertenecen al tronco maya, el xinka y el garífuna, constituyen el porcentaje menor, con el 1% aproximadamente de la población.

[12] Sobre la influencia de los factores que intervienen en la adquisición de una segunda lengua véase el manual de Baker (1997: §A.6-7).

[13] Las actitudes hacia las lenguas mayas también son negativas, ya que la situación de marginación y pobreza que implica especialmente a la población indígena afecta directamente a sus lenguas, que son identificadas como un elemento de subdesarrollo y estigmatizadas por la población mestiza. En ocasiones la actitud de los mayas hacia su propio idioma es negativa y consideran que hablarlo no les resulta útil. Por ello, en los últimos años muchos padres jóvenes bilingües no les enseñan la lengua maya a sus hijos y les hablan únicamente en español, con el fin de que estos se integren en el sistema escolar y tengan la oportunidad de prosperar en la sociedad mestiza; incluso se oponen

españolas. Durante el siglo XIX las repúblicas independientes americanas fomentaron la hispanización en los territorios americanos y tomaron numerosas medidas destinadas a la promoción del español y la extinción de las lenguas indígenas. Tras la independencia de Nueva España en 1821 los líderes de Guatemala impulsaron igualmente medidas de castellanización, pero la falta de recursos y de educación pública en las regiones indígenas provocó que estas medidas no se llevaran a la práctica y que los indígenas mayas siguieran viviendo en un relativo aislamiento, conservando sus costumbres, su cultura y sus lenguas. La emigración europea subsiguiente conllevó la superposición de la lengua española a una fluida y compleja red de grupos étnico-lingüísticos mayas, cuyo legado todavía rige las relaciones étnicas en Guatemala. A partir del siglo XX el proceso de industrialización supone un cambio social importante para estas comunidades, pues los mayas se vieron obligados a aprender español para integrarse en la vida social guatemalteca, para trabajar en las fincas, en las ciudades o comerciar fuera de la comunidad. En la actualidad las comunidades mayas mantienen un alto grado de bilingüismo lengua maya-español, pues adquieren la lengua maya en el núcleo familiar y necesitan aprender español para desenvolverse en la vida diaria. No disponemos de datos definitivos del porcentaje de población monolingüe en lenguas mayas, pero se estima que no supera el 3% o el 4%. Este proceso de bilingüismo orientado al aprendizaje del español sin duda ha sido motivado por la situación de diglosia entre el español y las lenguas mayas: el español goza de un gran prestigio dentro de la población guatemalteca, es la lengua oficial, la lengua de las instituciones, de la educación y de los medios de comunicación; por el contrario, las lenguas mayas están fuertemente estigmatizadas y se han visto relegadas al ámbito local y familiar. A pesar de esta situación social desfavorable, la población maya no ha abandonado su lengua primera en favor del castellano, lo que ha propiciado una situación de bilingüismo intenso en las diferentes regiones donde se hablan los idiomas mayas. Esta situación de bilingüismo es uno de los factores más importantes que van a favorecer el contacto lingüístico entre el español y las lenguas mayas.

Otro factor importante es la adquisición informal del español como segunda lengua por parte de la población maya. Los mayas han aprendido el español de forma oral, en la calle, comerciando o trabajando en las fincas, y en muchas ocasiones en la edad adulta, lo que ha dificultado aún más el aprendizaje. Hasta el año 1984 no ha existido un programa de educación bilingüe y los hablantes de lenguas mayas han tenido serias dificultades para adaptarse al sistema educativo en español, en consecuencia, el absentismo escolar y el analfabetismo es común incluso hoy en muchas regiones guatemaltecas. Muchas personas tienen recuerdos traumáticos de la escuela, este proceso de imposición del castellano en la escuela también ha tenido repercusiones en el aprendizaje y ha propiciado que los resultados sean negativos[12]. Debido a que la mayoría de los indígenas bilingües no han recibido una educación formal en español, carecen de un modelo de auto-corrección en la lengua y ello ha dado lugar a que se introduzcan numerosos préstamos en el castellano procedentes de su lengua materna. No obstante, son conscientes de que existen diferencias en su forma de hablar español respecto a la norma estándar guatemalteca, y no tienen una opinión positiva hacia su variedad; los mestizos también perciben las diferencias en la variedad de español de los bilingües, y muestran hacia ella una actitud igualmente negativa[13].

---

a que se implante la enseñanza bilingüe en las escuelas.

[14] Esta clasificación social ya ha sido notada por otros investigadores del español de Guatemala como Lausberg (2001) o Herrera (1993), y es válida para las regiones donde vive la población maya. Los estudios históricos y antropológicos realizados en las áreas indígenas de Guatemala observan asimismo un panorama étnico bipolar, en el cual la categoría maya y mestiza o ladina están separadas por fronteras estructuralmente rígidas. Sin embargo, la diferencia de raza (fenotípica) no es real, aunque los ladinos se consideran a sí mismos como un grupo biológicamente diferente y herederos de la tradición cultural española, la demografía durante el periodo colonial demuestra que son en gran parte mezcla de población española y maya.

[15] Los conceptos de *bilingües simétricos* e *instrumentales* los he tomado de Vallverdú (2002: 10), donde expone una tipología sobre tipos de bilingüismo, grados de bilingüismo y hablantes bilingües.

2. Análisis de esta investigación

La situación de contacto lingüístico que se produce en las regiones bilingües de Guatemala ha provocado que el castellano influya sobre las lenguas indígenas, y también que se dé también el proceso inverso, es decir, que estas lenguas hayan interferido en la estructura lingüística del español. En este trabajo abordaré el estudio del español hablado en zonas de contacto con lenguas mayas en Guatemala, en concreto, de la población de Chicacao, situada en el departamento de Suchitepéquez donde conviven indígenas y mestizos, y se habla castellano y la lengua maya tzutujil.

2.1. Corpus

El corpus de lengua hablada analizado en esta investigación está compuesto de veinte entrevistas semidirigidas en español de una hora de duración, diez de hablantes bilingües y diez de monolingües. Las entrevistas fueron realizadas en la localidad de Chicacao, donde se hablan la lengua española y la lengua maya tzutujil.

En el estudio de las situaciones de contacto lingüístico resulta fundamental distinguir los informantes que son bilingües y los que son monolingües de español, así como el grado de bilingüismo y su relación con otros hablantes de la comunidad lingüística. En primer lugar, he distinguido dos grandes grupos: los monolingües, que se corresponden con la clase alta mestiza urbana, y los bilingües que pertenecen a la clase baja indígena, generalmente campesina. La sociedad guatemalteca se encuentra fuertemente polarizada, no existe una clase media, y podríamos decir que la población mestiza constituye la clase alta, pues es la que tiene acceso a la educación y a trabajos cualificados. Mientras, la clase baja se corresponde con la población indígena, en su mayoría tiene poca instrucción, y su ocupación principal son los trabajos en el campo y el comercio local[14]. Aunque esta situación está cambiando en los últimos años y un mayor número de indígenas acceden a la formación superior y a trabajos cualificados, todavía están en exigua minoría y no tienen fácil acceso a los sectores altos de la sociedad guatemalteca. Por ello, aun cuando han realizado estudios superiores, muchos han seguido desempeñando oficios menores y no han llegado a ejercer su profesión.

En segundo lugar, he tenido en cuenta el factor de grado de bilingüismo que guarda una estrecha relación con el de clase social. Los ladinos son monolingües pues no tienen necesidad de aprender las lenguas mayas y en su mayoría han completado los estudios básicos. Dentro de los monolingües he distinguido dos grupos en función de su procedencia familiar, el primero está formado por hablantes monolingües que no tienen ningún contacto con la población bilingüe, y el segundo por los que han nacido en familias donde uno o varios familiares habla tzutujil y, por tanto, están familiarizados con la lengua de estos aunque no se la hayan transmitido. En lo que concierne a los indígenas, son en una abrumadora mayoría bilingües, tienen como lengua primera alguna el tzutujil y han aprendido español como segunda lengua en el trabajo o en la escuela. Se sitúan, por lo común, en la escala social más baja. Por esta razón y por las dificultades que han tenido para aprender el español, la mayoría no ha ido a la escuela o la ha abandonado antes de terminar los estudios primarios. El grupo de bilingües lo he dividido asimismo en dos grupos en función de su grado de bilingüismo: bilingües *simétricos* que dominan la lengua maya y el castellano con fluidez, y las manejan diariamente en diferentes

---

[16] Plá y Meliá (1975) afirman que la mayoría de los individuos que se declaran bilingües en las zonas rurales son bilingües del tipo incipiente o subordinado, lo que configuraría una realidad rural prácticamente monolingüe en guaraní. Meliá (1992) apunta que la competencia bilingüe en las zonas rurales se adquiere mediante la escolaridad, pero que sólo se completa si tienen lugar otros procesos socioculturales de relación del individuo con medios urbanos como la lectura de periódicos o las exigencias de un empleo.

[17] Tomado este concepto en el sentido amplio de Fishman, esto es, como un concepto que describe una comunidad bilingüe en la que existe un alto porcentaje de individuos bilingües que dominan las dos lenguas en coexistencia, si bien ambas están diferenciadas funcionalmente en términos de variedad alta y variedad baja.

contextos; bilingües *instrumentales* que han aprendido el español de forma incipiente por razones prácticas y apenas lo usan en su vida cotidiana[15].

El corpus distribuido en función de los cuatro grupos quedaría finalmente conformado de la siguiente manera:

Grupo I: Cinco entrevistas a monolingües que no tienen contacto con los bilingües.

Grupo II: Cinco entrevistas a monolingües que viven en ambientes de bilingüismo.

Grupo III: Cinco entrevistas a bilingües fluidos o *simétricos*.

Grupo IV: Cinco entrevistas a bilingües *instrumentales*.

2.2. Análisis lingüístico

A continuación paso a la descripción de los fenómenos de variación lingüística más relevantes documentados en el corpus, y que se pueden atribuir a la influencia de la lengua maya de contacto. Siguiendo los presupuestos teóricos de Thomason (2001), el español hablado en las regiones bilingües va a ser susceptible de recibir una fuerte influencia de la lengua maya a nivel estructural, así pues en esta primera aproximación al español de Guatemala en contacto con lenguas mayas me voy a ocupar del nivel morfosintáctico. Los fenómenos registrados y analizados son los siguientes:

1. Discordancias de género y número.
2. Omisión del pronombre átono de tercera persona de objeto directo.
3. Simplificación del sistema pronominal átono de tercera persona de objeto directo en una sola forma "lo."
4. Duplicación del pronombre átono de tercera persona de objeto directo.

2.2.1. Discordancias de género y número

Es uno de los fenómenos más notables, común con otras variedades de español en contacto con lenguas indígenas en Perú, Ecuador, Bolivia, Paraguay y noroeste de Argentina (Palacios 1996, Escobar 2000, Godenzzi 1991, Martínez 2002). Este fenómeno consiste en la ausencia de concordancia de género y número entre los elementos de la oración, como podemos ver en los ejemplos de (1):

(1) a. Y en ahí, en fiesta de Concepción hacen su... siempre acostumbran entre *los indígena* hacen la olla de tamalitos y el caldo colorado, el caldo colorado es un caldo de res, pero le echan achote y sale colorado el caldo, y hacen la olla de tamalitos, eso hacen para el mero día del quince de agosto, Concepción. (Monolingüe grupo II)

b. Sí, póngale, como yo le digo a mi mujer, que ella no se debería de avergonzar por hablar *el lengua*, ¿verdá?, hablar el dialecto, yo le digo: "no se avergüence, es un orgullo tan grande poder aprender..." (Monolingüe grupo II)

c. P: ¿Y cuál es la diferencia entre los católicos y los evangélicos?
R: Es que así como los... así como los... los otras personas evangélica le dicen..., pues que andan protestando las procesiones, sí, protestan y dicen ellas cuando lo miran a uno: "¿usted es cristiano?" (Bilingüe grupo III)

d. Bueno, celebra en Semana Santa es, uno lo hace... prepara su chocolate y comprá su panito y, bueno eso es una fiesta días antes, días antes de Jueves Santo, entonces tiene que comprar su libra de carne, y *nosotros somos paisano* de aquí, entoce, lo que *hacemos nosotros paisano* de aquí compramos una gallina o un gallo, y entonces... (Bilingüe grupo IV)

Las discordancias se pueden dar entre sustantivos y otras categorías gramaticales como adjetivos, determinantes o verbos. Se registran de manera sistemática tanto en los informantes monolingües del grupo II como en bilingües, aunque en estos últimos con mayor frecuencia. Por ello, no podemos hablar de las discordancias como un fenómeno de variación que se da entre bilingües incipientes

---

[18]   Así lo he documentado personalmente en el trabajo de campo que realicé en Asunción en 1987.

[19]   Para un estudio detallado del alfabeto guaraní y de la influencia de los fonemas guaraníes en el español, véanse

de español, sino que es fruto de una intensa situación de bilingüismo histórico y, por tanto, se ha configurado como un rasgo característico del español de la zona.

2.2.2. Omisión del pronombre átono de tercera persona de objeto directo

La omisión del clítico de objeto directo en contextos en los que la aparición del pronombre es canónica en español estándar, es un fenómeno generalizado en las áreas de contacto con lenguas amerindias (Suñer 1993, Granda 2002, Palacios 2000), e igualmente en el corpus recogido en Guatemala. Véanse los siguientes ejemplos:

(2) a. Entonces ese es el campo antiguo y este es el matapalo$_i$ original, ahora $\emptyset_i$ votaron ahí, frente a Miguel, ahí está el matapalo, lo votaron en mil novecientos cincuenta y ocho, cincuenta y nueve, por ahí… (Monolingüe grupo I)

b. Mire cómo es la mano de Dios, los indígenas se van ahí están con sus cubitas bah, moviendo sus chirmolitos (salsa de tomate y otros ingredientes) como Dios se los ha dado, con sus tamalitos$_i$ envuelto en hoja de milpa, ahí remojando $\emptyset_i$ y comiendo $\emptyset_i$, si no con tortilla con salita ¿ah?, están pasando la vida... (Monolingüe grupo II)

c. (…) cuando uno solicita un trabajo ahora lo primero que le preguntan, estudio, qué curso, o sea, qué título tiene, qué ha estudiado, en fin, ese es el obstáculo para uno de ahora cuando quiere trabajar o sale a buscar un trabajo$_i$, le $\emptyset_i$ dan pero si tienes un título, una profesión. (Bilingüe grupo III)

d. P: O sea, ¿que sus patojos (niños) hablan ya castilla (castellano)?
R: Sí, porque yo lo he mandado en la escuela, todos mis hijos$_i$ $\emptyset_i$ he mandado en escuela, sí, ya ve... (Bilingüe grupo IV)

Nótese que este fenómeno se produce siempre cuando el referente está antepuesto, ya sea en la misma oración o en una cláusula coordinada o subordinada, de forma que es posible recuperar la información. Otra característica es que se favorece con referentes definidos (pues la omisión en español es posible con referentes indefinidos) e inanimados, aunque se registran excepciones con referentes animados y humanos como el de (2d).

La omisión pronominal de objeto directo es un fenómeno generalizado pues ha sido registrado en todos los hablantes del corpus, tanto en bilingües como en monolingües, por lo que no es un fenómeno que se pueda atribuir exclusivamente a errores de bilingües que han aprendido el español como segunda lengua. Si bien la omisión se manifiesta en todos los grupos de hablantes, se observan diferencias en función del grado de bilingüismo de los informantes, pues es mucho más frecuente en hablantes bilingües que en monolingües.

2.2.3. Simplificación del sistema pronominal átono de tercera persona de objeto directo en una sola forma lo.

En el español de la zona mayahablante estudiada se observa la simplificación del sistema de pronombres de objeto directo mediante la neutralización de los rasgos de género y número hacia el pronombre *lo*. Este fenómeno se ha registrado igualmente en otras variedades de español en contacto con lenguas amerindias (Calvo 1996-97, Caravedo 1996-97, Godenzzi 1986, Granda 2002, Palacios 2002). Algunos ejemplos de neutralización en Guatemala los tenemos en (3):

(3) a. (…) Entonces buscaba a su niño en la noche, toda la gente oye un lamento en la noche, se le dice que es *la Siguanaba,* o *la Llorona*, por lo general a las doce de la noche sale, empieza: "miiijo, ay mi hiiijo," muchos aseguran que la han oído, otros que *lo* han visto, y la ven como una mujer alta, elegante con una capa blanca, ¿verdad?, un vestido blanco, los que *lo* han visto, a saber si es cierto que grita. (Monolingüe grupo I)

b. (…) fíjese que ellos miran en el lugar donde se encuentran los venados, esas piedras los ponen, dicen ellos, en la panza los animales… (Monolingüe grupo II)

c. (...) antes había más respeto, más temor de parte del hombre, pero ya cuando fue pasando el tiempo, ya, ya a veces ya no piden permiso, sino que solo se va de escondida la mujer con el varón, entonces ya cuando el papá ve ya no está la *hija* en la casa, ya se *lo* han, ya se *lo* han robado... (Bilingüe grupo III)

d. Si es el cocido de la hierba, hay gente que viene a buscarnos así en los cafetales, uno que va por los cafetales, en el monte así, consigue esa *hierba* y *lo* trae, *lo* trae comprada o regalada, viene a que *lo* lave bien y *lo* coce, tres veces al día un vaso... (Bilingüe grupo IV)

Como se puede observar a través de los ejemplos el patrón de neutralización se constata en todos los informantes. Si bien, los sistemas menos influenciados por los cambios son los de monolingües, en el primer grupo se mantiene el sistema etimológico que apenas presentan cambios, y de forma más matizada en el grupo II. En los grupos III y especialmente el IV no se aprecian restricciones para este fenómeno (para un estudio más detallado de este fenómeno véase García en prensa a y b). La tendencia del cambio es neutralizar los rasgos de género y número para todo tipo de referentes, en los ejemplos se puede apreciar con referentes humanos como *hija* (3c), animados como *la Llorona* (3a), e inanimados como *piedras* (3b) o *hierba* (3d).

2.2.4. Duplicación del pronombre átono de tercera persona de objeto directo

En los hablantes bilingües se observa la redundancia del pronombre de objeto directo con el referente pospuesto en la misma oración, esto es, en contextos de duplicación que no son comunes en la norma estándar del español. Veamos varios ejemplos representativos de este fenómeno:

(4) a. (...) me fueron a dejar a la escuela, pero yo no *lo* quería soltar a mi *mamá*, no, yo no quería quedarme porque la maestra habla en castilla, entiende, ¿no? Pero después aprendí. (Bilingüe grupo III)

b. Los que están en Estados Unidos, los padrinos le disen, *lo* han adoptado sus *niños*, mandan... un poco de alimento para ellos. (Bilingüe grupo III)

c. Y cuando se terminó eso, entonce cuando él ya empieza a jatearlo, hace una cuartecita, *lo* empieza a jatear el *maíz* ahí, mazorca pue, empieza a... pesar la mazorca. (Bilingüe grupo IV)

d. Compramos una gallina o un gallo, y entonce, y va a salir ¿verdad?, *lo* compramos *unos kili de papas, repollo*, se muele el recadito... (Bilingüe grupo IV)

En estos ejemplos se puede apreciar que se duplican todo tipo de referentes: humanos como *mamá* (4a) o *niños* (4b), inanimados como *maíz* (4c) e incluso indefinidos como en el ejemplo (4d). La duplicación no es un fenómeno generalizado, sólo se registra en hablantes bilingües. Esto induce a pensar que, para este fenómeno, el mecanismo de aprendizaje incipiente del español como segunda lengua juega un papel importante.

La duplicación del objeto directo se ha registrado igualmente en otras variantes del español americano en contacto con lenguas como el quechua (Caravedo 1996-97, Godenzzi 1986) o el náhuatl (Lipski 1994: 103), sin embargo, no es un fenómeno privativo de estas variedades, en el español hablado en Argentina o en Venezuela se han documentado casos de duplicación, especialmente con referentes humanos (véase Bentivoglio 1978 o Kany 1945). En el español de la zona de contacto estudiada podemos establecer al menos dos características que lo diferencian de otros dialectos que duplican, lo que permite postular la influencia de la lengua maya:

1. Se duplican con todo tipo de referentes, incluso indefinidos (ejemplo 4d).

2. Las duplicaciones se dan con un pronombre invariable *lo*, sin distinción de género y número (ejemplos 4a-b). La duplicación presenta así las mismas características que la neutralización para el objeto directo.

Recordemos que en las variedades argentina y venezolana la duplicación se realiza mediante los pronombres correspondientes de objeto directo, y que en ningún caso se duplican referentes indefinidos. Por tanto, las diferencias observadas en las variedades del español en contacto con lenguas amerindias permiten analizar la duplicación en las variedades contacto como un fenómeno particular frente a los otros dialectos que duplican.

3. La lengua de contacto: el tzutujil

La lengua tzutujil muestra características importantes que permitirían explicar los cambios observados en el español hablado en la zona de contacto estudiada (Dayley 1985):

1. No gramaticaliza la concordancia de género y número de forma obligatoria como en español. Esta característica explicaría las discordancias gramaticales y la tendencia a la neutralización de los rasgos de género y número que se está produciendo en el sistema pronominal para el objeto directo.

2. Posee un sistema de pronombres diferente al sistema de pronombres átonos del español. El tzutujil, como el resto de lenguas mayas, es una lengua ergativa en la que no existe la misma distinción entre transitividad e intransitividad para la tercera persona. Dicha información viene dada por el verbo y por el número de participantes. Por tanto, no establecen para los objetos la misma distinción de dativo/acusativo que el español. Poseen un sistema de sufijos que son obligatorios en todos los casos y se incorporan al verbo para señalar número y persona, pero no marcan la distinción de caso, ni los rasgos de género y número. Esta característica apoyaría también la tendencia a la neutralización de los rasgos de género y número en el sistema pronominal observada en español.

3. Dichos sufijos se marcan para la primera y segunda persona, no así con la tercera, lo que explicaría la tendencia a la omisión del pronombre de tercera persona en español. Así, la ausencia del sufijo para la tercera persona en las lenguas mayas ha motivado que en el español de la zona se eliminen restricciones para la elisión del pronombre átono.

4. Conclusiones

Los cambios observados en el la variedad de español en contacto con el tzutujil están generalizados pues se manifiestan igualmente en hablantes monolingües y bilingües, por tanto, forman parte de la norma del español local.

La variación lingüística está determinada por factores sociales, puesto que su presencia depende de la clase social y el grado de bilingüismo de los informantes. Se aprecia una progresión de menor a mayor frecuencia de cambios en función del grupo sociolingüístico. El cambio se origina y difunde a partir de los grupos bilingües, pero disminuye la frecuencia de cambios en función de su alejamiento con la lengua maya. Este resultado sociolingüístico corresponde a los fenómenos de discordancias, neutralización y omisión pronominal, lo cual refuerza la hipótesis del contacto de lenguas para explicar los cambios lingüísticos producidos en la zona de estudio.

Los cambios registrados en Guatemala coinciden con las variaciones descritas para otras zonas de contacto con lenguas amerindias. Esto apoyaría la hipótesis del contacto de lenguas como explicación para los cambios lingüísticos observados en el español.

Los fenómenos de variación examinados en este trabajo permiten postular la hipótesis del contacto con la lengua maya como causante de los cambios. La situación de contacto intenso entre el español y el tzutujil, así como presencia de otros factores importantes como el de un aprendizaje deficiente inducen a postular la posible influencia lingüística de la lengua maya sobre el castellano. Los resultados del análisis lingüístico confirman que se han producido cambios que son desconocidos en otros dialectos del español que no se encuentran en una situación de contacto con otras lenguas, lo que vendría a reforzar la hipótesis planteada. En el caso que nos ocupa, el cambio lingüístico inducido por contacto en el español guatemalteco presenta las siguientes características:

1. El tipo de cambio lingüístico ejercido por la influencia del tzutujil en el español sería de cambio indirecto, pues no se ha producido una importación directa de la lengua de contacto al español, sino que la influencia de la misma se ha traducido en una serie de variaciones morfosintácticas que se presentan con más frecuencia en los grupos de contacto, es decir, los hablantes bilingües.

2. Los mecanismos de cambio lingüístico que están operando en la zona de contacto con la lengua maya tzutujil, y que permiten que se hayan producido los cambios lingüísticos constatados, son los siguientes:

a) Alternancia de código: que implica el uso alterno de las dos lenguas, pues como señalé en la introducción en las regiones bilingües de Guatemala existe una distribución de ámbitos de uso para cada lengua: el español es la lengua oficial, de la educación, del trabajo; la lengua maya se habla en el ámbito familiar o dentro de la comunidad indígena.

b) Familiaridad pasiva: los hablantes monolingües que entienden la lengua maya, o que la oyen hablar dentro del hogar, introducen cambios aunque no hablen la lengua de contacto. En el análisis lingüístico se ha corroborado que los informantes que presentan estas características (grupo II) presentaban en todos los casos más cambios que los monolingües que no tienen ningún contacto con hablantes bilingües.

c) Convergencia lingüística (Gumperz y Wilson 1968, Granda 1994): el mecanismo de convergencia permite explicar la influencia de las lenguas mayas sobre los cambios lingüísticos que se observan en el español. La convergencia lingüística se refiere a aquellos procesos de cambio en los que las estructuras de dos lenguas de contacto tienden a igualarse. Así, los cambios estudiados tienden a la simplificación y a asimilarse al sistema gramatical de la lengua maya tzutujil. En primer lugar, tienden a anular la distinción de género y número al igual que en el tzutujil. En el sistema pronominal se constata la misma tendencia mediante el empleo de una forma invariable *lo* que se asemeja al sistema de marcas de objeto invariables de las lenguas mayas. En segundo lugar, se omite el pronombre de objeto directo, e igualmente en la lengua tzutujil no se marca el sufijo de tercera persona que señala el objeto del verbo. En tercer lugar, la neutralización y la duplicación (aunque duplicación se ha registrado en mucha menor frecuencia y sólo en hablantes bilingües) podrían representar el inicio hacia un patrón más evolucionado de cambio, donde se caminará hacia una concordancia de objeto, semejante a la de la lengua de contacto.

3. Las consecuencias del cambio lingüístico en el sistema pronominal átono del español se ven reflejadas en la reestructuración del sistema pronominal del español (véase García 2003). A través del análisis lingüístico se ha constatado que se tiende a eliminar la distinción de género y número en el objeto directo que ya presenta el objeto indirecto, que conlleva la pérdida de los pronombres femeninos *la/las* y el de plural *los*; asimismo, la omisión significa la pérdida de restricciones para la elisión pronominal en español, por lo que se amplían los contextos en los que se omite el pronombre de objeto directo.

En conclusión, en este trabajo he tratado de demostrar que en el español hablado en Guatemala se registran cambios lingüísticos condicionados por la influencia de la lengua tzutujil. Los cambios estudiados están consolidados en el español de la zona, y no son consecuencia de un aprendizaje deficiente del español, por lo que podemos hablar de una situación de contacto estable entre la lengua hispana y la maya que ha configurado la variedad del español guatemalteco actual del área bilingüe estudiada.

OBRAS CITADAS

Baker, Colin. *Fundamentos de educación bilingüe y bilingüismo*. Madrid: Cátedra, 1997.

Bentivoglio, Paola. "Formación de clíticos: análisis sobre el habla culta de Caracas." *Corrientes actuales de la dialectología del Caribe hispánico*. Ed. H. López Morales. Río Piedras, 1978. 13-33.

Calvo, Julio. "Pronominalización en español andino: ley de mínimos e influencia del quechua y el aimara." *Anuario de Lingüística Hispánica. Studia Hispanica in Honorem Germán de Granda* II (1996-97): 521-543.

Caravedo, Rocío (1996-7): "Pronombres objeto en el español andino." *Anuario de Lingüística Hispánica. Studia Hispanica in Honorem Germán de Granda* II (1996-97): 545-567.

Dayley, John P. *Tzutujil Grammar*. California: University of California Press, 1985.

Escobar, Ana María. *Contacto social y lingüístico. El español en contacto con el quechua en el Perú*. Lima: Pontificia Universidad Católica del Perú, 2000.

García, Ana Isabel "Sistemas pronominales del español en contacto con lenguas amerindias." *Interlingüística* 13: 2 (2003): 245-260.

---. (en prensa a): "Lenguas en contacto: español y lenguas mayas en Guatemala." *Lingüística (ALFAL)* 14.

---. (en prensa b): "Aproximación al estudio del español en contacto con lenguas mayas en Guatemala." *Dinámica de las lenguas en contacto*. Ed. Y. Lastra y C. Chamoreau. México: Universidad de Hermosillo.

Godenzzi, Juan Carlos. "Pronombres de objeto directo e indirecto del castellano en Puno." *Lexis* X/2 (1986): 187-201.

---. "Discordancias gramaticales del castellano andino en Perú." *Lexis*, XV/1 (1991): 107-118.

Granda, Germán de. "Interferencia y convergencia sintácticas e isogramatismo amplio en el español paraguayo." *Español de América, español de África y hablas criollas hispanas*. Ed. G. Granda. Madrid: Gredos, 1994. 314-336.

---. "El noroeste argentino, área lingüística andina." *El Indigenismo Americano III*. Ed. A. Palacios y A. I. García. Valencia: Universitat de València, 2002. 61-81.

Gumperz, John J. y Robert Wilson. "Convergence and creolization. A case from the Indo-Aryan / Dravidian Border in India." *Pidginization and Creolization of Languages*. Ed. D. Hymes. Cambridge University Press, 1971. 51-167.

Herrera Peña, Guillermina. "Notas sobre el español hablado en Guatemala." *Boletín de Lingüística de la URL* 42 (1993): 1-4.

Kany, Charles. *American-Spanish Syntax*. Chicago: University of Chicago Press, 1945 (Traducción española: *Sintaxis hispanoamericana*, Madrid, Gredos, 1970).

Lausberg, Uta. "Parámetros sociológicos en lingüística descriptiva: un proyecto piloto sobre el español de Guatemala." *Boletín de Lingüística de la URL* (2001).

Lipski, John. *El español de América*. Madrid: Cátedra, 1994.

Martínez, Angelita "Contacto de lenguas. Discordancias gramaticales y concordancias semánticas: elnúmero."Artículo publicado en internet: http://elies.rediris.es/elies13/martinez.htm, 2002.

Palacios, Azucena. "Discordancias pronominales en el español de América." *Actas del XI Congreso de la ALFAL* II. Las Palmas de Gran Canaria: Universidad de Gran Canaria, 1996. 1187-1196.

---. "El sistema pronominal del español paraguayo: un caso de contacto de lenguas." *Teoría y práctica del contacto: el español de América en el candelero*. Ed. J. Calvo. Madrid: Vervuet-Iberoamericana, 2000. 123-143.

---. "Leísmo y loísmo en el español ecuatoriano: el sistema pronominal andino." *Homenaje al doctor Luis Jaime Cisneros*. Lima: Pontificia Universidad Católica del Perú, 2002.

Suñer, Margarita. "El papel de la concordancia en las construcciones de reduplicación de clíticos." *Los pronombres átonos*. Ed. O. Fernández Soriano. Madrid: Taurus, 1993. 174-204.

Thomason, Sarah G. *Language Contact*. Edinburgh: Edinburgh University Press, 2001.

Vallverdú, Francesc. "Introducción al Bilingüismo." *Bilingüismo en América y Cataluña (Actas del I Foro de Bilingüismo Amer-I-Cat)*. Barcelona: Institut Català de Cooperació Iberoamericana, 2002. 9-15.

LENGUAS EN CONTACTO EN PARAGUAY: ESPAÑOL Y GUARANÍ

Azucena Palacios Alcaine
Universidad Autónoma de Madrid

1. Introducción

En este trabajo se hace una revisión de la peculiar situación de contacto lingüístico del guaraní y del español que se da en Paraguay y de sus consecuencias sociolingüísticas. Para ello, abordo en primer lugar las características sociolingüísticas que muestra Paraguay, cómo los conceptos de bilingüismo y diglosia toman forma en esta realidad y cuáles son las actitudes sociolingüísticas de los paraguayos con respecto a sus lenguas en Paraguay. En segundo término hago un breve repaso de cuáles son algunas de las consecuencias lingüísticas del contacto de lenguas: la influencia del español en el guaraní paraguayo y la influencia del guaraní en el español paraguayo. Finaliza esta investigación con una alusión a cómo la Lingüística del Contacto puede analizar y explicar los fenómenos que se presentan.

2. Características sociolingüísticas del bilingüismo paraguayo

Paraguay tiene una situación de pluriculturalismo y multilingüismo en cuyo territorio conviven distintas lenguas y culturas amerindias con la lengua española, como ocurre en tantos países hispanoamericanos. La peculiaridad de Paraguay es, sin embargo el bilingüismo de español y guaraní extendido a un amplio porcentaje de su población; bilingüismo oficializado por la Constitución de 1992 (artículo 140), que reconoce como idiomas oficiales el castellano y el guaraní; reconoce igualmente las otras lenguas indígenas que se hablan en el país como parte de su patrimonio cultural.

Históricamente, sólo desde finales del siglo XVIII se puede hablar de Paraguay como de una nación con un núcleo de bilingüismo. Melià (1992) considera que Paraguay, antes de esta fecha, no puede considerarse como una nación bilingüe sino preferentemente monolingüe en lengua indígena, donde el guaraní sería la lengua de comunicación, pero también la lengua de uso cotidiano y habitual tanto de la población indígena como no indígena.

Las condiciones sociológicas de la población paraguaya varían desde el siglo XIX, por la consolidación de un segmento de población minoritario, pero muy prestigioso social, política y económicamente, de individuos monolingües en español, procedente de la Península, lo que repercute en la configuración lingüística de Paraguay. Su influencia en las clases dominantes se dejará ver en la expansión del castellano, lo que se traducirá en un aumento progresivo de la población bilingüe fomentado por las instituciones políticas, educativas y por los medios de comunicación. En definitiva, parece que el predominio de una población sociológicamente vinculada a valores y normas de procedencia española pero igualmente conservadora de pautas culturales y, sobre todo lingüísticas nativas, fue un factor determinante para la formación lingüística del Paraguay.

Los datos que proporcionan los distintos Censos Nacionales de Población y Vivienda publicados permiten acercarnos a la situación real de bilingüismo o monolingüismo de la población paraguaya. Así, la distribución lingüística de la población que aparece en el cuadro 1 obedece a la división siguiente: a) hablantes bilingües de guaraní y castellano; b) hablantes monolingües en guaraní; c) hablantes monolingües en castellano; d) hablantes monolingües en otras lenguas.

Cuadro 1. Distribución lingüística de la población de Paraguay.

	1950		1962		1982		1992	
	Hablantes	%	Hablantes	%	Hablantes	%	Hablantes	%
Guar/ españ.	633.151	57%	761.137	50.6%	1.247.742	48.6%	1.736.342	49.6%
Guaraní	414.032	37.3%	648.884	43.1%	1.029.786	40.1%	1.345.513	38.4%
Español	48.474	4.4%	61..570	4.1%	166.441	6.5%	227.204	6.5%
Otras leng.	15.155	1.4%	33.165	2.2%	121.881	4.8%	194.591	5.6%
Total	1.110.812	100%	1.504.756	100%	2.565.850	100%	3.503.650	100%

Según estos datos, parece que, en efecto, Paraguay se mantiene en una situación de bilingüismo relativamente estable en la que el guaraní, al menos por el momento, posee plena vigencia. No parece que esté ocurriendo, como en otros territorios americanos, un proceso de sustitución lingüística en favor del castellano.

Un análisis sectorial de la población muestra que la población está distribuida lingüísticamente de manera distinta en las zonas rurales y las zonas urbanas: en las zonas rurales, el guaraní es la lengua mayoritariamente predominante –más del 60%–, ya sea en usos monolingües, ya en usos bilingües. En las zonas urbanas los porcentajes de monolingüismo en guaraní y en español son relativamente parejos y el tipo lingüístico que se favorece es el bilingüe con más del 70% de la población.

El guaraní que habla gran parte de la sociedad criolla en Paraguay es una variedad lingüística distinta del guaraní indígena. Esta variedad es conocida como guaraní criollo o guaraní paraguayo. Es difícil el entendimiento entre hablantes de la variedad criolla y las variedades indígenas, por lo que los grupos minoritarios, los indígenas, suelen adoptar la variedad de guaraní criollo como lengua de comunicación con la sociedad mayoritaria.

3. Bilingüismo, diglosia y actitudes sociolingüísticas en Paraguay

Existen distintos tipos de bilingüismo predominante en las zonas rurales y urbanas[16]: el bilingüismo rural paraguayo parece ser del tipo subordinado, y la competencia lingüística de estos individuos bilingües sería del tipo incipiente. En las áreas urbanas, por el contrario, el tipo de bilingüismo predominante es el coordinado o simétrico.

Atendiendo al tipo de bilingüismo social, la sociedad paraguaya se ha considerado habitualmente como modelo de bilingüismo con *diglosia*[17] estable, con el español como variante alta y con el guaraní como variante baja, socialmente subordinada en función de criterios como prestigio, tradición literaria, adquisición, estandarización y estabilidad. Ambas lenguas entrarían en un reparto de funciones y de

---

respectivamente (Palacios 1999) y Granda (1988).

[20] Véanse, entre otras, las obras de Guido Rodríguez Alcalá o José Luis Appleyard.

[21] Datos obtenidos en grabaciones directas en mi trabajo de campo en Asunción (Paraguay) realizado en 1987. En Granda (1999) también aparecen numerosos casos similares.

[22] Para un estudio detallado del sistema pronominal paraguayo y ecuatoriano, véanse Palacios (1998, 2000, 2002, 2004a y 2004b).

[23] Para un estudio detallado de los mecanismos de contacto lingüístico, véanse entre otros Palacios (1998, 2001, 2004a y b), Thomason (2001), Granda (1994).

[24] Tanto éste, como todos los términos resaltados en negrillas, se encuentran definidos en el GLOSARIO al final del documento.

situaciones comunicativas, lo que permitiría una situación estable social y comunicativamente. Rubin (1974: 121-122), considera que el español es la lengua que los hablantes eligen para los "asuntos de la educación, la religión, el gobierno y la cultura superior" y que el guaraní se emplea para "asuntos de intimidad o solidaridad primaria del grupo." Paraguay gozaría, así, de una situación diglósica no conflictiva, basada en el reparto de funciones y de situaciones comunicativas, una situación estable social y comunicativamente.

Atendiendo a las áreas semánticas, al tema y a los contextos situacionales de los bilingües, se establece la especialización funcional siguiente: el uso del castellano predominaría en las áreas técnico-académicas, administrativas, financieras, burocracia oficial, instrucción escolar y medios de comunicación; la elección del guaraní predominaría en los campos de la religión popular, la medicina natural, la política de base, el comercio básico y las innovaciones agrícolas, el hogar, lo rural y tradicional y la cultura guaraní. En términos de poder y solidaridad, el castellano se relacionaría con la categoría de poder, por lo que éste se emplearía en contextos oficiales, formales, fuertemente culturizados o convencionalizados; por el contrario, el guaraní se relacionaría con la categoría de solidaridad, por lo que se emplearía en las relaciones de proximidad, en contextos informales, afectivos, o socialmente cohesivos. Si bien es cierto que hay un programa de planificación lingüística que pretende que el guaraní sea aprendido en la escuela, su aplicación ha encontrado numerosas dificultades relacionadas con factores de distinta índole (políticos, sociales y económicos), lo que ha impedido que, en la práctica real, el guaraní sea equiparado al español en ámbitos formales y oficiales (Melià 2004, Mello-Wolter 2004 y Palacios 2004d).

En cuanto a las actitudes lingüísticas de los paraguayos hacia sus propias lenguas, éstas están determinadas por factores socioeconómicos y culturales. La realidad socioeconómica del país supone la existencia por un lado de un monolingüismo guaraní mayoritario en las áreas rurales, las menos favorecidas económicamente, y de un bilingüismo extendido en las áreas urbanas, que gozan de una posición más aventajada, lo que provoca necesariamente actitudes ambiguas y contrapuestas con respecto al guaraní, puesto que el esquema socioeconómico de la sociedad se traslada a la valoración de las lenguas (Meliá 1992). Así, el español, y no el guaraní, es la lengua asociada al progreso y desarrollo socioeconómico por los hablantes, lo que desencadena valoraciones sociales distintas de los hablantes hacia ambas lenguas. En efecto, el español es la lengua que permite el ascenso social y el éxito económico. Ámbitos como la sanidad, el poder, la educación, la movilidad social, los modelos de influencia social y cultural están en poder de una minoría social, en la que domina el español como lengua monolingüe o bilingüe.

Es curiosa la disociación que existe en la población paraguaya entre el guaraní que se habla en la capital, Asunción, y el guaraní indígena, relegado a las comunidades indígenas que parece no tener nada que ver con la población urbana. Así, encontramos una escala de prestigio, donde el guaraní indígena es propio de los "indios," rechazados éstos como grupo salvaje, incivilizado, a diferencia del guaraní criollo o yopará, que se habla en la ciudad, y que, a pesar de estar contaminado por el español según su opinión –yopará quiere decir mezclado—, goza de un prestigio superior porque no se asocia directamente con el guaraní indígena, como si ambas variedades no provinieran de la misma población autóctona. Esto se manifiesta en las valoraciones contradictorias sobre el guaraní, que aparecen en un cuadernillo de enseñanza de la lengua escrito por Moliniers, uno de sus máximos defensores, quien afirma en su prólogo que el guaraní es un "tesoro incomparable y único de todos los paraguayos de verdad." En otro cuadernillo de la misma serie puede leerse sobre el guaraní que "la inmensa sabiduría lingüística que contiene denuncia una cultura muy superior a la que desarrollaron los guaraníes. La profundidad filosófica de sus conceptos, la precisión de rigor científico que tienen sus palabras, dejan ver que este idioma es fruto de una civilización muy avanzada, enormemente más desarrollada de la civilización que fue encontrada en las tribus que lo hablan hasta hoy. Todo esto es índice de que el idioma proviene de algún pueblo que alcanzó cultura y civilización no sospechada por nadie." (P. Moliniers, *Lecciones de guaraní*, 3, pág. 87).

En definitiva, el modelo de prestigio y desarrollo social se vincula con el conocimiento del español, por lo que esta lengua se asocia al desarrollo socioeconómico, a la movilidad vertical y al prestigio social; el guaraní se asocia a valores nacionalistas e identitarios, a factores de solidaridad y cohesión grupal, a valores afectivos.

4. Consecuencias lingüísticas del contacto de lenguas: la influencia del español en el guaraní paraguayo

La influencia del español sobre el guaraní tras siglos de convivencia ha dado lugar a la variedad de guaraní conocida como guaraní paraguayo, guaraní criollo o guaraní yopara. Es la variedad de la sociedad criolla bilingüe y monolingüe paraguaya, pero también la variedad que utilizan muchas comunidades indígenas en sus relaciones con la sociedad criolla, como ya hemos mencionado.

La influencia del español en el guaraní paraguayo no se limita al préstamo léxico de voces hispanas, sino que modifica los paradigmas gramaticales ampliándolos con nuevos elementos que no estaban presentes en la lengua indígena, simplificándolos, sustituyendo elementos originarios o reestructurándolos.

El guaraní paraguayo (como el español paraguayo) muestra variación sociolectal que hay que poner en relación con los conceptos de nivel de lengua y de registro. Así, podemos encontrar las variaciones siguientes de una misma emisión (*estoy escribiendo una carta*), dependiendo de distintos factores sociales (nivel sociocultural e instrucción recibida, procedencia, contexto, bilingüe o monolingüe) que confluyan en el hablante: a) che a-hai-a-hína peteĩ kuãtiañe'ẽ; b) che a-hai-hína peteĩ carta; c) che a-escribi-hína peteĩ carta. Las tres oraciones pertenecen al guaraní paraguayo, pero las oraciones b) y c) son el resultado de procesos distintos de influencias del español, ya sea la introducción de préstamos léxicos (la sustitución de la palabra guaraní *kuãtiañe'ẽ* por el hispanismo *carta*), ya la elisión del morfema de concordancia a- en el aspecto progresivo *hína*; ya la adaptación morfológica del préstamo léxico, *escribi*, que sustituye a la raíz verbal guaraní.

La influencia del español en el guaraní coloquial paraguayo aparece en todos los niveles lingüísticos. Así Granda (1988) y Palacios (1999) documentan la adopción del artículo determinado español, inexistente en guaraní, en el guaraní coloquial (*lo mitã* 'los niños'); también se documenta en esta variedad la adopción de la marca morfológica de número española –s en palabras guaraníes (*mitã-s*)[18] o la simplificación de los valores de modalidad que tiene el sistema verbal guaraní –valores relacionados con la veracidad de la información transmitida y con el compromiso del hablante con respecto a ella— a valores exclusivamente temporales del paradigma verbal guaraní similares al sistema temporal verbal del español (Palacios 1999: 59 y ss).

Es evidente, pues, que no puede hablarse del guaraní criollo como una unidad lingüística, sino como un complejo lingüístico sin normalizar donde la variación lingüística es producto de la conjunción de distintos factores sociales e individuales, desde la situación comunicativa, el tipo de interlocutor o el tema del acto comunicativo, hasta la procedencia del hablante, su nivel de instrucción o su edad. Ahí radica la complejidad de una modalidad aún sin sistematizar (Melià 2004).

5. La influencia del guaraní en el español paraguayo

En la variedad del español paraguayo se aprecian algunos fenómenos lingüísticos debido a la influencia directa o indirecta de la lengua amerindia sobre el español. Así se constatan fenómenos fonéticos como la sustitución de los fonemas vocálicos españoles /i, u/ por la sexta vocal guaraní /ÿ/; el uso de la oclusión glotal prevocálica o intervocálica en la pronunciación de palabras en español; la realización del fonema español /b/ en posición inicial como [mb] (en guaraní no existe el fonema /b/);

---

[25]   La transferencia de nuevo significado pragmático a estructuras que antes carecían de él, es un proceso universal

la realización de las secuencias consonánticas intervocálicas del español [mp], [nk], [nt] como [mb], [ng], [nd], fonemas existentes en guaraní[19].

En el nivel morfosintáctico, hay numerosos préstamos de elementos, incluso de subsistemas completos, del guaraní al español (Granda 1988), algunos de los cuales son marcadores modales del verbo *ko, niko, katu, ndaje*; morfemas del sistema imperativo verbal guaraní como *na, ke, michi, ani*; morfemas temporales verbales como *kuri*, aspectuales como *hína*, interrogativos como *-pa* o *piko*, posesivos como *che*, preposiciones como *-gua, -gui, rupi*, cambio del régimen de algunos verbos, bien por un régimen preposicional que no tenía (*voy en Asunción*), bien por un cambio de preposición (*la puerta cayó por mi pie* 'me pillé el pie con la puerta'), etc. En efecto, algunos casos de interferencia como influencia de esquemas transferidos desde el guaraní al español paraguayo, que pueden oírse en cualquier calle de Asunción y que, incluso aparecen reproducidos en la literatura que recrea el español paraguayo popular[20], son los siguientes:

(1) ¿De dónde vienes *piko*? '¿De dónde vienes?'
(2) Voy a visitar para mi casa 'Voy a visitar mi futura casa'
(3) Mira por mí 'Me mira fijamente'

En la oración (1) aparece como un préstamo morfológico el morfema interrogativo guaraní *piko* que indica sorpresa o incredulidad. En la oración (2) la preposición *para* es una paráfrasis del morfema nominal *-ra* que indica futuro en guaraní. Así, la contrapartida de *para mi casa* es el nombre guaraní *óga-ra* 'casa-futuro.' Finalmente, la oración (3) es un caso de calco sintáctico del régimen verbal guaraní de *maña* 'mirar': *o-maña che rehe* '3sg-mirar fijamente mí por.' El régimen del verbo *mirar* tanto en guaraní como en esta variedad de castellano paraguayo es preposicional. El significado de 'mirar' también parece un calco semántico, dado que tiene el mismo significado que el verbo guaraní. Nótese que los ejemplos anteriores son casos de préstamo que mantienen estructuras transferidas de la lengua guaraní, encajadas en los esquemas del español, sin que éstos coincidan con aquéllas.

El español paraguayo ha integrado en su estructura gramatical numerosos morfemas verbales guaraníes cuya función consiste en matizar la actitud del hablante, del mensaje o de la realidad que los rodea. Algunos de estos morfemas verbales son: *-na* llamado imperativo amistoso, que suaviza el mandato; *-mi*, imperativo cariñoso, que implica afecto en el mandato; *katu, -ko, -niko* que indican verosimilitud narrativa o énfasis; *- voi* posee valor aseverativo; *-rei* indica que la acción o su resultado se ha frustrado, se ha realizado en vano. Estos morfemas han sido transferidos a la lengua española mediante equivalentes léxicos. Se puede escuchar así en Asunción oraciones como las siguientes[21]: vení *un poco*; vení *sí*, que te estoy esperando; le dijo *luego* para no ir allá; trabaja *por nada* ('trabaja en vano').

En el primer caso, *un poco* es la traducción del morfema modal atenuador de imperativo *mi*, que en la lengua guaraní sigue al verbo. Esta oración significa 'vení, por favor.' Se ha creado, por tanto, una frase anómala, con un esquema modal inexistente en el español. El correlato en guaraní sería el siguiente: *e-ju-mi* (2sg.- venir-morfema atenuador). En el ejemplo siguiente, el elemento *sí* no indica afirmación, como en español estándar, sino que enfatiza la orden y equivale exactamente a la matización que *katu* provoca en la oración correspondiente guaraní: *e-ju katu ro-ha'a-ro'aína* (2sg.-venir enfatizador 2sg.obj.-esperar- aspecto progresivo) 'Ven que estoy esperando.' En cuanto al ejemplo de *luego*, la oración puede parafrasearse como 'ciertamente le dijo que no fuera allí' y es el correlato de la oración guaraní: *ha'e voi ichupe ani hagua oho upepe* (dijo verosimilitud a él no para 3sg-ir allá).

---

que ya han probado ser factor de cambio lingüístico en diversas lenguas. Para una revisión bibliográfica el respecto remito al lector al trabajo de Dretern Stein y Susan Wright, Subjectivity and Subjectivisation, citado en la bibliografía.

[26] Aunque no abundan, algunos ejemplos de omisión de la copula en español son: *¿Tú, casada?* o *¡Qué bonito tu vestido!*. Sin embargo en otras lenguas, como el ruso, la cópula puede omitirse con regularidad y conjugarse sólo

Por último, el elemento *por nada* sería la traducción del morfema de modo frustrativo *rei*, que significa que el evento que se expresa en la oración no se ha consumado o que no se ha conseguido el resultado que se pensaba obtener. El correlato de la oración en guaraní es: *o-mba'apo-rei* (3sg.-trabajar-modo frustativo).

En español coloquial, sobre todo en las capas sociales con menor instrucción, pueden incluso coaparecer el elemento transferido en español y en guaraní o aparecer como transferencia léxica sólo el elemento guaraní: *le dije voi luego para no ir allá; no ve ni oye nada voi*. La aceptación social de estas modalidades de español no es igual en todos los sociolectos, pero la población las emplea en su variedad de habla coloquial.

En el español paraguayo se constata también la simplificación generalizada del sistema pronominal átono de 3ª persona, reestructuración que obedece a un proceso de convergencia lingüística entre el español y el guaraní (la lengua indígena carece de marcas morfológicas de género, número o caso y de un sistema pronominal átono). El resultado de esa simplificación es el uso generalizado de un único pronombre *le* para objeto directo e indirecto sin distinción de género e incluso de número (*le vi a la niña, le vi al niño*). Esta simplificación pronominal no supone un cambio estigmatizado y se generaliza entre la población urbana de nivel medio y medio-alto. Por el contrario, la simplificación del sistema pronominal átono similar a la que se da en algunas áreas peruanas, ecuatorianas, mexicanas o guatemaltecas, esto es, la tendencia a utilizar único pronombre *lo* para el objeto directo sin distinción de género y *le* para el objeto indirecto (*lo vi a la niña, le di un regalo a la niña*) sí está estigmatizada[22].

6. Explicación de los fenómenos lingüísticos a la luz de la Lingüística del Contacto

Como hemos visto, los procesos de influencia lingüística entre lenguas en contacto pueden afectar no sólo al léxico sino también a los distintos niveles de la gramática de una lengua; así pueden verse implicados aspectos tales como el sistema pronominal, la marcación de casos, el uso de preposiciones, diferentes tipos de concordancia gramatical, la presencia o ausencia de artículos, la marcación de género, etc. Para que estos cambios inducidos por contacto se produzcan tienen que darse ciertas condiciones sociales y lingüísticas (sigo a Thomason 2001), y el analista debe diferenciar el tipo de contacto que se produce, tiene que establecer los mecanismos de interferencia que operan y las consecuencias o efectos lingüísticos que esas interferencias entre lenguas producen[23]. Entre los mecanismos de interferencia deben destacarse, por su productividad, el préstamo lingüístico (léxico, fonético o morfosintáctico) y la convergencia lingüística. Ésta última se caracteriza por la influencia indirecta de una lengua sobre otra potenciada por la confluencia de estructuras o rasgos gramaticales comunes en ambas lenguas en contacto, a pesar de que éstas puedan pertenecer a tipologías lingüísticas distintas.

La incorporación del morfema interrogativo *piko* es, por ejemplo, un caso de préstamo, por el contrario, la simplificación del sistema verbal guaraní o la del sistema pronominal átono del español paraguayo son ejemplos de convergencia lingüística dado que un sistema lingüístico, morfológico en este caso, es modificado en función de rasgos estructurales que aparecen en las dos lenguas en contacto. Así, en el primer caso el sistema verbal temporal-modal guaraní se simplifica por la influencia del sistema verbal temporal español. Los efectos lingüísticos son la simplificación del sistema verbal guaraní, convergente con el sistema temporal al español. En el segundo caso, la ausencia de marcas morfológica de género, número y caso en guaraní influyen sobre el sistema pronominal átono del

---

para expresar rasgos de tiempo y modo.

27   Otra prueba sintáctica y semántica de esta incompatibilidad es su incapacidad para coordinarse entre sí:*Pedro era astuto y [ ] listo para partir*.

28   Esta hipótesis presentaba los siguientes problemas: a) la conjugación *is*, es mucho más parecida a la conjugación

español neutralizando en éste los rasgos de género y caso (y en menor medida de número) en la selección pronominal (la generalización de un único pronombre *le* para objeto directo e indirecto).

Los efectos lingüísticos que se describen habitualmente para los casos de contacto lingüístico y, en este caso, específicamente para el guaraní y el español son la simplificación lingüística (sistema pronominal español o verbal guaraní), la adición de material lingüístico (préstamo del artículo definido español en el guaraní o de los modalizadores verbales guaraníes *mi* o *na*, por ejemplo) o la sustitución de material lingüístico (sustitución de la vocal española /i/ por la /ŷ/ guaraní en la variedad de español coloquial).

En definitiva, la situación de contacto lingüístico analizada en estas páginas permite constatar cambios estructurales en ambas lenguas, español y guaraní, que obedecen a la influencia de estructuras lingüísticas y cognitivas subyacentes en estas lenguas. Las consecuencias estructurales (e incluso cognitivas) han dado como resultado reorganizaciones del material lingüístico o reinterpretaciones del valor formal, semántico o pragmático, fruto del proceso general de cambio lingüístico inducido por contacto que ha tenido lugar en esta área.

OBRAS CITADAS

CANESE, N. de (1989), *Evolución del bilingüismo paraguayo*, Ñemitỹ, 18, Asunción.

CORVALAN, G. (1981). *Paraguay, nación bilingüe*, Asunción, CPES.

CORVALAN, G. (1990). "La realidad social y lingüística de Asunción," *Revista Paraguaya de Sociología*, 79, 89-116.

CORVALAN, G. y GRANDA, G. de (1982). *Sociedad y lengua. Bilingüismo en el Paraguay*, 2 vols., Asunción, Centro Paraguayo de Estudios Sociológicos.

FISHMAN, J. (1995). *Sociología del lenguaje*, Madrid, Cátedra.

GENES, I. B. (1978). "Actitudes hacia la lengua guaraní," *Ñemitỹ*, 3, 8-10, Asunción.

GRANDA, G. de (1988). *Sociedad, historia y lengua en el Paraguay*, Bogotá, ICC.

GRANDA, Germán de (1994): "Interferencia y convergencia lingüística e isogramatismo amplio en el español paraguayo," en Germán de Granda: *Español de América, Español de África y hablas criollas hispánicas*, Madrid: Gredos, 314- 336.

MELIÀ, B. (1974). "Hacia una 'tercera lengua' en el Paraguay," *Estudios Paraguayos*, 2, 31-71, Asunción.

MELIÀ. B. (1992). *La lengua guaraní del Paraguay*, Madrid, Mapfre.

MELIÀ, A. (2004), "Vitalidad y dolencias de la lengua guaraní del Paraguay," en A. Lluís i Vidal-Folch y A. Palacios Alcaine (eds.), *Lenguas vivas en América Latina*, Barcelona-Madrid, ICCI-UAM, 269-282.

MELLO-WOLTER, R. (2004), "Política lingüística y realidad educativa de la República del Paraguay," en A. Lluís i Vidal-Folch y A. Palacios Alcaine (eds.), *Lenguas vivas en América Latina*, Barcelona-Madrid, ICCI-UAM, 257-268.

MOLINIERS, P. (1986), *Lecciones de guaraní*, 1, 2 y 3, Asunción, Gráfica Comuneros.

PALACIOS, A. (1998), "Variación sintáctica en el sistema pronominal del español paraguayo," *Anuario de Lingüística Hispánica* XIV, 451- 474.

PALACIOS, A. (1999). *Introducción a la lengua y cultura guaraníes*, Valencia, Universitat.

PALACIOS, A. (2000), "El sistema pronominal del español Paraguayo, un caso de contacto de lenguas," en Julio Calvo (ed.), *Teoría y práctica del contacto, el español de América en el candelero*, Frankfurt-Madrid, Vervuert-Iberoamericana, 123- 143.

PALACIOS, A. (2001), "Aspectos sociolingüísticos del bilingüismo paraguayo," en J. Calvo (ed.), *Contacto lingüístico e intercultural en el mundo hispano*, I, Valencia, Universidad de Valencia, 313-332.

PALACIOS, A. (2001b), "El español y las lenguas amerindias. Bilingüismo y contacto de lenguas," en Teodosio Fernández, A. Palacios y Enrique Pato (eds.), *El Indigenismo americano I*, Madrid, Universidad Autónoma de Madrid, 71- 98.

PALACIOS, A. (2002), "Leísmo y loísmo en el español ecuatoriano, el sistema pronominal del español andino," en, *Homenaje al Dr. Luis Jaime Cisneros*, vol. I, Lima, Pontificia Universidad Católica del Perú, 389- 408.

PALACIOS, A. (2004a), "El sistema pronominal del español ecuatoriano, un caso de cambio lingüístico inducido por contacto," en Yolanda Lastra y Claudine Chamoreau (eds.), *Dinámica de las lenguas en contacto*, México, Universidad de Hermosillo.

PALACIOS, A. (2004b), "Aspectos teóricos y metodológicos del contacto de lenguas, el sistema pronominal del español en áreas de contacto con lenguas amerindias," en *14 Congreso de la Asociación Alemana de Hispanistas*, Frankfurt, Vervuert.

PALACIOS, A. (2004c), "Factores que influyen en el mantenimiento, sustitución y extinción de las lenguas: las lenguas amerindias," en A. Lluís i Vidal-Folch y A. Palacios Alcaine (eds.), *Lenguas vivas en América Latina*, Barcelona-Madrid, ICCI-UAM, 111-126.

PALACIOS, A. (2004d), "Políticas educativas en Paraguay: revisión y balance," en A. Lluís i Vidal-Folch y A. Palacios Alcaine (eds.), *Lenguas vivas en América Latina*, Barcelona-Madrid, ICCI-UAM, 213-222.

PLA, J. y MELIÀ, B. (1975). *Bilingüismo y tercera lengua en el Paraguay*, Asunción, Universidad Católica.

RONA, J. P. (1966). "The social and cultural status of Guarani in Paraguay," en Bright, W. (ed.): *Sociolinguistics*, 277-298, La Haya, Mouton.

RUBIN, J. (1974). *Bilingüismo nacional en el Paraguay*, México, Instituto Indigenista Interamericano.

RUSSINOVICH SOLÉ, Y. (1996), "Language, Affect and Nationalism in Paraguay," en A. Roca and J.B. Jensen, *Spanish in Contact*, Cascadilla Press, 93-111.

LA INFLUENCIA DEL QUICHUA EN EL ESPAÑOL ANDINO ECUATORIANO

Azucena Palacios Alcaine
Universidad Autónoma de Madrid

1. Introducción

Ecuador es un país del área andina americana que se caracteriza por su multilingüismo y su multiculturalidad. Su población se divide en pueblos indígenas, población afroecuatoriana y población mestiza. Según el censo étnico llevado a cabo por la Confederación de Nacionalidades Indígenas del Ecuador (CONAIE) en 1997, las nacionalidades indígenas constituyen en su totalidad aproximadamente el 20-25% de la población ecuatoriana y de los doce millones de habitantes que tiene el país, unos dos millones se declaran quichuahablantes (Haboud, 1998: 41). A pesar de que estos datos deben tomarse con relativa precaución y de que otras fuentes apuntan porcentajes mucho más bajos, estas cifras pueden dar una idea de la diversidad cultural, étnica y lingüística que coexiste en el país. La lengua oficial es el castellano, lengua que convive con ocho lenguas amerindias según la CONAIE.

En estas páginas mostraré algunas características de esta realidad sociolingüística ecuatoriana para centrar mi exposición, a continuación, en una descripción de la variedad de español serrano ecuatoriano, cuyos rasgos más destacables son fruto de la situación de contacto intenso que el español o castellano y el quichua (así se denomina a la variedad ecuatoriana de quechua) han experimentado durante siglos. Esto se debe a tres razones básicas: a) la lengua quichua es la lengua indígena mayoritaria en el país; b) su influencia en el español muestra una situación similar a la que se da en otros países andinos; c) la influencia de otras lenguas amerindias en el español ecuatoriano carece de estudios sistemáticos que permitan pergeñar una descripción como la que aquí se pretende. Finalmente, ensayaré una breve y necesariamente superficial explicación de esta influencia del quichua en el español serrano ecuatoriano en el marco de la teoría de la Lingüística del Contacto.

2. La situación sociolingüística en Ecuador

Como apuntaba en líneas anteriores, Ecuador se caracteriza por su diversidad étnica, cultural y su multilingüismo. Son ocho las lenguas amerindias que coexisten con el castellano: las lenguas shuar chicham, paicoca, huao tiriro, a'ingae, awapit, cha'palaachi, tsafiqui y quichua (fuente: CONAIE); aunque la lengua amerindia mayoritaria es el quichua, que sirve incluso de *lingua franca* o lengua de comunicación entre diversas etnias con lenguas locales distintas. Sin embargo, si bien existen las nacionalidades étnicas y lingüísticas, éstas están minorizadas, estigmatizadas, y carecen de visibilidad social (Haboud 1998, 2001, 2004; Granda Merchán 2003). En efecto, la cultura dominante es la de tradición occidental e igualmente la lengua dominante es el español. Las lenguas amerindias están en situación de diglosia y desequilibrio social con respecto al español y las actitudes lingüísticas hacia éstas son desfavorables incluso entre gran parte de la población que habla esas mismas lenguas. Así, Haboud (1998) realizó un estudio sobre el quichua y el castellano en los Andes ecuatorianos para evaluar precisamente la vitalidad de la lengua quichua, así como sus ámbitos de uso en relación con el castellano y los roles de ambos idiomas. La autora llega a la conclusión de que en Ecuador la población serrana no es homogénea, por lo que debe ubicarse en un *continuum* sociolingüístico que se extiende desde el monolingüismo quichua, varios niveles de bilingüismo quichua-español (bilingüismo étnico), varios niveles de bilingüismo español-quichua (bilingüismo mestizo) hasta el monolingüismo español. Las actitudes lingüísticas de estos grupos serranos varía en función de su pertenencia a uno u otro grupo, y, aunque predominan las actitudes negativas generales hacia el quichua, los grupos monolingües de español y los bilingües mestizos, esto es, que tienen el español como lengua materna y el quichua como lengua segunda, son los colectivos que mayor rechazo muestran hacia la lengua amerindia.

Estas actitudes negativas hacia lo indígena se reflejan incluso en ámbitos escolares, como recoge Granda Merchán (2003: 52) en su estudio, donde alude a que los textos escolares "representan la diversidad cultural ecuatoriana de una manera racializada y jerárquica. Mientras los blanco-mestizos son proyectados como el prototipo de la modernidad, la civilización y la ciudadanía; los indígenas y los afroecuatorianos son imaginados como el modelo del atraso y el salvajismo en algunos casos, de la marginalidad en otros y –en general– de lo que no significa la ciudadanía."

Es significativo, como ocurre igualmente en otros países latinoamericanos con población indígena, que el estereotipo que se asigna a los grupos indígenas sea siempre negativo, relacionados con el subdesarrollo y el atraso. Estas representaciones negativas marcan las diferencias culturales y lingüísticas y ejemplifican las relaciones de poder que los grupos mayoritarios no-indígenas establecen con respecto a los grupos indígenas. El hecho de que estas imágenes estereotipadas alcancen ámbitos tan diversos como la educación, los medios de comunicación, la política, etc., supone que las actitudes negativas hacia las lenguas amerindias y hacia sus hablantes persistan en la sociedad ecuatoriana; actitudes que desembocan, junto a otros factores sociales negativos sobre las lenguas indígenas, hacia la desaparición de las lenguas amerindias y de las identidades locales. En este sentido, Haboud (2001: 21) apunta una visión muy negativa de la sociedad ecuatoriana, pues señala que "la situación ecuatoriana continúa siendo no sólo de bilingüismo diglósico, sino también de 'diglosia etnocultural.' Mestizos e indígenas viven en un conflicto permanente en el que las culturas minorizadas no parecen tener derecho a movilizarse, a adquirir nuevas formas de subsistencia, ni a escalar socialmente."

En cuanto a la vitalidad de la lengua quichua en la sierra ecuatoriana, tanto Büttner (1993) como Haboud (1998) afirman que, en general, hay una tendencia mayoritaria hacia un uso más exclusivo del castellano en detrimento del quichua, si bien existen sectores minoritarios con una autoafirmación de su identidad indígena que favorecen el uso creciente del quichua. En definitiva, y aunque deba matizarse qué es lo que ocurre en las distintas regiones serranas, el quichua está en una situación de sustitución lingüística debido al uso generalizado del castellano como segunda lengua, lo que supone una situación de bilingüismo para aquellas áreas monolingües de quichua, e incluso como lengua única por la socialización en castellano que las familias están teniendo, aunque sean familias bilingües. Así, el monolingüismo quichua se conserva en áreas cada vez más restringidas, pero se da una tendencia cada vez mayor hacia su desaparición, sobre todo entre mujeres.

Las conclusiones a las que llega Haboud son: a) que el quichua sigue siendo la lengua nativa de la mayor parte de la población indígena de áreas rurales, si bien en toda la sierra se encuentran tanto grupos bilingües como monolingües en ambas lenguas; b) la distribución geográfica del quichua y del castellano en la sierra no ha cambiado sustancialmente en los últimos tres siglos, aunque la influencia del mundo occidental es más intensa; c) existe una correlación entre los grupos de mayor edad y el monolingüismo quichua y la enseñanza formal y el abandono de la lengua quichua; d) hay especialización de usos, pero los espacios de uso se interrelacionan constantemente y ofrecen una dinámica cambiante en función de factores sociales. Así, el quichua predomina en los ámbitos relacionados con la colectividad y el hogar; el castellano predomina en el mercado, en los medios de comunicación y en la educación; e) el quichua es una señal de identidad, solidaridad y poder intragrupal frente al mundo mestizo externo; el castellano simboliza el poder del mundo externo y la posibilidad de dar poder a ciertos miembros de la comunidad y facultarlos para la interacción con lo externo. Hay que entender, no obstante, como afirma Haboud (1998:125) que estos procesos sociolingüísticos están relacionados con factores sociopolíticos, por lo que no son situaciones estáticas sino dinámicas y cambiantes en función de esos mismos factores.

En definitiva, parece que la vitalidad del quichua en la sierra es una realidad, si bien está amenazada por el aumento del bilingüismo y la expansión del castellano; factores éstos que suponen una situación generalizada de desplazamiento o sustitución lingüística del quichua por el castellano. El avance del castellano es, sin embargo, desigual; así, por ejemplo, se detecta una mayor presencia del quichua en las provincias de Chimborazo, Cotopaxi o Bolívar y una castellanización más avanzada en las de Pichincha, Loja o Azuay (Haboud 1998 y Büttner 1993).

3. La influencia del quichua en el español andino ecuatoriano

El español andino ecuatoriano es una variedad heterogénea de español que se habla en la sierra ecuatoriana, con una base común y características propias en función de factores sociolingüísticos que tienen que ver con la procedencia rural o urbana del informante, su nivel de instrucción y, sobre todo, con el carácter monolingüe o bilingüe del individuo y la clase de bilingüe que es (simétrico o coordinado, consecutivo, instrumental; nativo de quichua o de español). Muchos de los rasgos lingüísticos que componen esta variedad de español tienen como causa directa o indirecta la influencia del quichua y, en una gran proporción, se documentan igualmente en las variedades de español andino peruano, boliviano o del noroeste argentino –los mismos rasgos lingüísticos aparecen en las crónicas coloniales de indios y mestizos–, como ponen de manifiesto los trabajos de Calvo, Caravedo, Cerrón-Palomino, Escobar, Godenzzi, Granda, Klee, Martínez o Palacios, entre otros.

La heterogeneidad del español andino ecuatoriano se muestra de manera más evidente en el hecho de que algunos de estos rasgos de influencia quichua hayan pasado a la norma del español estándar, como es el caso del leísmo del que luego hablaré; otros, por el contrario, han quedado al margen de esta norma estándar, debido precisamente a que son rasgos muy alejados de ésta, originarios de las clases sociales más bajas, bilingües y de origen rural, como son el orden SOV o la simplificación de los clíticos de objeto directo en una única forma *lo*, como veremos en seguida. Es preciso igualmente señalar que, por los procesos de sustitución lingüística del quichua ya mencionado, una importante población rural cuya única lengua es ya el castellano muestra en su variedad de español muchos de estos rasgos de influencia quichua, incluso algunos de los que están más estigmatizados y alejados de la norma estándar.

Los rasgos lingüísticos morfosintácticos más característicos del español andino ecuatoriano son: la reestructuración del sistema pronominal, las construcciones de gerundio, las formas de atenuación de órdenes y ruegos, la reestructuración de los tiempos verbales de pasado hacia valores modalizadores o evidenciales, el uso de diminutivos, las discordancias de género y número o las alteraciones de orden de constituyentes. A continuación describiré cada fenómeno brevemente y pondré algunos ejemplos tomados de investigaciones publicadas por otros autores o de mi propio trabajo de campo con informantes ecuatorianos procedentes de la sierra.

Uno de los cambios más significativos que ha experimentado el español andino ecuatoriano afecta al sistema pronominal átono. Estos cambios han sido explicados como cambios inducidos por contacto lingüístico del quichua y tienen como resultado la simplificación del sistema pronominal. Así, Palacios (2002 y 2004a) ha documentado dos sistemas pronominales simplificados que coexisten, uno predominante en Quito y otro en Otavalo. Ambos sistemas muestran una tendencia mayoritaria a la simplificación pronominal. El sistema pronominal de Quito ha neutralizado el rasgo de caso, género e incluso número, a favor de un único pronombre *le*. Esto significa que en este sistema pronominal los rasgos de género, y también el de número aunque en menor medida, y de caso no son relevantes y han sido neutralizados. Se ha producido, pues, una tendencia hacia la invariabilidad pronominal (*le* vi *la niña*; *le* vi *el niño*; *le* hago *la chicha*; *le* hago *el mote*). Esta reestructuración del sistema pronominal, cuyo efecto es la simplificación, ha pasado a formar parte de la norma estándar quiteña y no está estigmatizado, al contrario, ha sido adoptado por las clases medio-altas de Quito.

En la variante de español registrada en Otavalo (también lo he documentado en Llanogrande) se da un sistema pronominal simplificado cuyas formas pronominales tienden a neutralizar sólo el rasgo de género, pero no el caso. Así se mantiene la distinción de caso (*le* para dativo y *lo* para acusativo) pero no hay diferencia de género, lo que significa que este rasgo de género no es pertinente en la selección de los pronombres de objeto (tenemos *una casita* de bloque, bueno los que tienen capacidad *lo* construimos con barilla; le ponemos gasolina [*al muñeco*] y junto a las doce en punto *lo* quemamos; porque *lo* voy a pasar aquí [*las Navidades*]; nosotros nos aprovechamos traer*lo* de allá [*los bordados*]; yo *lo* dejo emplear ahí [*a la gente*]). A diferencia del sistema leísta, esta reestructuración del sistema pronominal se identifica con la variedad de español de bilingües o de monolingües de zonas rurales que han perdido ya el quichua; está, por tanto, estigmatizado. Sería muy interesante hacer un trabajo de campo exhaustivo para documentar qué áreas tienen uno u otro sistema pronominal o si ambos coexisten en alguna zona, y cuáles son los factores sociolingüísticos que los condicionan, ya que no hay ningún estudio sistemático que documente cuáles son los sistemas pronominales que aparecen en todas las zonas serranas.

Se ha constatado que es la influencia del quichua, los siglos de coexistencia de español y quichua en una misma área, la causa final de la simplificación de los sistemas pronominales átonos en estas variedades de español. En efecto, el quichua se constituye en condicionante e impulsor de un cambio lingüístico inducido por contacto; en este caso, es la inexistencia de marcadores gramaticales de género, número y caso en el quichua similares a los del español la causa indirecta del cambio producido en estos sistemas pronominales simplificados, que no necesitan marcas de concordancia redundantes como ocurre en el español (Palacios 2002, 2004a y 2004c). Es preciso decir que el sistema pronominal átono es una parcela de lengua que se ha caracterizado por su inestabilidad, lo cual permite variaciones dialectales muy significativas incluso en la misma Península Ibérica (Fernández-Ordóñez 1999) que se han registrado desde la época de orígenes. Esta inestabilidad del sistema permite, a mi juicio, que este paradigma sea uno de las estructuras del español que cambian rápidamente en contacto con otras lenguas (quichua y aimara, guaraní, lenguas mayas o euskera).

Otro de los rasgos característicos del español andino ecuatoriano es la abundancia de construcciones de gerundio que se alejan de la norma estándar del español, tanto en la forma como en su significado. La más significativa por su frecuencia y extensión en toda la sierra es la construcción de gerundio para indicar perfectividad. Se trata de una construcción en la que hay un verbo de movimiento conjugado y un gerundio, ambos verbos semánticamente plenos, no forman una perífrasis, que denotan dos eventos consecutivos. El evento al que alude el gerundio ha terminado antes de que se inicie el del verbo conjugado y ambos eventos son consecutivos, no alejados en el tiempo. El resultado se aprecia en los ejemplos siguientes tomados de Haboud (1998: 204): *viene durmiendo, por eso está tranquilo* 'durmió antes de venir y por eso está tranquilo'; *siempre regresa comiendo, por eso no quiere nada* 'siempre come antes de regresar, por eso no quiere nada'; *me voy limpiando la casa y ni siquiera dice gracias* 'salgo luego de limpiar la casa y ni siquiera me da las gracias'; *iraste enterrando el caballo* 'ándate luego de haber enterrado el caballo.' Nótese que en otras variedades de español este sentido de perfectividad se consigue sólo mediante mecanismos que expliciten la perfectividad como las oraciones subordinadas adverbiales temporales (*luego de, después de, antes de*).

Es preciso hacer notar que esta construcción no tiene restricciones de tiempo, aspecto o modo y el orden del verbo principal y la subordinada que tiene el gerundio es también libre, como muestran los ejemplos tomados de Haboud (1998: 206), que siguen manteniendo el significado de perfectividad: *me fui limpiando la casa; no te preocupes, me voy a ir limpiando la casa; limpiando me voy.* Estas construcciones no están estigmatizadas y pueden documentarse tanto en bilingües como en monolingües, en zonas urbanas o rurales y en cualquier nivel sociocultural.

La explicación que suele darse para este cambio semántico del gerundio con respecto a otras variedades de español es la influencia del sufijo aspectual quichua *–shpa*, que se describe como un subordinador adverbial que indica aspecto perfectivo y que se añade a un verbo que depende de otro principal para indicar que la acción de éste ha acabado antes de que comience la acción del verbo principal. Un ejemplo de esta construcción quichua tomada de Haboud (1998: 207) permitirá ver la similitud entre ambas construcciones, la quichua y la castellana:

(1) Miku-shpa-mi shamu-ni

comer-suf. Adv.-Ev venir-pr.1 'comiendo, vengo; primero comí y luego vengo'

Otra construcción muy frecuente en la que también se ve implicado un gerundio es una perífrasis que se construye en torno al verbo *dar*, que se muestra como un verbo auxiliar y que lleva los rasgos de la flexión, y un gerundio que lleva la carga semántica. El significado de esta estructura suele ser ruego o mandato atenuado (*me da pasando el libro* 'páseme el libro, por favor'; *me das cuidando al guagua* '¿me cuidas al niño, por favor?') aunque Haboud (1998: 216) también la documenta como un benefactivo (*me dio cocinando* 'cocinó por mí').

La explicación última para este cambio lingüístico es nuevamente el quichua. Haboud (1998: 218) propone que ha tenido lugar una transferencia de la morfosintaxis y la semántica quichua a la estructura castellana y, posteriormente, ésta ha experimentado un reanálisis de la forma *dar* como auxiliar, que pasa a convertirse en un marcador de caso benefactivo. Así, la construcción castellana reflejaría la del quichua, como se aprecia en (2):

(2) Tanta-ta pasa-chi-shpa ku-wa-y

pan-Acusat. Pasar-Causativo-Adv. Dar-1IO-Imperativo 'dame pasando pan = pásame el pan, por favor'

Esta construcción no tiene restricciones de tiempo ni de aspecto y se emplea en toda la sierra, tanto en bilingües como monolingües, en ámbitos rurales y urbanos, se puede documentar en todos los sociolectos, si bien se identifica con habla de bilingües y está estigmatizada entre las clases más favorecidas socioeconómicamente, que la pueden usar en un registro coloquial.

Otro de los rasgos más significativos del español hablado en la zona andina ecuatoriana se relaciona con la modalización de ciertos tiempos verbales; en efecto, esta variedad ha incorporado valores relacionados con la verosimilitud de la información y con la fuente de conocimiento del mensaje, valores éstos presentes en la estructura del quichua. Un ejemplo de este fenómeno es la diferenciación establecida por los hablantes ecuatorianos entre los tiempos verbales del pasado: pretérito perfecto simple, pretérito perfecto compuesto y pretérito pluscuamperfecto. Básicamente puede decirse que el primero de estos tiempos verbales ha adoptado valores modalizadores que indican que la transmisión de la información es veraz, esto es, el hablante transmite el compromiso de la veracidad de la información, generalmente porque ésta ha sido experimentada por él mismo. El pretérito perfecto compuesto ha adquirido un valor modalizador que implica que el hablante no es responsable de la veracidad de la información, que éste no la ha experimentado personalmente. Por último, el pluscuamperfecto es el tiempo que más se aleja de los valores de certidumbre en la transmisión de la información, el hablante no es responsable en absoluto de la veracidad de la información que transmite. Esta gradación puede verse en los ejemplos siguientes, extraídos de un trabajo de campo con hablantes ecuatorianos serranos (Ambadiang, *et al.*, ms.): *hace un ratito dejé las llaves sobre la mesa, pero ahora no aparecen; yo no estaba en mi casa, pero dicen que alguien ha cocinado una torta; entré en mi casa y olía bien rico, y pensé: "¡Qué rico! Alguien había hecho una torta."*

En el primer ejemplo, el hablante ha dejado personalmente las llaves sobre la mesa, por tanto transmite una información fruto de la experiencia personal y utiliza, por ello, el pretérito perfecto simple; en el segundo ejemplo, al hablante le han transmitido una información que supone veraz, pero que él mismo no ha experimentado, por ello utiliza la forma de pretérito perfecto compuesto; en el tercer ejemplo, el hablante deduce la información, pero no tiene experiencia personal de la misma ni tampoco le ha sido transmitida esa información por otra persona. En este caso, el hablante está más alejado de la experiencia personal en relación con la información que transmite, por ello utiliza la forma de pluscuamperfecto.

Estos casos de adopción de valores modalizadores son similares a los del pasado narrativo o delegatorio del quichua, que indica que el hablante no ha presenciado la información que transmite. Junto a estos valores modalizadores puede haber un valor añadido de responsabilidad del hablante en la acción. Así, la oración *se ha caído* excluye al hablante de la responsabilidad final del evento, frente a la forma *se cayó*, que permite achacar algún grado de responsabilidad del hablante en el evento.

La riqueza de los valores de estos tiempos de pasado no se agota ahí. Tanto el pretérito perfecto compuesto como el pluscuamperfecto pueden entrañar un significado de sorpresa según el contexto en el que aparezcan (*vi a Felipe y ha estado casado* 'vi a Felipe y resulta que está casado'). Yánez (2001: 43) cree que este significado resultativo sorpresivo es similar al que se consigue en quichua con el morfema perfectivo *–shca* y, por ello, achaca a la influencia del quichua este valor en el verbo español.

Para finalizar, mencionaré tan sólo algunos rasgos característicos del español andino ecuatoriano que se han explicado por la influencia directa o indirecta del quichua. En primer lugar, el abundante uso de los diminutivos incluso añadido a categorías gramaticales que en otras variedades de español no son posibles; así, en el español andino de bilingües y monolingües se pueden documentar diminutivos añadidos a pronombres sujeto (*ellita, yocito*), a pronombres demostrativos (*estito*), adverbios (*acacito*), además de nombres o adjetivos. El orden SOV del quichua también influye en alteraciones del orden prototípico SVO del castellano estándar. Este rasgo se da con mucha mayor frecuencia en el castellano andino de los bilingües (*cuando salgo de la escuela en el colegio estudiar pienso* (Haboud 1998: 257)), aunque en ciertas construcciones, como las oraciones copulativas o en las que aparece un gerundio (Haboud 1998: 201), también se da entre los hablantes monolingües (*profesor es; grande está; pensando viene*).

Para finalizar, mencionaré las discordancias de género y número que aparecen con frecuencia en el castellano andino de bilingües cuya lengua materna es el quichua (*la problema; la tema; el costumbre*). El quichua no tiene marcadores gramaticales obligatorios de género y número, y esto se refleja en la falta de concordancia de género. En estos casos hay una generalización en la asignación del género femenino, que se identifica exclusivamente con el morfema *–a*. Los ejemplos muestran así que los nombres femeninos que no están marcados con *–a* no son reconocidos como tales femeninos y se les aplica el género no marcado, en este caso el masculino. En cuanto a la asignación del morfema de número, se documentan casos en los que aparece un único morfema de plural en todo el sintagma nominal, esto es, en estos casos se eliminan las marcas de plural redundantes exigidas en español estándar (*la diplomas*) (Haboud 1998: 241).

4. Consideraciones finales

Quisiera aludir al tipo de mecanismo lingüístico que puede haber tenido lugar en los fenómenos del español andino ecuatoriano que hemos enumerado, pues es preciso explicar cómo ha tenido lugar el contacto lingüístico aunque sea muy brevemente. Utilizaré, para ello, el concepto de convergencia lingüística definido por J. Gumperz y R. Wilson (1971), con las matizaciones propuestas por G. De Granda (1994) y Palacios (2001) de tal manera que quedaría definido de la manera siguiente: la convergencia lingüística hace referencia a un conjunto de procesos paralelos en las lenguas en contacto que desembocarán en el desarrollo de mecanismos de selección de alternativas, de modificación de índices de frecuencia de uso, de eliminación o ampliación de restricciones en la lengua influida. La convergencia lingüística puede afectar a los distintos niveles de la gramática de una lengua y pueden verse implicados aspectos tales como el sistema pronominal, la marcación de casos, el uso de preposiciones, diferentes tipos de concordancia gramatical, el uso de artículos, la marcación de género, el orden de palabras, etc. Así, el mecanismo de convergencia lingüística del español estándar y del quechua tendrá como efectos del contacto producido la simplificación del paradigma pronominal, la adición de información (valores adoptados por los tiempos verbales de pasado o por las construcciones de gerundio) o la eliminación de restricciones (adición de diminutivos a categorías gramaticales vedadas en el español estándar).

En definitiva, los fenómenos característicos del español andino ecuatoriano pueden explicarse mediante la Lingüística del Contacto. Así, la convergencia lingüística del quichua y del español se manifiesta en los cambios lingüísticos inducidos por contacto que ha experimentado la variedad de español andino. Hay que señalar que muchos de estos fenómenos se dan igualmente en otras variedades de español andino en contacto con el quechua (Colombia, Perú, Bolivia o Argentina) y que, algunos de ellos, se han documentado desde la época de la conquista en las crónicas de indios y mestizos. He querido mostrar cómo el contacto de lenguas tiene lugar en el español andino ecuatoriano y cómo la influencia del quichua en la variedad de castellano andino ha dado como resultado cambios lingüísticos inducidos por contacto.

OBRAS CITADAS

AMBADIANG, Th., I. GARCÍA, M. HABOUD, A. MARTÍNEZ, A. PALACIOS Y J. REYNOSO (2004), "Norma lingüística y variedades del español," ms.

BUSTAMANTE, I. (1990), *Estudio Sintáctico-Semántico del Español de Quito: Modalidad Epistemológica y Enfoque en el Enunciado*, Tesis Doctoral, U. Of Michigan, Ann Arbor, MI.

BÜTTNER, T. (1993), *Uso del quichua y del castellano en la sierra ecuatoriana*, Quito, Abya-Yala.

CALVO, J. (ed.)(2000), *Teoría y práctica del contacto: el español de América en el candelero*, Franckurt-Madrid, Vervuet-Iberoamericana.

CARAVEDO, R. (1996-7), "Pronombres objeto en el español andino" en *Homenaje al Dr. Germán de Granda, Anuario de Lingüística Hispánica*, XII, II, 545-68.

ESCOBAR, A. (1978), *Variaciones sociolingüísticas del castellano en el Perú*, Lima: IEP.

ESCOBAR, A.M. (2000), *Contacto social y lingüístico. El español en contacto con el quechua en Perú*, Lima: PUCP.

FERNÁNDEZ-ORDÓÑEZ, I. (1999), "Leísmo, laísmo y loísmo," en I. Bosque y V. Demonte (dirs.): *Gramática descriptiva de la lengua española,*vol. I, Madrid: Espasa-Calpe, 1317- 1397.

GARCÍA, A.I. (2002), "El español en contacto con las lenguas mayas: Guatemala," en A. Palacios y A.I. García (eds.), *El indigenismo americano III*, Valencia, C. de Filología, 31-60.

GARCÍA, A.I. (2004), "Aproximación al estudio del español en contacto con lenguas mayas en Guatemala," en Y. Lastra y C. Chamoreau (eds.): *Dinámica de las lenguas en contacto*, México, Universidad de Hermosillo.

GARCÍA, A.I. (2004), "Lenguas en contacto: español y lenguas mayas en Guatemala," *Lingüística (ALFAL)* 14.

GARCÍA, E. (1990), "Bilingüismo e interferencia sintáctica," *Lexis*, XIV, 2, 151-195.

GARCÍA, E. y R. OTHEGUY (1983), "Being Polite in Ecuador. Strategy reversal under language contact," *Lingua*, 61, 103-132.

GODENZZI, J.C. (1986), "Pronombres de objeto directo e indirecto del castellano en Puno," *Lexis*, X, 187-202.

GRANDA, G. de (1994), "Interferencia y convergencia lingüística e isogramatismo amplio en el español paraguayo," en *Español de América, Español de África y hablas criollas hispánicas*, Madrid, Gredos, 314-336.

GRANDA, G. de (2001), *Estudios de lingüística andina*, Lima, PUCP.

GRANDA MERCHÁN, S. (2003), *Textos escolares e interculturalidad en Ecuador*, Quito, Universidad Andina Simón Bolívar, Abya Yala.

HABOUD, M. (1993), "Actitud de la población mestiza urbana de Quito hacia el quichua," en *Pueblos Indígenas y Educación*, N° 27- 28, Quito, Abya Yala y Proyecto EBI/GTZ, 133-167.

HABOUD, M. (1998), *Quichua y Castellano en los Andes Ecuatorianos. Los efectos de un contacto prolongado*, Quito, Abya Yala.

HABOUD, M. (2001), "¿Lenguas extranjeras para los minorizados ecuatorianos?," en *Opúsculo del CEDAI*, N° 20, Quito, PUCE.

URLEY, J.K. (1995), "The Impact of Quichua on Verb Forms Used in Spanish Request in Otavalo, Ecuador," en C. Silva-Corvalán (ed.), pp. 165-183.

KLEE, C.A. (1990), "Spanish-Quechua Language Contact: The Clitic Pronoun System in Andean Spanish," *Word*, 41, 1, 35-46.

KLEE, C. y A. OCAMPO (1995), "The Expion of Past Reference in Spanish Narratives of Spanish-Quechua Bilingual Speakers," en C. Silva-Corvalán (ed.), pp. 52-70.

MARTÍNEZ, A. (2000), *Estrategias etnopragmáticas en el uso de los pronombres clíticos lo, la y le, en la Argentina, en zonas de contacto con lenguas aborígenes*, Leiden, Universidad.

MUYSKEN, P. (1979), "La Mezcla de Quechua y Castellano. El Caso de la 'Media Lengua' en el Ecuador," *Lexis*, 3, 41-56.

MUYSKEN, P. (1986), "Contactos entre Quichua y Castellano en el Ecuador," en S. E. Moreno Yánez (ed.), *Memorias del Primer Simposio Europeo sobre Antropología del Ecuador*, Quito, Abya Yala, 377-451.

MUYSKEN, P. (1996), "Media lengua," en S.G. Thomason (ed.): *Contact Languages. A Wider Perspective*, Amsterdam: John Benjamins Publishing Company, 365- 426.

NIÑO-MURCIA, M. (1992), "El futuro sintético en el español nor-andino: caso de mandato atenuado," *Hispania*, 75, 705-713.

NIÑO-MURCIA, M. (1995), "The Gerund in the Spanish of the North Andean Region," en C. Silva-Corvalán (ed.), pp. 83-100.

OCAMPO, F. y C. KLEE (1995), "Spanish OV/VO Word-Order Variation in Spanish-Quechua Bilingual Speakers," en C. Silva-Corvalán (ed.), pp. 71-82.

PALACIOS, A. (2001), "El español y las lenguas amerindias. Bilingüismo y contacto de lenguas," en T. Fernández, A. Palacios y E. Pato (eds.), *El Indigenismo americano I*, Madrid, UAM, 71-98.

PALACIOS, A. (2002), "Leísmo y loísmo en el español ecuatoriano: el sistema pronominal del español andino," en *Homenaje al Dr. Luis Jaime Cisneros*, vol. I, Lima: PUCP, 389- 408.

PALACIOS, A. (2004a), "El sistema pronominal del español ecuatoriano: un caso de cambio lingüístico inducido por contacto," en Y. Lastra y C. Chamoreau (eds.): *Dinámica de las lenguas en contacto*, México: Universidad de Hermosillo.

PALACIOS, A. (2004b), "Variación pronominal en construcciones causativas: cronistas hispanos, indios y mestizos del área andina," *Lingüística (ALFAL)* 14.

PALACIOS, A. (2004c), "Aspectos teóricos y metodológicos del contacto de lenguas: el sistema pronominal del español en áreas de contacto con lenguas amerindias," V. Noll, K. Zimmermann e I. Neumann-Holzschuh (eds.), *El español en América: Aspectos teóricos, particularidades, contactos*, Frankfurt/M., Vervuert.

SILVA-CORVALÁN, C. (ed.) (1995), *Spanish in Four Continents*, Washington DC, Georgetown U.P.

THOMASON, S.G. (2001), *Language Contact*, Edinburg University Press.

TOSCANO, H (1953), *El español hablado en el Ecuador*, Madrid, CSIC.

YÁNEZ COSSÍO, C. (2001), *Dos lenguas en contraste. Quichua-español*, Quito, Abya Yala.

ZIMMERMANN, Klaus (ed.)(1995): *Lenguas en contacto en Hispanoamérica: nuevos enfoques*, Frankfurt-Madrid: Vervuert-Iberoamericana.

LENGUAS EN CONTACTO EN MÉXICO: ESPAÑOL/ ZAPOTECO, ESPAÑOL/TZELTAL Y ESPAÑOL/TZOTZIL

Nilsa Lasso-von Lang
Moravian College

Es de conocimiento general que, en Latinoamérica, el español heredó su *status* de idioma oficial de la administración colonial española. Sin embargo, por razones políticas, económicas, culturales, históricas y sociolingüísticas, es evidente que todavía existe una variedad lingüística en esta parte del mundo. En muchos países latinoamericanos encontramos situaciones de contacto que pueden concebirse dentro de fenómenos regionales como bilingüismo, multilingüismo y casos de diglosia. En algunos países como México, Guatemala, Perú y Paraguay, la demanda reiterada de los pueblos indígenas representa una lucha continua para lograr el reconocimiento oficial de su lengua que es la base de su identidad. A pesar de las limitaciones, se han establecido reformas y leyes generales de derechos lingüísticos de los pueblos indígenas. México, donde se hablan aproximadamente 295 lenguas, es un buen ejemplo de cómo el español coexiste y entra en contacto directo con otras lenguas y dialectos, principalmente las lenguas indígenas. Entre las lenguas que más han influído al español de México, por su gran número de hablantes, están: el náhuatl, el maya-yucateca, el zapoteco, el tzeltal y el tzotzil. Este trabajo de investigación se dedicará única y exclusivamente a estudiar la situación de contacto español/zapoteco, español/tzeltal y español/tzotzil.

Español/Zapoteco

Las lenguas zapotecas se hablan en el estado de Oaxaca, principalmente en la parte central, hacia la costa Pacífica en el sur, hacia el istmo de Tehuantepec en el sureste y por la Sierra de Juárez en el noreste. Oaxaca se considera el 5º estado más grande del país, en extensión territorial pues representa el 4.85% del territorio total de México. Este estado cuenta con 30 distritos políticos, subdivos en 570 municipios. El zapoteco pertenece a una de las familias más numerosas del tronco *otomangue* y sobresale por ser una de las lenguas con más variantes locales dentro de su tronco lingüístico. Tiene dos subfamilias lingüísticas: el *chatino* (7 variantes- todas en Oaxaca) y el *zapoteco* (40 variantes ininteligibles- en Oaxaca y Veracruz).

En la situación de contacto español/zapoteco, haremos notar las diferencias entre las estructuras gramaticales/componentes lingüísticos (morfosintaxis, fonética, léxico y semántica). Al mismo tiempo, daremos las razones que explican la influencia mútua, especialmente en lo relacionado al préstamo de palabras. El zapoteco, al igual que otras lenguas indígenas, se caracteriza por ser una lengua aglutinante (los radicales y los afijos se yuxtaponen, sin modificarse, para formar una sola palabra). El zapoteco comprende varias clases de categorías gramaticales (las tres principales en su orden normal: verbo- sujeto, complemento), carece de una forma infinitiva, no distingue el género en los sustantivos, adjetivos y pronombres. Además, los pronombres pueden usarse como complemento de verbos o aisladamente, no tiene artículos definidos exactos, una palabra zapoteca puede corresponder a dos o más en español o dos palabras zapotecas equivalen a una en español. Las lenguas zapotecas son tonales; es decir, cada palabra tiene un tono particular, si se cambia el tono también puede cambiarse el significado de la palabra. Aunque el zapoteco comparte las mismas vocales con el español, las vocales se pronuncian de tres maneras distintas, lo cual trataremos en la sección referente a la fonética del zapoteco y su contacto con el español. Se puede decir que la pronunciación de las consonantes en zapoteco se asemeja a la pronunciación de las consonantes del español; sin embargo, hay diferencias evidentes que se discutirán más adelante.

Para entender cómo funcionan los componentes lingüísticos del zapoteco y cómo y por qué se da una situación de contacto entre el español y el zapoteco, nos apoyaremos en el <u>Vocabulario</u>

<u>zapoteco del istmo</u> de la Dra. Velma Pickett. Ella es una lingüista muy reconocida y respetada por su conocimiento del zapoteco. Además, me basé en mi trabajo de campo en el que conté con la colaboración de Allison McBride, una estudiante asistente. McBride y yo viajamos por varias regiones de México, principalmente en el estado de Oaxaca. McBride me ayudó a realizar las entrevistas y a compilar parte de la información necesaria para este estudio.

Uno de los componentes lingüísticos que se examinará en este estudio será el morfo-sintáctico. A este nivel, el contacto entre lenguas es menor puesto que la estructura de algunas lenguas en contacto no es tan semejante, como es el caso del español y el zapoteco. En su vocabulario, la Dra. Pickett presenta ejemplos específicos de la estructuración y orden de palabras del zapoteco y los efectos lingüísticos como resultado del contacto español/zapoteco en el estado de Oaxaca. Un ejemplo claro es el uso de prefijos en construcciones posesivas y otras partículas usadas con el sustantivo:

> La posesión de un sustantivo se expresa: 1) con el prefijo *xh* – (o *x*- se pronuncia como *xh*, pero se escribe con *x* antes de la consonante). Ejemplo *xhahuela* = su abuela, *xpi'cu'* = su perro, y 2) con unas partículas que siguen al sustantivo para indicar la persona y el número del poseedor, ejemplo *xpi'cu du* = nuestro perro—pronombre exclusivo... También se puede indicar la posesión con la partícula *sti* o *xti* antes del nombre del poseedor, ejemplo *libru sti Titu* = el libro de Tito. (138-139)

Además del uso de prefijos, ella explica las funciones de partículas personales en el zapoteco:

> Partículas personales que expresan al poseedor, cuando se unen a los sustantivos, y al sujeto, cuando se combinan con los verbos: La primera persona de singular parece más bien sufijo, y la escribimos unida a la raíz o a otra forma que siga a la raíz. Al juntarse con las vocales de las raíces resultan muchas fusiones que dada su complejidad es imposible explicar en estas breves notas. Ejemplos: *bere* = gallina, *xpere'* (tono b.al) = mi gallina; *primu* (a.b) = primo, *xprimua'* (b.al) = mi primo; *lidxi* = (su) casa, lidxe' (b.al) = mi casa... Las demás personas se indican con las siguientes partículas (ejemplos con la raíz *lidxi* = hogar): Segunda de singular (tu, su): *lu'* (formas alternantes –u, lo'): *lidxi lu', li'dxu', xtoo lo'* = tu mecate. Tercera de singular (para personas): *be: lidxi be* (b-a); tercera de singular (para animales): me: *lidxi me* (b-a); tercera de singular (para objetos): *ni: lidxi ni* (b-a)... (141-142)

En la cita anterior se anotan ejemplos específicos, y se hace evidente que las partículas personales se expresan de acuerdo a la persona (1ª, 2ª , 3ª del singular o plural y las formas cambian dependiendo si es persona, animal o cosa).

La Dra. Pickett, también hace breves notas sobre la gramática zapoteca, en donde se ocupa de verbos, el plural y los pronombres. Según ella, la conjugación de los verbos en zapoteco es muy compleja:

> Los radicales cuentan con dos subclases ... Los verbos de la clase N (Neutra) no tienen forma causativa... Los de la clase C (Causativa) poseen dos formas: 1) sencilla: traducida a veces al castellano o con la forma reflexiva o con el impersonal *se*, y 2) causativa que equivale en el castellano a la forma simple del verbo. (145)

Los verbos en zapoteco utilizan prefijos de tiempo y aspecto, ya que el zapoteco "casi no tiene tiempos, sino aspectos de acción. Ejemplo: Habitual- en tiempo pasado o presente *ri-, ru-: rie be* = va o iba: *Dxi que rie be, pero yanna ma co'* = antes iba, pero ahora no." (146).

Otro aspecto de la gramática zapoteca que vale la pena estudiar es el plural, el cual no se forma agregando una *s* al sustantivo. Para formar el plural en zapoteco se antepone al sustantivo la partícula *ca*, por ejemplo: *yoo* = *casa, ca yoo* = *las casas* (137). Al aprender español o zapoteco se debe tener muy presente esta diferencia entre los dos idiomas. En el trabajo de campo, McBride reporta que cuando entrevistó a zapotecas bilingües del distrito de Juchitán, Oaxaca, notó que tendían a omitir la *s* al final de las palabras. Lo que resulta es un hablante del zapoteco que por lo general habla español utilizando siempre el singular, aunque esté refiriéndose al plural. Ejemplo: *ca yoo = casa*. También es muy común la eliminación de la s al final de frases como *buen día/ buena tarde/ buena noche*. Esto se debe al hecho de que la *s* no se usa en el plural del zapoteco, en su lugar se antepone al sustantivo la partícula *ca*.

Los pronombres en zapoteco tienen funciones más complejas que los pronombres del español. *Naa = yo, lii = tú, usted, te , a ti, laa o laabe = él, le, lo (tercera persona) laa o laame = él, le, lo (con animal) y ni o laa o laani = él, le, lo (objeto), laadu= nosotros (no incluye a las personas con quienes se está hablando), laanu= nosotros (incluye a las personas con quienes se está hablando)...* (149). Como se puede observar, una palabra en zapoteco puede referirse a un sujeto o a un pronombre, como es el caso del pronombre *lii*.

Otro componente lingüístico que no se puede ignorar en situaciones de contacto es la fonética. En el caso del zapoteco y el español, encontramos evidencias claras de que hay semejanzas en la pronunciación. Comenzaremos analizando las cinco vocales: *a, e, i, o, u,* que son las mismas en zapoteco y en español; sin embargo, la vocales en zapoteco varían en la pronunciación, ya que existen tres distintas maneras de pronunciarlas: sencillas, cortadas y quebradas. "En las sencillas semejantes a las del castellano, las sílabas tónicas tienden a ser más largas: *lari = ropa (la a es más larga que la i)*, las cortadas con corte breve en la garganta *cha'ca'= pájaro carpintero*. Finalmente, las quebradas son más largas que las dos anteriores. La sílaba que las tiene siempre es tónica: *naa= yo; zee = elote...*" (Pickett, 128).

En lo referente a las consonantes, es necesario observar que también hay semejanzas en la pronunciación de consonantes entre el zapoteco y el español. No obstante, en el zapoteco existen algunas diferencias: *z, x, r, j, dx, xh.*

> *z* se pronuncia como la *z* en inglés y como el sonido castellano de *s* en *mismo*. La *x* como la *j* del francés y como la *ll* del castellano hablado en la Sierra de Oaxaca... Cuando se encuentra inmediatamente antes de consonante se pronuncia como *xh*... la *r* tiene dos sonidos: suave intervocálica y de *r* fuerte inicial en castellano... la *j* antes de vocal tiene un sonido menos fuerte que el de la jota del castellano hablado en la capital. Cuando precede a consonante tiene un sonido sordo de aspiración semejante al de la consonante que sigue (*jma=más*). *dx* se pronuncia como la *j* inglesa (*dxi=día*) y *xh* se pronuncia como la combinación *sh* inglesa o como *x* en ciertas palabras nahuas castellanizadas: *la calle Xola, en la capital*. (Pickett, 128)

El estudio de Pickett incluye consonantes zapotecas con pronunciaciones alargadas y dos pronuciaciones para la misma consonante. "El zapoteco tiene consonantes que se pronuncian como letras dobles cuando siguen inmediatamente a sílabas acentuadas: *p, t, ch, c (qu), s, xh, m, ñ, y, hu*" (129). La *g* inicial presenta variaciones, pues tiende a pronunciarse o eliminarse totalmente. Esta variación puede explicarse al estudiar todas la palabras zapotecas, las cuales tendían desde sus orígenes a iniciarse con una consonante." Recientemente, se ha notado una inclinación por eliminar la *g* inicial. "Algunas personas pronuncian la palabra para mañana con una *g - guixí*, pero muchas otras la dicen sin ella *ixí*" (136). La *n* y la *l* tienen dos pronunciaciones distintas en la misma posición (después de sílaba acentuada), una corta y otra larga" (129). Las diferentes pronunciaciones "dobles o alargadas" en una misma consonante pueden crear variantes y/o confusiones en la fonética de las personas bilingües, lo que podría llegar a caracterizar el español de la región que nos ocupa. Por ejemplo, cuando se habla de una *l* larga (como si fuera una *ll*) y otra corta (*l*) afectaría la pronunciación de consonantes en español, inclusive, la ortografía de la lengua aprendida, pues en un lenguaje fonético, como el español, las personas se confían de la pronunciación al aprender a deletrear. En muchas regiones a lo largo de Latinoamérica (incluyendo Oaxaca, México) se da el caso de confusiones entre la consonante (*ll*) y la (*y*). "Todas las lenguas zapotecas tienen una distinción llamada *fuerte/suave* en muchas consonantes... las fuertes tienden a ser sordas (*p, t, k, c/qu*) y más largas que las suaves... las suaves tienden a ser sonoras (*b,d, g*) y a veces hay otras diferencias en su pronunciación" (Instituto Lingüístico de Verano en México y SIL International).

Como mencionamos anteriormente, las lenguas zapotecas son tonales. El tono puede ser bajo, alto o ascendente. El tono en la pronunciación de estas lenguas es de vital importancia, pues lo que diferencia a una palabra de la otra es el tono. Si el tono no es correcto, entonces el significado de la palabra puede cambiarse. En los ejemplos de la Dra. Pickett se hace notar la importancia de la pronunciación en zapoteco: *ruchaa (tono bajo) = cambia; ruchaa (tono bajo-ascendente) = recalienta, seca, limpia.* En publicaciones del Instituto Lingüístico de Verano de México sobre la familia de las lenguas zapotecas se aclara que "los tonos no se marcan en las ortografías prácticas porque los tonos correctos de una palabra usualmente pueden determinarse por contexto."

En cuanto al componente léxico-semántico, hay un sinnúmero de préstamos de palabras y variedad en el significado de ellas. Como ya se indicó, mi estudiante asistente realizó entrevistas a personas bilingües y multilingües, en el distrito de Juchitán, Oaxaca donde la población es de aproximadamente 13,000 habitantes. Se reporta que el 80% de la población es bilingüe (español/zapoteco). Esto no nos sorprende dada la fuerte presencia de la cultura zapoteca. Se hablan el español, zapoteco istmeño, inglés, zoque y otras lenguas indígenas. Aunque, obviamente, hay una situación de contacto a nivel léxico-semántico entre el zapoteco, el inglés, y otras lenguas indígenas, este estudio se dedicará única y exclusivamente a analizar el contacto léxico-semántico español/zapoteco.

Mi trabajo de campo revela que los préstamos de palabras en el contacto español/zapoteco se evidencian principalmente en el trato cotidiano, relaciones familiares, dichos y saludos, comida o alimentación, ropa, nombres propios, etc. En las relaciones familiares tenemos los siguientes ejemplos: *xhuncu= el/la más pequeño/a hijo/a, Na=Señora; doña, nana=abuela, mux=hombre homosexual, Ta= señor, don,* entre otros. Algunos saludos/dichos/conversación son: *ma'cha'= vamos, vámonos, ya me voy; co=no; ya=sí, está bien; davarí=ven aquí.* En la comida/alimentación tenemos los siguientes ejemplos: *buppu= se traduce como "espuma" al español (bebida que se creía ser el néctar de los dioses), totopo=tipo de tortilla seca y tostada hecha de maíz, dura por mucho tiempo y es comida tradicional de los zapotecas.* En la ropa tenemos los siguientes ejemplos: *huipil=blusa del traje regional de las mujeres.* Existen ejemplos de nombres propios como los de mujeres (*Nadxielli=te quiero, Shunaxi o Zhunaxi=virgen*). El vocabulario de las fiestas que incluye ropa, comida, música no se puede traducir al español puesto que son cosas únicas y claves en la lengua y la cultura zapoteca, de esta manera se transfieren palabras zapotecas al español.

El español también ejerce mucha influencia en el vocabulario zapoteco. Algunos de los entrevistados hablan del proceso de *"zapotequización"* de palabras castellanas. Gloria de La Cruz es la directora de la biblioteca pública de Juchitán y se considera bilingüe (zapoteco/español). Ella indica que *"zapotequizar"* palabras castellanas quiere decir adoptar palabras castellanas en el zapoteco, pero se cambian un poco para hacerlas sonar zapoteco. Por ejemplo: *libro = libru* (se toma la palabra castellana *"libro"* y se zapotequiza cambiando la *o-u "libru"*). Otro ejemplo: *cochi = coche* (se toma la palabra *"coche"* y se zapotequiza cambiando la *e-i "cochi"*). De acuerdo con la Dra. Pickett, se han notado cambios en el significado y forma de palabras como *"seguro."* Esta palabra se toma del castellano y se zapotequiza cambiando la *o-u "seguru."* En este caso, la palabra sufre cambios en la ortografía, la fonética y también su significado cambia (*seguru = tal vez, quizá*).

Otros préstamos castellanos se deben a la necesidad que tiene el zapoteco, por su estatus de lengua antigua, de adoptar vocabulario del español para referirse a cosas modernas. Nótese la influencia de vocabulario religioso a consecuencia de la llegada de los españoles y el movimiento católico evangelizador: *misa = mixa, dios=diuxi* (cambio de la *s* a *x*)

Español/ tzotzil y español/tzeltal

El tzotzil y tzeltal pertenecen a la familia lingüística maya y se hablan principalmente en el estado de Chiapas. Los estudios de Rodrigo de la Torre Yarza en su libro <u>Chiapas: entre la Torre de Babel y la lengua nacional</u> informa que en Chiapas hay una gran diversidad lingüística, lo cual es de comprender ya que se hablan muchas lenguas. Entre las principales están *tzeltal, tzotzil, chol, zoque, tojolabal, mame;* otras lenguas indígenas (*chuj y cakchiquel*) y lenguas indígenas extraestatales (*chatino, chinanteco, chocho, chontal de Oaxaca, cora, chontal de Tabasco, mixteco, mixe, otomí, tarahumara, tarasco, tepehuano, totonaco, yaqui, yuma y zapoteco*). Los tzeltales conforman el grupo más numeroso de Chiapas, seguidos por los tzotziles. La tercera lengua más hablada en la región es el *chol* que tiende a combinarse frecuentemente con el *tzeltal* por estar ligada a la misma familia lingüística y por la inteligibilidad entre las dos lenguas. Los choles están seguidos, en número de habitantes, por los zoques (la lengua *zoque* está ligada a la familia lingüística *mixe-zoqueana*). Los zoques están seguidos por los tojolabales y los mames. Los dos últimos grupos clasificados como "otras lenguas indígenas y extraestatales" representan el menor número de habitantes en el estado de Chiapas.

En un estado pluriétnico como Chiapas se puede concebir con facilidad una diversidad lingüística y evidentes casos de bilingüismo, multilingüismo y diglosia. En el mencionado trabajo de campo, McBride y yo, realizamos algunas entrevistas a estudiantes y profesionales bilingües. Todos afirman que la situación de contacto de lenguas chiapanecas con el español y entre otras lenguas indígenas en Chiapas, puede concebirse dentro de un fenómeno demográfico-migratorio, especialmente de las lenguas mayenses. Amilcar Cruz Gallegos, un chiapaneco y estudiante de la univesidad de Madero en Puebla, colaboró con nosotras en lo refente a las lenguas chiapanecas. El indica que Chiapas tiene una alta población indígena. "Se calcula que casi la tercera parte de los habitantes de Chiapas son indígenas." Amilcar arguye que a principios de los ochentas, a raíz de la guerra civil en Guatemala, Chiapas fue invadido por muchas otras etnias mayas refugiadas. Muchos de estos grupos siempre habían compartido la frontera sureste con las etnias de Chiapas y, por supuesto, han estado en contacto con éstas por mucho tiempo. De la Torre Yarza también aborda lo referente a los movimientos migratorios: "Los grandes movimientos migratorios de las distintas lenguas mayas de este siglo han sido reconocidos desde el censo de 1970" (46). De acuerdo con lo anterior, se puede determinar que durante la década del setenta y del ochenta se llevan a cabo masivos movimientos migratorios que contribuyen a mayores variaciones lingüísticas en Chiapas.

El contacto español/tzeltal y español/tzotzil se lleva a cabo como alternativa de convivencia social dentro de fenómenos regionales tales como el bilingüismo y el multilingüismo, ya sea por razones personales o profesionales. Para el trabajo de campo se preparó una lista de preguntas para los estrevistados. Entre los que participaron en las entrevistas están dos estudiantes chiapanecos: Lorenzo Fortino y Juan José Vázquez Martínez. El primero es de Zinacantán, un pueblo con una población de aproximadamente 1,000 personas, donde el 60% de los habitantes es bilingüe (español/ tzotzil), el 10% habla español, tzotzil e inglés y el 30% es monolingüe (habla la lengua materna: tzotzil). Fortino informa que en su pueblo el tzotzil sigue siendo muy fuerte. Algunos prefieren hablar español cuando viajan fuera de Zinacantán, pues sienten vergüenza de usar su idioma materno. Para los indígenas de esta zona, es importante dominar el español puesto que el ser bilingüe ayuda al desarrollo de sus conocimientos y abre muchas puertas dentro y fuera del espacio inmediato.

El segundo estudiante, Vázquez, es de Las Rosas. Este pueblo tiene una población de aproximadamente 21,000 habitantes quienes provienen del grupo tzeltal. Los habitantes que hablan tzeltal viven a las afueras del pueblo, en las faldas del cerro o en pequeños ranchitos. Aproximadamente el 90% de la población es monolingüe (español) y el 10% es bilingüe (español/tzeltal). Por lo general, las personas que dominan más de dos lenguas son comerciantes. Estas personas hablan español, y aunque el dominio no sea total, les facilita el acceso a lugares en donde necesitan comprar, vender, transportarse y recibir servicios de salud. De acuerdo con Vázquez, los habitantes de su comunidad se sienten cómodos con la lengua que hablan. Los que hablan tzeltal, lo hablan en sus casas, en el mercado y viven alejados de los que no lo hablan. Piensan que el vivir separados de la comunidad (de monolingües o bilingües) les ayuda a mantener sus tradiciones y costumbres. Si aprenden el español u otra lengua es por razones profesionales.

Al igual que en los casos de contacto entre el español/zapoteco, en la situación de contacto español/tzeltal y español tzotzil, se pueden observar algunas variaciones lingüísticas a nivel morfosintáctico, fonético y léxico-semántico. En su libro The Spanish Language Today, Miranda Stewart, al comparar la morfología y la sintaxis de las lenguas mayas y del español, concluye que "there is very little influence from Maya, given that the language is quite different in structure from Spanish." A pesar de las diferencias estructurales entre el español y las lenguas mayenses, Stewart observa que se pueden encontrar influencias del maya en el español yucateca. Continúa afirmando "One feature of note, however, is the tendency of Maya to use syllabic reduplication for emphasis… Mayan word order also influences the use of certain adverbs borrowed from Mayan as these precede the verb in Mayan" (188). Aunque su estudio trata muy particularmente sobre el contacto español/ maya-yucateca, podemos explicar algunas influencias en la morfología y la sintaxis similares en el español de Chiapas, pues debemos recordar que el tzeltal y el tzotzil son lenguas mayenses. Por ejemplo: la reduplicación silábica para enfatizar algo, también es común en el español de Chiapas. En la entrevista con Amilcar pudimos notar que en ciertas zonas de Chiapas se usa el *vos* en lugar del pronombre familiar *tú*. A continuación damos ejemplos de expresiones y formas gramaticales que no son exclusivas de Chiapas, ya que también se usan con frecuencia en otras regiones de México, especialmente entre campesinos y la clase popular urbana: *No más* con el valor de "*sólo, sólamente*": *No más quería platicar, Mero =el mismo: Está en el mero centro; Ya mero =casi: Ya mero me caigo.* En Chiapas se utiliza con frecuencia el diminutivo en *–illo* (que se pronuncia ío) en vez del diminutivo en *–ito*. En la sintaxis es clara la influencia de lenguas mayenses. Por ejemplo: existen casos de posesivos redundantes en las zonas bilingües: *su papá de Pedro, me dieron un golpe en mi cabeza;* el uso de artículos indefinidos + prosesivos: *le da una su pena decírtelo;* el uso de un *lo* pleonástico: *¿no te lo da vergüenza?;* la reduplicación de objeto directo: *lo compramos la harina.*

El tzeltal y el tzotzil, como muchas de las lenguas mayenses usan prefijos y sufijos para construir palabras, lo que resulta en palabras largas y complejas. El Instituto Lingüístico de Verano en México y el SIL International presentan como ejemplo "el maestro" en tzotzil se dice *li jchanubtasvaneje: li=el, j= agente humano, chan=aprender, ub=llegar a ser, tas=causativo, van=habitualmente, ej=nominalizador y e=fin de frase.*" Esta palabra explica el hecho de que "alguien habitualmente hace aprender algo a alguien." Como se observa, no existe una palabra en tzotzil para la palabra "maestro," más bien se construye una larga y compleja palabra con prefijos, sufijos, verbos y otras partículas.

En lo relacionado al componente lingüístico fonético existen claras influencias de las lenguas mayas en el español: consonantes glotalizadas, pausas y ritmos suaves. Para pronunciar consonantes como la *p, t, c (k)* "la laringe se levanta, produciendo presión extra que resulta en un taponazo después de la consonante cuando la presión es soltada por los labios o la lengua." Un buen ejemplo en tzeltal sería la frase *c'ux c'ajc'al = hace calor* (la glotalización se respresenta con una comilla). Este patrón de entonaciones, énfasis en sílabas, pausas y consonantes glotalizadas en el maya afecta directamente la pronunciación como sucede con la palabra *pleno/ple no'*. El maya no tiene algunas consonantes como la *jota* y la *ñ* y esto produce variaciones en la pronunciación de indígenas al producir sonidos como *ni* en vez de *ñ* castellano. Uno de los ejemplos que da Stewart es la palabra *niño* que cambia a *ninio* por la falta de la consonante *ñ* en el maya (Stewart, 187).

A nivel léxico-semántico, encontramos una larga lista de palabras que el español y el maya se prestan mútuamente. Estos préstamos de palabras y cambios de significados se dan principamente en lo relacionado con las costumbres y expresiones regionales, la agricultura, flora, objetos de uso diario, etc. Por ejemplo: *Aguacate, chicle, chocolate, mezcal, tequila, notal, petate*. En casi todo México es común el uso del imperativo del verbo *mandar (con la forma de Ud. – mande Ud.)*, pero su significado es diferente al del verbo ya que se emplea para pedir que se repita algo que no se ha entendido. *Mucho muy* se usa para formar el superlativo coloquial: *mucho muy importante*. Amilcar da otros ejemplos de palabras y frases que se usan en la comunicación diaria en Chiapas, entre ellos tenemos: *ándale=vamos, de acuerdo, de nada; bolillo=extranjero blanco; chamaco=niño pequeño; güero=de piel clara; órale=vamos, venga; padre = muy bueno, estupendo; úpale= para levantar objetos; pichi = niño; pichita= niña; y meco=persona blanca.* Durante mi trabajo de campo me percaté de que no todos los ejemplos de Amilcar son exclusivos de la región de Chiapas: *órale, ándale, ¡qué padre!, güero y chamaco* son palabras que se usan en otros estados de México, especialmente en las conversaciones casuales de jóvenes.

Conclusiones

Después de analizar los diferentes ejemplos, se podrá entender la complejidad de la estructuración, la pronunciación y hasta el préstamo de palabras en situaciones de lengua en contacto. Las aglutinaciones lingüísticas, aunque existan en el español por el uso de prefijos y sufijos y otras partículas, representan un reto para los que llamaremos *nuevos bilingües* al tratar de transferir algunas formas/estructuras lingüísticas de su lengua nativa al idioma adquirido. Por ejemplo, variaciones en los dos idiomas, reproducciones silábicas, omisiones o adiciones de palabras o frases completas o cambio de orden, pronunciación de las palabras y préstamos de palabras, debido, sin duda alguna, a situaciones de contacto diario, ya sea por razones personales o profesionales.

Las investigaciones en torno al zapoteco, el tzeltal y el tzotzil revelan que las zonas donde se hablan estas lenguas se caracterizan por su diversidad lingüística. Las variantes dialécticas de estas lenguas y su contacto con el español se evidencian al realizar un análisis demográfico y geográfico, donde el comportamiento sociolingüístico responde a una dinámica de interacción entre las lenguas involucradas. Esta situación de contacto se puede concebir dentro de fenómenos regionales como bilingüismo y multilingüismo. Si bien es cierto que las lenguas zapotecas en Oaxaca y el tzotzil y tzeltal en Chiapas coexisten con el español, también es cierto que el bilingüismo en esta región está marcado como un caso de diglosia. La mayoría de los zapotecas y chiapanecos bilingües/multilingües entrevistados (maestros, licenciados, funcionarios de gobierno, comerciantes, estudiantes, amas de casa, etc.) parecen estar muy orgullosos de su lengua y cultura, pero también están concientes de la oficialidad y prestigio del español en México.

Algunos se muestran más pesimistas que otros en lo referente al futuro de sus lenguas. Unos aseguran que las lenguas indígenas están en peligro de extinción debido al dominio del español en el país y a la divesificación de la familia lingüística de las lenguas indígenas al punto de que la comunicación se hace difícil entre hablantes del mismo idioma. Ellos observan que las lenguas indígenas de estas zonas se utilizan en un ambiente menos formal como en los hogares y los mercados; mientras que el español se emplea para los asuntos nacionales, estatales tales como, medios de comunicación o de información, leyes, educación, campos de salud, comercio y política.

Otros se muestran optimistas al afirmar que el zapoteco, el tzotzil y el tzeltal siguen siendo fuertes en sus comunidades. Opinan que el contacto de estas lenguas con el español ha probado a través de la historia que no existen lenguas puras y que las lenguas se alimentan mútuamente y esto resulta en una situación de coexistencia lingüística. En el caso del zapoteco, se nota que algunos políticos en Oaxaca dan sus discursos en zapoteco y español. Los presidentes municipales y otros funcionarios del gobierno son bilingües. Evidentemente, un discurso bilingüe crea un sentido de confianza y unidad entre la gente y el líder político. Para los optimistas, hay señales de la continuación y fortalecimiento de lenguas indígenas pues, a pesar de que no existe una educación bilingüe oficial, se ha dado el caso en que niños de la escuela primaria canten el himno nacional en zapoteco. Actualmente, se nota un florecimiento en la literatura indígena (poesía, artículos, periódicos, diccionarios, libros, etc.). Las personas (monolingües o bilingües) les ponen nombres indígenas a sus hijos y durante celebraciones regionales, casi todos los invitados se visten con los trajes regionales tradicionales.

OBRAS CITADAS

Alvarez, Luis Rodrigo. Geografía General del Estado de Oaxaca. 2ª ed. Oaxaca:
     Carteles editoriales, 1994.

Cruz Gallegos, Amilcar. Entrevista personal. 27 de julio 2004.

De La Cruz, Gloria. Entrevista personal. 18 de mayo 2004.

De La Torre Yarza, Rodrigo. Chiapas: Entre la Torre de Babel y la lengua nacional.
     México: Ciesas, 1994.

Ethnologue: Languages of the World. Online. Mayo 2004. <www.ethnologue.com>.

Fortino, Lorenzo. Entrevista personal. 20 de julio 2004.

Instituto Lingüístico de Verano (ILV) y SIL International. "Lenguas y culturas del México moderno:
     Zapoteco." 2002. Online. <www.sil.org/mexico/ilv/eInfoILVMexico.htm>.

Instituto Lingüístico de Verano (ILV) y SIL International. "Lenguas y culturas del México moderno:
     Maya (chol-tzotzil and tzeltal." 2002. Online. <www.sil.org/mexico/ilv/eInfoILVMexico.htm>.

Pickett, Velma. Vocabulario Zapoteco del Istmo. México: Instituto Lingüístico de Verano, 1971.

Stewart, Miranda. The Spanish Language Today. London & New York: Routledge, 1999.

Vázquez Martínez, Juan José. Entrevista personal. 22 de julio del 2004.

EL CASO LINGÜÍSTICO DE MÉXICO: EVOLUCIÓN DEL LÉXICO CASTELLANO PENINSULAR POR SU CONTACTO CON EL NÁHUATL Y EL MAYA-YUCATECO

Carmen Ferrero

Moravian Collage, Estados Unidos

EL NAHUATL

Introducción

Los primeros escritores españoles después de la conquista de México llamaron "naoatl" a la lengua del *Estado Mexica*, denominado en la lengua nativa "Mēxhico Tenōchtitlān" ("lugar de pencas de nopal") o, para los conquistadores españoles, simplemente Tenochtitlán, sobre la cual se fundó lo que hoy día es la Ciudad de México o México Distrito Federal. Poco después, los estudiosos europeos de esta lengua escribieron de modo definitivo "náhuatl", proveniente de la raíz "nahua" (que significa "sonido claro" u "orden" en la lengua azteca). El náhuatl es la familia más sureña del tronco lingüístico yutonahua, que cuenta con unos 5.000 años de antigüedad. De ese mismo tronco lingüístico evolucionaron otras lenguas amerindias como las pertenecientes a las familias númica, hopi y táquica, habladas en territorios de lo que es hoy día EEUU. Hacia el sur, el troco yutonahua dio origen también a lenguas habladas hasta zonas de Centroamérica como el pipil de El Salvador.

De todos estos pueblos cuya lengua original provenía del tronco yutonahua, fueron los aztecas o "nación mexicatl", tal y como ellos se referían a sí mismos en sus cantares, quienes desarrollaron el mayor imperio en mesoamérica. Este imperio alcanzó su mayor esplendor entre los siglos XIV y XVI. Durante ese tiempo, los aztecas habían logrado a base de conquistas, someter a otros grupos étnicos de esa zona, como xochimilcas, tepanecas, tlaxcaltecas, cholultecas y chichimecas. Fue precisamente la llegada de los primeros conquistadores españoles en 1519 lo que marcó el inicio de la decadencia de esta civilización. Hernán Cortés y sus hombres aprovecharon el resentimiento de estos pueblos sometidos por los aztecas, como los tlaxcaltecas, para aliarse con ellos y hacer más fácil su conquista de Tenochtitlán. Aunque cada uno de estos grupos y en cada región se hablaba una modalidad de la lengua náhuatl diferente, los varios acentos o modalidades se entendían relativamente bien entre sí, cosa que sucede hasta el presente. Hasta cierto punto, el náhuatl clásico del pueblo azteca era ya en la época de la conquista española en el S. XVI, la "lengua franca" de todos estos pueblos nahuas de mesoamérica. Ignacio Alcocer, en su estudio sobre las lenguas de México, explica cómo, de todas las lenguas que encontraron los españoles en la zona central de México, el náhuatl clásico o lengua azteca de las tribus nahuatlacas era la más rica y culta, y por lo tanto la más estudiada por los misioneros interesados en la gramática que llegaron entre los primeros conquistadores.

El náhuatl clásico era una lengua aglutinante, es decir, una lengua que combina la raíz de las palabras con varios afijos, ya sean sufijos o prefijos (esto explica que las palabras escritas parezcan largas para los hispanohablantes). El náhuatl tenía una forma escrita anterior a la llegada de los españoles con un sistema ideográfico, es decir, representaba las ideas y no los sonidos. Los misioneros españoles, para facilitar el aprendizaje de esta lengua, elaboraron un alfabeto basado en las letras latinas usadas en español, y desde el siglo XVI así se ha escrito. Esta es la razón por la que encontramos hoy día más material escrito del náhuatl que de ninguna otra lengua de México; también el predominio de esta lengua en toda la zona central ha hecho que sea la que más haya influido en el español que se habla en México.

La historia de la lengua náhuatl tras la conquista

Con la conquista española y la fundación de la Nueva España, desapareció una gran parte de la rica cultura náhuatl. En el estudio de Ignacio Alcocer previamente mencionado, se explica cómo las suntuosas ceremonias de los reyes y los rituales religiosos de sacerdotes indígenas aztecas fueron sustituidos por la imposición de una colonización cultural y religiosa muy diferente. Una de las primeras instituciones fundadas por los misioneros fue el colegio franciscano de la Santa Cruz de Santiago de Tlatelolco en 1536. Allí llevaban a los niños indígenas para enseñarles a leer y escribir usando el alfabeto latino. Fray Bernardino de Sahagún, en el prólogo de su "Historia General de las cosas de la Nueva España" describe cómo en muy pocos años, el colegio contaba con un grupo de alumnos que hablaban las dos lenguas, castellano y náhuatl, y podía servir de intérprete para los franciscanos. Esta primera generación de hablantes bilingües fue la que ayudó a preservar una gran parte del conocimiento, la historia, la tradición y la cultura azteca en los códices preparados en las primeras décadas de la conquista. Cuando mueren los últimos integrantes de esta primera generación de traductores que conocía muy bien la cultura azteca, Fray Juan Bautista, uno de los misioneros del colegio de Tlatelolco, se lamenta en el prólogo de su "Sermonario" (1606) que queda un gran vacío cultural, ya que sus nuevos asistentes no hablan un náhuatl puro, sino "castellanizado". También explica que la lengua mexicana es tan elegante, copiosa y elaborada que es casi imposible hacer de ella una traducción literal al castellano o al latín, por eso, el hecho de que hubiera cada vez menos hablantes de náhuatl puro, dificultaba aún más la labor[1].

Con el tiempo, pocos nativos del náhuatl recordaban los largos y eruditos discursos palaciegos así como las elaboradas fórmulas rituales aztecas que usaba la clase sacerdotal en las ceremonias religiosas. Tampoco fueron muchos los escritos de la élite azteca recogidos y copiados por alumnos del Colegio de Santa Cruz de Santiago de Tlatelolco. Esto explica que el lenguaje estudiado por los misioneros españoles interesados en entender la lengua indígena fuera el lenguaje vulgar y más simplificado que ayudaba a la comunicación básica diaria con los nativos. Con ese nivel lingüístico, los predicadores españoles trataron de hacerse entender por la gente del pueblo que en unos años había olvidado el lenguaje culto de sus antepasados. Poco sobrevivió en la tradición oral de los nativos mexicanos del lenguaje de los mitos, ceremonias, conocimientos científicos y astronómicos o fórmulas cortesanas metafóricas del náhuatl prehispánico. Otra característica del náhuatl clásico que se fue perdiendo fue la abundancia de "difrasismos", es decir, frases paralelas con metáforas recurrentes y que expresan lo mismo a base de usar palabras muy similares.

No hay duda de que este nuevo mundo presentó una serie de problemas muy profundos a la cosmovisión europea cristiana del S. XVI. En su afán de cristianizar a los pueblos conquistados, los españoles quemaron templos y destruyeron manuscritos. Se presume que desde el siglo XVI, no han existido muchos hablantes que conserven la rica tradición lingüística del náhuatl hablado por las clases privilegiadas anteriores a la conquista. Esa lengua alegórica, llena de metáforas y formulismos fue en pocos años, según Alcocer, sustituida por el uso de un náhuatl más simple y de uso cotidiano, ya que el castellano se impuso como lengua oficial del gobierno colonial.

La asimetría cultural que siempre existe en zonas conquistadas, fue la causa de que pocos españoles decidieran aprender la lengua original de los aztecas. En la mayor parte de los casos, el conquistador europeo ve al conquistado como un ser vacío de ideas válidas, pagano y carente de una ética aceptable. Obviamente el afán de convertirlo al cristianismo es el afán de llenar ese supuesto vacío con una cultura considerada superior. Esta asimetría fue la que obligó a los pueblos aztecas a utilizar el castellano en pocas generaciones, aunque algunos misioneros aprendieron también náhuatl al principio, y así la lengua no se perdió del todo. Surgió en esta primera época de la conquista un sincretismo funcional de las dos culturas que se ha mantenido hasta hoy día, aunque teniendo siempre la azteca un estatus subalterno.

---

1   Esta información aparece en el artículo de José Rabasa "Writing and Evangelization in Sixteenth-Century Mexico", publicado por Williams y Lewis en <u>Early Images of the Americas</u>.

Influencias entre el castellano y el náhuatl

En primer lugar, conviene resaltar que el castellano y el náhuatl al ser lenguas tan distintas a todos los niveles (semántico, sintáctico, morfológico e incluso fonológico) no se prestan a un intercambio fácil. La lógica de la mentalidad colonial por la que se supone que el pueblo conquistado carece de una lengua y cultura tan valiosas como las traídas por los colonizadores, impuso una institucionalización del castellano como lengua predominante. Siendo así, el castellano se convirtió en el vehículo principal de comunicación entre conquistadores y nativos desde un principio. Los españoles llevaron al "nuevo mundo" una lengua de origen latino que designaba una larga serie de cosas que los nativos no habían visto nunca antes: armas, trajes, frutas, animales, utensilios y muebles. Estos últimos, cuando hablaban entre ellos su propia lengua, usaban las palabras castellanas para designar lo que era nuevo para ellos. Así entró en el náhuatl un léxico que tuvo que adaptarse a su fonología[2]. Al carecer esta lengua de los sonidos consonánticos castellanos /b/ /d/ /f/ /g/ /j/ /n/ /r/ /s/ y /v/, la pronunciación en náhuatl de muchas palabras castellanas difería considerablemente de la original. Por lo tanto, se oía "pleno" por "freno", "cahuallo" por "caballo", "palacisco" por "francisco", "olenzo" por "lorenzo", "pale" por "padre", "hola" por "hora", "canlelero" por "candelero" o "vinale" por "vinagre".

Curiosamente algunas de las designaciones de objetos o animales hasta entonces desconocidos para los nativos se adaptaron a su campo léxico y semántico. Un ejemplo de esto es la designación original para el caballo, animal llevado a México por los conquistadores y que los nativos jamás habían visto. Al principio, éstos se referían a dicho animal como "castillan mazatl", literalmente "venado de Castilla". Luego, cuando se fueron acostumbrando a este animal, empezaron a denominarlo "cahuallo" en náhuatl. A las carretas, las llamaban "cuauhtemalácatl" lo que literalmente significa "ruedas de madera". Intactos pasaron al náhuatl los nombres de muchos utensilios domésticos, monedas, medidas y ceremonias de origen español. También se denominaba en su forma original castellana o de forma híbrida (combinación del castellano y el náhuatl) a los árboles frutales, plantas y animales hasta entonces desconocidos en América. De ahí que el naranjo fuera "naranja cuáhuitl" o "árbol naranja" y el "limón cuáhuitl" o "árbol limón" fuera el limonero. A las habas las llamaron "castillan exotl", es decir "ejote castellano" y al puerro "castillan xonácatl" o "cebolla castellana". Al gato doméstico, los nativos mexicanos lo llamaron "mizton" o "mizto" que significa "leoncito" por su parecido con el puma al que llamaban "miztli". En esta primera etapa de la conquista era común entre los hablantes del náhuatl la formación y uso de *palabras híbridas* de ambas lenguas, como "cahuallo-cactli" (literalmente "zapato de caballo", es decir, "herradura"), "zapatos-chiuhcan" ("zapatería".)

Por su parte, los españoles también incorporaron a su vocabulario las palabras que designaban frutas, animales, objetos y cosas que no habían visto en Europa o elementos de una naturaleza completamente nueva para ellos. Los cronistas que escribieron cartas y documentos durante los primeros años de la conquista tuvieron la necesidad de expresar y explicar una realidad nueva, empezando por una identificación y clasificación de la flora y fauna americana para la que carecían de palabras análogas en español.

Según Edmundo O´Gorman, los primeros cronistas, empezando por Colón, "inventaron" una América que no existía al construir una imagen basada en las fuentes literarias y culturales del viejo continente. En principio, los conquistadores españoles nombraban lo que veían en relación a lo que ellos conocían. Así, en México, al capulín lo llamaron "cereza de la tierra", ya que era lo más parecido que encontraron como marco de referencia para identificar esta fruta silvestre. Cuando se referían al chayote decían "calabacilla espinosa". Desde el inicio de la conquista, hubo algunos intentos de cronistas de Indias como Gonzalo Fernández Oviedo (1474-1557) que trataron de clasificar la realidad física americana a base de analogías y explicaciones detalladas. Oviedo, en sus crónicas publicadas en la <u>Historia General de las Indias</u> (1535) describe primero el objeto nuevo, lo compara después con algo más o menos parecido y conocido en el viejo continente, da el nombre americano

---

2   Todos los ejemplos ofrecidos en esta sección han sido extraídos del trabajo de investigación de Ignacio Alcocer y de la página Web http://www.sil.org/mexico/nahuatl/familia-nahuatl.htm

adaptado a la fonología castellana y finalmente añade dibujos lo más precisos posibles para ofrecer una imagen de este nuevo objeto a los que leyeran sus crónicas. Oviedo, cuyas estancias en América fueron principalmente en el Caribe, introduce palabras como hamaca, canoa, piña, yuca y tabaco para sus lectores europeos que no podían imaginar siquiera este nuevo mundo. Muchos de estos objetos, plantas o animales desconocidos para los europeos pasaron al vocabulario castellano por analogía. Un ejemplo es la piña. La fruta que en sus tres variedades indígenas se llamaba "yayama", "boniama" y "yayagua", para Oviedo se parecía, sólo en la forma, a las piñas de los cardos. De ahí que esa fruta tropical que él describe como fragante y con un sabor mezcla de melocotón y otras frutas, pasó a llamarse piña en español. Curiosamente, pudo haberse llamado "alcachofa" ("alcarchopha" según la terminología del S. XVI) puesto que Fernández de Oviedo dudó al principio entre ambos términos por el parecido de esta fruta con ambos.

Vemos con estos ejemplo cómo algunas de las palabras indígenas para lo nuevo fueron sustituidas por completo por una o varias palabras castellanas que daban una aproximación al objeto, fruta o animal descrito. Algunas de estas palabras pasaron a ser parte permanente del vocabulario castellano, como "piña". Sin embargo, cuando el contacto con los nativos fue más largo y se inició el mestizaje, los nuevos colonos tomaron las palabras originales de la lengua indígena y las adaptaron fonológicamente al castellano. Ejemplos de productos que se exportaron a España, y de ahí al resto del mundo, con un nombre derivado del original en náhuatl son el "aguacate" de **"ahuacatl"**, "cacahuate" ("cacahuete" hoy día en España) del náhuatl **"tlacucahuatl"**, "chocolate" de **"xocolatl"** (posiblemente un compuesto de las palabras "xococ" que significa "agrio" y la terminación "atl" que significa "agua"), "tomate" de **"tomatl"** y "chicle" posiblemente de **"tzicoa"** que significa "pegar" o de **"chictli"** palabra que deriva del maya "sicte", nombre sagrado del árbol "chicozapote" que da una resina muy blanca y masticable.

Sin embargo, no todo lo que existía en México se exportó y se llegó a conocer en el viejo continente. Los criollos (descendientes de los colonizadores españoles) integrantes de una sociedad caracterizada por el gran nivel de mestizaje, adaptaron a la fonología castellana infinidad de nombres de animales, plantas, alimentos y objetos provenientes del náhuatl que designaban algo que por lo general no existía o no se conocía con el mismo nombre en el resto del mundo de habla hispana. Algunos ejemplos son: "nopal" (de **"nopalli"**, cactus comestible), "ahuate" (de **"ahuatl"** espina muy fina de varios tipos de plantas cactáceas), "ocelote" (de **"ocelotl"**, especie de jaguar pequeño), "zopilote" (de **"tzopilotl"**, especie de buitre), "sinsonte" (de **"zenzontle"**, tipo de pájaro cantor[3]), "atole" (de **"atolli"**, bebida de maíz disuelta en agua), "tamal" (de **"tamalli"** especie de empanada de maíz), "pulque" (de la misma familia que **"poliuhqui"** que significa "descompuesto, echado a perder" en náhuatl y que se refiere a una bebida blanca y espesa obtenida por fermentación del jugo de un tipo de planta llamada maguey), "tequila" (bebida original de un municipio del estado de Xalisco llamado Tequila, del náhuatl **"tequillan"**, literalmente, "lugar de tributos"), "ocote" (de **"ocotl"** tipo de pino resinoso), "chile" (de **"chilli"**, cierta planta de la que hay muchas variedades y sus frutos picantes), "chilaquil" (guiso de maíz frito, cocido en salsa espesa de chile o tomate verde o jitomate), "coyote" (de **"coyotl"**), "huacal" (de **"huacalli"**, caseta o jaula pequeña de palo), "huipil" (de **"huipilli"** camisa larga sin mangas vestida por las mujeres prehispánicas), "jícara" (de **"xicalli"** taza hecha de la madera del árbol llamado "jícaro"), "zapote" (de **"tzapotl"** tipo de árbol tropical) y "achiote" (de **"achiyotl"** nombre de cierto arbusto, que produce una pasta rojiza usada de condimento). Estos son tan sólo algunos ejemplos de términos que pasaron al castellano hablado en México, adaptándose a la fonética y la grafía del español, porque no se conocían antes de la conquista y por lo tanto no había ningún equivalente para ellos en la lengua europea.

---

3   Como curiosidad para comprender lo desconocido que es este pájaro americano en España, la película norteamericana titulada "To Kill a Mockingbird" fue traducida por "Cómo matar a un ruiseñor", cuando el término inglés se refiere a un "sinsonte". El cambio de pájaro se debe sin duda a un esfuerzo por hacer el título comprensible a unos espectadores no familiarizados con las aves del nuevo mundo.

Además, el léxico del español hablado en México tomó del azteca muchos otros nombres que designaban cosas que, aunque se conociera su existencia anteriormente a la conquista o apareciera después una palabra en castellano, ésta no fue adoptada en México y se ha mantenido el término derivado de la lengua náhuatl aunque con grafía española. Ejemplos de este tipo son "camote" (de **"camotli"** una patata de sabor dulce, "batata" en castellano), "elote" (de **"elothl"**, conocido en España como "mazorca" de maíz), "jitomate" (de **"xictomatl"** llamado en España y otros países hispanos simplemente "tomate") "chapulín" (de **"chapolin"**, literalmente insecto que rebota o salta como el hule o goma, es decir, "saltamontes"), "ajolote" (de **"axolotl"**, literalmente monstruo de agua, que en castellano se denomina "renacuajo"), "guajolote" (de **"uexolotl"** que significa "pavo"), "apantle" o "apancle" (en castellano "acequia" para regar), "papalote" (de **"papalotl"** que en náhuatl significa "mariposa"y viene literalmente de *"papalli"*, en español "cometa"), "tecolote" **("tecolotl"**, en español "lechuza"), "popote" (de **"popotli"**, una "pajita" para beber líquidos), "chongo" (que significa "moño" y que posiblemente deriva de **"tzontli"**, palabra náhuatl para "cabello").

A estas designaciones de plantas, animales y objetos, podemos añadir nombres y adjetivos que están hoy día perfectamente integrados en el vocabulario cotidiano del mexicano medio y que confundirían a cualquier hispanohablante no familiarizado con estos mexicanismos, como "cuate" (del náhuatl **"coatl"** que significa "mellizo" y que se utiliza en el vocabulario coloquial con el significado de "amigo" o "compinche"), "escuincle" (de **"itzcuintli"** que literalmente significa "perro callejero, flaco y pelón", pero que se utiliza hoy día para referirse a los niños pequeños, con una connotación generalmente negativa de travieso o molesto), similar al término castellano castizo "chiquillo", "chavalín" o "rapazuelo", "chamaco" (de **"chamahuac"** que significa "muchacho" o "chico"), "chilpayate" (de **"chilpayatl"** niño de corta edad, a veces término de cariño y otras despectivo), "tianguis" (de **"tianquiztli"** mercadillo), "tlapalería" (de **"tlapalli"** que significa "pintura" pero con la terminación castellana "ía", ha pasado a designar una tienda de ferretería donde también se venden pinturas), "chinaco" (del náhuatl **"tzinnacatl"**, literalmente "carne del trasero", que alude a una persona desarrapada), hoy día es común oírlo abreviado como "naco", con tono despectivo, para referirse a una persona sin clase ni educación, "achichincle" (de la combinación náhuatl **"atl"** que significa "agua" y **"chichinque"** que significa "el que chupa", literalmente un "achichincle" o "achichintle" era un trabajador que sacaba agua en las minas. Hoy día ha pasado a significar "ayudante servil"), "mitote" (de **"mitotiqui"** una cierta danza indígena en que se bebía hasta embriagarse y que hoy día ha pasado a significar "alboroto"). Todos estos términos léxicos están tan integrados en la actualidad en el español usado en México que muchos de ellos se usan igualmente en femenino y en masculino, en singular y en plural.

Pero de toda la influencia que el náhuatl tiene en el castellano actual de México, es sin duda en la toponimia donde encontramos la mayor parte de la herencia de la lengua prehispánica. En la larga lista de nombres de estados, ciudades y pueblos encontraremos muchos terminados en los sufijos locativos *–ta(n), -ca(n), -cingo, -c(o),-pa(n)* que equivalen en significado a la preposición "en" o "en el lugar de". *–tlan,* equivalente a "en el lugar de muchos", *-apa(n)* "en el río, en agua" (de *atl* 'agua, río' + *-pan* 'en, sobre'), *-tépetl.* "montaña, cerro", *-nahuac* "cerca de".

De la larga lista, éstos son algunos ejemplos: México, Michoacán, Acapulco, Acatlán, Mixcoac, Amatlán y Anahuac, región de los lagos del Valle de México y territorio del Imperio Azteca que literalmente significa "cerca del agua", (de **atl** 'agua'), Apatzingán, Chiconcuac, Coatepec, Ecatepec, Tlaxcala, Huamantla, Mazatlán, Cuautitlán, Michoacán, Ocotlán, Huauchinango, Oaxaca, Oaxtepec, Xochimilco, Ocotepec, Tlalpan,Tacotalpa, Teapa, Tecamachalco, Tecolutla, Tehuacán, Tepic, Temixco, Teotihuacán, Tepoztlán, Tequisquiapan, Texcoco, Tlalmanalco, Tlaltelolco, Tlaxcala, Toluca, Tuxpan, Xochicalco, Zacatecas, Zacatlán, Zapotitlán, Zimapán, Zumpango, Xalisco, Citlaltépetl o Popocatépetl.

Se da también la combinación de nombres de localidades que, conservando el nombre original derivado del náhuatl, han añadido un nombre de origen hispano después de la conquista. Este segundo nombre hace referencia a un santo católico (ejemplo de sincretismo lingüístico), a un personaje importante en la historia de la conquista o de la lucha por la independencia de México. Tenemos así topónimos como *Tecali de Herrera, Tecpan de Galeana, Santo Domingo Tehuantepec, San Juan Teposcolula, San Pedro y San Pablo Teposcolula, San Martín Texmelucan, Tula de Allende, Tuxtla Gutiérrez, Tuxtla Chico, San Andrés Tuxtla, Zacualtipán de Ángeles, Zimatlán de Álvarez, Atlamajalcingo del Monte, Huitzuco de los Figueroa, Mártir de Cuilapan, San Luis Acatlán, Cuautepec de Hinojosa, Mixquiahuala de Juárez, Atizapán de Zaragoza, Ixtapan de la Sal, Cuautitlán de García, Ixtlahuacán de los Membrillos, Coatlán del Río, Santiago Ixcuintla, Santiago Yaonáhuac, Asunción Ixtaltepec, Capulálpam de Méndez, Cuilápam de Guerrero, Magdalena Mixtepec Magdalena Tequisistlán, Magdalena Tlacotepec, San Agustín Atenango, San Agustín Tlacotepec, San Andrés Huaxpaltepec, San Andrés Huayapam, San Agustín Metzquititlán.* De todas estas ciudades y pueblos se derivan los patronímicos correspondientes del náhuatl *-ecatl, -tecatl,* es decir "morador de, habitante de, persona de", con la terminación española *–eco* o *–eca,* como tlaxcalteca, chiapaneco, tehuantepeco etc.

El náhualt de hoy día

Según Ignacio Alcocer, el náhuatl hablado actualmente por poco más de un millón y medio de mexicanos en la zona central del país, resulta pobre en expresión y vocabulario comparado al lenguaje rico y variado encontrado a su llegada por los españoles y que todavía puede leerse en los Códices. Algunos autores achacan cierta escasez de vocabulario a la carencia del desarrollo de una literatura en náhuatl y la poca formación educativa de los hablantes actuales en su propia lengua. Después de 500 años en los que el castellano se ha impuesto como lengua dominante tanto a nivel político como social y cultural, el náhuatl es hoy día utilizado sólo en comunidades indígenas para actos y actividades comunes de la vida diaria. Carece, pues, de los giros elegantes del náhuatl antiguo y mezcla una gran cantidad de términos venidos del castellano, hasta el punto de que el lenguaje que se usa hoy día es una lengua híbrida con variedades en cada región[4].

En el lenguaje cotidiano es común la alternancia de código, es decir, el uso de las dos lenguas por un mismo hablante en una misma conversación. Se oyen con frecuencia partes de una oración en castellano y después, en la misma oración, partes en lengua náhuatl. En realidad, este "mestizaje" lingüístico es muy común entre los hablantes en comunidades donde hay dos lenguas en contacto. Prácticamente nadie habla hoy día un náhuatl puro o clásico, puesto que la realidad diaria es muy diferente de la que existía en tiempos pre-coloniales y el contacto de 500 años entre las dos lenguas ha dado lugar a cambios lingüísticos definitivos. Entre los ejemplos ofrecidos por Alcocer en su libro El español que se habla en México tenemos "*Tihui* para *Tianquizco*" ("Vamos para el mercado") o "Hasta *moztla*, hasta *yohuatzinco,* si Dios *quinequi*" ("Hasta mañana, si Dios quiere"). No sólo se usan nombres en castellano; también se oyen verbos, preposiciones, adverbios y giros idiomáticos de uso común, aunque adaptados a las reglas fonológicas de su lengua.

Geográficamente, se ha mantenido la variedad de las diversas formas del náhuatl y esto explica que no haya una forma unificada de esta lengua en toda la zona central de la República Mexicana. Sin embargo, el náhuatl en sus consiguientes variedades, continúa siendo una lengua viva en el México actual y una de las que mejor ha sobrevivido en el continente americano bajo la constante presión del inglés en el norte y el español en el centro y sur. Por lo general, algunas de las zonas donde todavía se habla mayoritariamente náhuatl son las más aisladas del dominio centralizador y la lengua nativa se ha mantenido como un rasgo de identidad que promovió la cohesión étnica frente a los conquistadores. Sin embargo, por ser la zona central de México en la que se asentaron los colonizadores españoles desde el principio con más arraigo, y habiendo fundado sobre la antigua capital azteca Tenochtitlán lo que hoy es la ciudad de México como capital de la Nueva España, la lengua y tradición náhuas a pesar

---

4   Para ver una lista completa de las variedades regionales del náhuatl actual, se puede consultar la página del Instituto Lingüístico de Verano (ILV) en México http://www.ethnolongue.com/language-index

de su enorme importancia en el S. XVI, no sobrevivieron con la misma facilidad que las lenguas de grupos nativos en zonas más alejadas del centro colonial, como la península de Yucatán con su fuerte tradición maya y el sur, en la zona de Oaxaca, donde todavía abundan los hablantes de las lenguas zapotecas y mixtecas.

Es común que la lengua náhuatl en todas sus variantes se identifique con reivindicaciones políticas. En países como México o Guatemala, donde las minorías indígenas han sido siempre objeto de discriminación, el lenguaje ha servido y sirve como forma visible de la defensa de sus derechos. Sin embargo, la persistente subordinación económica y social de los grupos indígenas con respecto al sector de la población mayoritaria de hispanohablantes, explica que la castellanización de estos grupos responda a unos fines prácticos de integración social. El conocimiento del español, aunque sea a un nivel básico, puede facilitarles la migración a centros urbanos donde existen más posibilidades de prosperidad económica. No obstante, y a pesar de las nuevas políticas lingüísticas que defienden los derechos de las minorías, siguen existiendo en México claras restricciones a la justa integración de los grupos étnicos nativos en la vida de las ciudades.

Como apunta Gabriela Coronado Suzán en su estudio sobre el bilingüismo en México, es imposible separar el uso de las lenguas nativas de las relaciones económicas, sociales y políticas del país. Según Juan M. Lope Blanch, existen en el español hablado en México actualmente entre 1.500 y 1.900 aztequismos y de esos, una gran parte se refieren a la flora y fauna del nuevo mundo para las que no había palabra en castellano. Si descontamos los topónimos y sus derivados patronímicos, sólo unas 160 palabras de origen náhuatl son de uso común, mucho menos del 1% del léxico total usado en México. A nivel fonético o gramatical la influencia del náhuatl ha sido aun menor. Sólo en la entonación se puede notar una cierta influencia de los sustratos lingüísticos prehispánicos.

LA LENGUA MAYA-YUCATECA

Introducción

En primer lugar es menester explicar por qué el término "maya" no puede aplicarse a una sola lengua, ni siquiera a una serie de variedades de una lengua que sean inteligibles entre sí. Cuando hablamos del maya, estamos haciendo referencia a una familia de lenguas relacionadas pero también distintas entre sí que se extiende desde la península de Yucatán y el estado de Chiapas en el sur de México, pasando por Guatemala y Belice, hasta el norte de Honduras. En Chiapas y Guatemala, los hablantes de las diferentes formas de la lengua maya reciben denominaciones distintas dependiendo del grupo étnico y lingüístico al que pertenecen dentro del mundo maya (tzotzil, tzeltal, quiché, mam etc.). En Yucatán y Quintana Roo la lengua de los indígenas mayas está extendida por casi todo el territorio y los hablantes se refieren a sí mismos y a su lengua como "maya". Para distinguir esta variedad lingüística de las otras antes mencionadas, los estudiosos se suelen referir a esta última forma como maya-yucateca. Debido a la diversidad que existe entre variedades habladas en la península del Yucatán y toda la zona donde reside la población maya, la sección que el presente ensayo dedica al maya-yucateca debe ser considerada como una simple introducción que da una visión muy generalizada a aquellos lectores que, más adelante, deseen adentrarse con mayor profundidad en el conocimiento de dicha rama lingüística.

El maya-yucateca, tal y como explica Gary Bevington en su guía social y lingüística sobre Yucatán, es la lengua principal entre los grupos indígenas que suelen vivir del cultivo de la milpa en comunidades rurales de la península de Yucatán. Es en estos grupos donde encontraríamos una mayoría de hablantes monolingües del maya-yucateca, es decir, no conocen el castellano y tienen poca relación con personas fuera de sus comunidades. Una gran parte de la clase trabajadora de esta zona muestra un alto nivel de bilingüismo y hace uso del maya-yucateca con regularidad en su vida diaria. Es entre los grupos de profesionales de la clase media que viven en las ciudades coloniales como Mérida, Valladolid y Campeche donde predomina el uso del castellano. Tampoco se suele oír la lengua maya-yucateca muy a menudo entre los trabajadores de los centros turísticos de la costa como Cancún o Cozumel. Sin embargo, cuanto más nos adentramos en la península de Yucatán, especialmente hacia la zona de la ciudad Felipe Carrillo Puerto, más se oye el maya-yucateca como lengua de comunicación diaria entre sus habitantes.

La historia de la lengua maya-yucateca[5]

A diferencia de lo que sucedió en otras partes del nuevo mundo, muchos de los conquistadores europeos que llegaron y se asentaron en Yucatán aprendieron y usaron la lengua maya-yucateca para comunicarse con los nativos. Hoy día, todavía encontramos en esta zona algunos mestizos y descendientes de los colonizadores europeos que conocen y usan la lengua maya-yucateca. Con frecuencia, la han aprendido en la calle por el contacto con otros niños y la han seguido usando con los hablantes de maya-yucateca, aunque en su vida diaria tiendan a utilizar más el castellano. Es común también que los castellano-hablantes en Yucatán enseñen a sus hijos el castellano antes que la lengua maya por ser el castellano la lengua más utilizada en todo el país y la que más oportunidades culturales y laborales abre a los habitantes de cualquier estado mexicano.

La lengua y cultura maya-yucateca actual tiene su origen en una gran civilización que se desarrolló en esta zona a partir del tercer siglo de nuestra era. Esta lengua tenía un sistema escrito en forma de jeroglíficos y en el que se han reconocido numerosos elementos fonéticos; si consideramos este hecho, podemos afirmar que la forma escrita o gráfica de la lengua de los mayas en Yucatán tiene una historia más antigua que la de lenguas de origen europeo como el español o el inglés. La tradición indígena maya prehispánica se conserva en los llamados libros de **Chilam Balam**, descubiertos en los últimos doscientos años. El lenguaje que aparece en estos documentos no resulta familiar ni fácil de entender para los hablantes actuales del maya-yucateca. Los misioneros españoles, en particular los franciscanos, utilizaron el alfabeto latino a partir del siglo XVI para poder comunicarse por escrito en la lengua indígena. La lengua que aparece en estos documentos se suele denominar "maya clásico" o "maya colonial".

Por lo general, la zona de Yucatán fue bastante independiente del dominio centralizador colonial español. Su fuerte tradición maya y el alto nivel de hablantes nativos de la lengua maya-yucateca han hecho que, incluso al alcanzar México su independencia como país, el área de Yucatán no fuera fácil de anexionar al estado mexicano de forma definitiva y pacífica hasta 1937. Este aislamiento geográfico de siglos se nota incluso en el acento de los hablantes monolingües de español dentro del panorama lingüístico de México.

Influencias entre el castellano y el maya-yucateca

La influencia más notable del castellano en la lengua maya-yucateca la encontramos en el vocabulario, aunque las palabras adoptadas por la lengua indígena se hayan ido amoldando a la fonética maya y hoy día no sería fácil reconocerlas como palabras de origen castellano. Uno de los ejemplos que nos ofrece Gary Bevington como curiosidad histórica es la palabra usada hoy día entre la población maya para designar al ganado es **"wakax"**, posible reproducción fonética de la palabra castellana "vacas" tal y como se pronunciaba en el siglo XVI. Además, hay que tener en cuenta que los animales domésticos conocidos por los mayas antes de la llegada de los colonizadores eran los perros y posiblemente los pavos, pero no el ganado vacuno. Hay por lo tanto adaptaciones de palabras castellanas que denominan conceptos y objetos traídos por los españoles al nuevo mundo. Otras, se han adoptado a pesar de que exista en la lengua maya un término equivalente. No es raro encontrar palabras castellanas que se han incorporado al maya añadiendo sufijos (o prefijos) que las hagan más

---

5   La presente sección resume parte de la información ofrecida por Gary Loyd Bevington en su libro <u>Maya for travelers and Students: a Guide to language and Culture in Yucatán.</u>

adaptables a la forma gramatical aglutinante de la lengua maya, como por ejemplo **"maldisyontik"** que viene de "maldición".

Una característica fonética del maya es el uso de vocales más largas que en el castellano, por eso encontramos palabras castellanas cuya pronunciación en maya difiere principalmente en la longitud de la vocal al pronunciarse. Por lo que se refiere a la influencia de la lengua maya-yucateca en el castellano hablado en Yucatán, podemos señalar la entonación, tan importante en la lengua maya con su rítmo y sus pausas. Otro rasgo distintivo del español de esta zona tomado de la lengua maya es la utilización del sonido /*m*/ en vez de /*n*/ en posición final de la palabra, por ejemplo, /*pam*/en lugar de /*pan*/ y el sonido /*p*/ en lugar de /*f*/, así se puede oir entre hablantes del español /*peliz*/ en vez de /*feliz*/, particularmente en círculos de hablantes con bajo nivel educativo. También se nota una distinta pronunciación en palabras castellanas que contienen la /*j*/ y la /*ñ*/ ya que estos dos sonidos no existen en la lengua maya. Por eso se oye /*ninio*/ en vez de /*niño*/.

A nivel morfosintáctico y dado que las dos lenguas son completamente diferentes en este aspecto, hay poca influencia mutua. Por eso la estructura de cada lengua se ha mantenido bastante fiel a la forma anterior a la conquista. Se nota en castellano a veces la tendencia de la lengua maya a reduplicar para acentuar características, por ejemplo "buenisísimo" en lugar de "buenísimo". A veces también el orden de los adverbios en maya se ha transplantado al castellano.

A nivel léxico, se han tomado algunas palabras del maya, como **"ts'onot"**, y se han adaptado a la fonética y grafía del castellano: "cenote" para referirse a un depósito de agua subterráneo. A veces se dan combinaciones de palabras de las dos lenguas: "chocolomo" (del maya **"choko"**, que significa caliente y el castellano "lomo") para referirse a un tipo de carne guisada típica de esa zona. Se oye la influencia en interjeciones como "¡uay!" en vez de "¡ay!" para expresar una queja de dolor. Existen así mismo casos de extensiones semánticas en algunas palabras castellanas por influencia del maya, como en el verbo "acotar" que entre los hablantes de Yucatán significa no sólo poner límites sino construir un muro para delimitar un terreno, por influencia de la palabra maya **"kotah"**, que significa "amurallar"[6].

Es común entre los numerosos hablantes bilingües la alternancia de códigos que da lugar al denominado *"maya mestizo";* tenemos pues el uso de las dos lenguas por un mismo hablante en una misma conversación, algo bastante común en comunidades donde hay dos lenguas en contacto. Se oyen con frecuencia partes de una oración en castellano y después, en la misma oración, partes en lengua maya-yucateca. En realidad, este "maya mestizo" es la forma lingüística predominante entre los hablantes indígenas de Yucatán.

El maya-yucateca hoy día

Como se ha mencionado anteriormente, el maya clásico que aparecía en forma de jeroglíficos, fue re-escrito por los misioneros de la época colonial utilizando el alfabeto latino. Hoy día, lo poco que se publica en lengua maya, se hace por medio de un alfabeto más moderno adoptado para transcribir las lenguas indígenas de México. Es común que la lengua maya en todas sus variantes, y más en particular la forma escrita, se identifique con reivindicaciones políticas. Sin embargo, la persistente subordinación económica y social de los grupos maya-yucatecos, al igual que la de los hablantes de otras lenguas pre-hispánicas, con respecto al sector de la población mayoritaria de hispanohablantes, explica que la castellanización de estos grupos responda a unos fines prácticos de integración social. La escuela es para muchos hablantes del maya-yucateca el lugar donde tienen un contacto más sostenido con el castellano, lengua que precisan conocer para salir de sus comunidades.

---

6   Estos son algunos de los ejemplos que aparecen en el estudio sobre el español en relación al maya-yucateca
     realizado por Miranda Stewart.

Conclusión

Aunque todas las lenguas de México anteriores a la conquista tienen un reconocimiento oficial junto con el castellano y de hecho se utilizan en las escuelas del país para alfabetizar a la población, todavía a principios del siglo XXI, la dinámica de la sociedad mexicana exige a los grupos lingüísticos minoritarios cierto grado de castellanización para su inserción en la sociedad mayoritaria y para llevar a cabo la comunicación entre ellos (el castellano se ha venido usando y todavía se usa con frecuencia como lengua franca entre hablantes de diferentes lenguas pre-hispánicas). Así mismo, el relativo aislamiento político en el que se encuentran algunos grupos étnicos minoritarios y un sistema educativo deficiente en las zonas más apartadas, dificultan que las lenguas y culturas nativas de México obtengan el mismo reconocimiento real que el castellano. Esta situación, aunque ha ido mejorando con el tiempo, todavía entorpece la integración de todos los mexicanos no hispanohablantes en el panorama sociolingüístico general del país.

OBRAS CITADAS

Alcocer, Ignacio. El español que se habla en México. Instituto Panameriano de Geografía e Historia. Tacubaya,D.F.: 1936.

Bevington, Gary Loyd. Maya for travelers and students: a guide to language and culture in Yucatan. University of Texas Press, Austin: 1995.

Coronado Suzán, Gabriela. Persistencia lingüística y transformación social: bilingüismo en la mixteca alta. Centro de investigaciones y estudios superiores en antropología social. Tlalpan, México D.F.: 1987.

León-Portilla, Miguel. Azrec Thought and Culture. University of Oklahoma Press, 1990.

León-Portilla, Miguel. Visión de los vencidos. Relaciones indígenas de la conquista. Universidad Nacional Autónoma de México, 2000.

Lope Blanch, Juan M. "Sobre la influencia de las lenguas indígenas en el léxico del español hablado en México". Actas del II Congreso de la Asociación Internacional de Hispanistas. Jaime SÁNCHEZ Romeralo y Norbert Polussen. 1965

Stewart, Miranda. The Spanish Language Today. Routledge Taylor and Francis Group. London and New York: 1999.

Taggart, James M. Nahuat Myth and Social Structure. University of Texas Press, 1983.

Williams, Jerry M. and Robert E. Lewis, Editors. Early Images of the Americas. Transfer and Invention. The University of Arizona Press, 1993.

http://www.academia.org.mx/dbm/DICAZ/a.htm

http://www.azteca.net/aztec/nahuatl/nahuawds.html

http:// cvc.cervantes.es/obref/aih/pdf/02/aih_02_1_037.pdf

http://en.wikipedia.org/wiki/Nahuatl_language

http://www.ethnolongue.com/language-index

http://es.wikipedia.org/wiki/M%C3%A9xico-Tenochtitlan

http://www.municipios.com.mx

http://www.sil.org/mexico/nahuatl/familia-nahuatl.htm

VARIACIONES LINGÜÍSTICAS EN EL ESPAÑOL PUERTORRIQUEÑO

Mirta Pimentel
Moravian College

> "…creo que es del mayor interés
> que un lingüista se ponga en contacto
> con la vida material y espiritual del
> pueblo. Y mucho más, si ese pueblo
> es el suyo." (Alvar 173)

Sabes hablar puertorriqueño…

- Si todo lo bueno es "chévere";
- Si sabes lo que es una "pisicorre";
- Si tu carro tiene "bompels" [bumpers], "mofle" [muffler], "estaltel" [starter], "espoilel" [spoiler], "guaipel" [wipers] y "cloche" [clutch];
- Si llevaste tu merienda a la escuela en una "lonchera" [lunch bag];
- Si sabes que "fogón" es otro nombre para el horno, pero "enfogonao" es estar muy molesto;
- Si sabes que la velocidad se mide en millas, la distancia en kilómetros, los solares en metros, las fincas en cuerdas, la estatura en pies y pulgadas, la temperatura exterior en grados Fahrenheit, pero la fiebre se mide en grados centígrados;
- Si te refieres a lo difícil como "un tostón" o piensas que "no es ninguna cáscara de coco";
- Si a los zapatos grandes y feos los consideras "bodrogos";
- Si para ti todos los cereales son "Corn Flakes" (pronunciado con-flei), todos los pañales son "Pampers" (pronunciado pan-pel), todas las licuadoras son "Osterizers" (pronunciado oj-te-rai-sel), todas las toallas sanitarias son "Kotex" (pronunciado co-tej)
- Si te refieres a los salseros como "cocolos"

En Puerto Rico se ha desarrollado una variante muy singular que se adapta y cambia según las necesidades, experiencias y espíritu del pueblo. El puertorriqueño moderno es el fruto de la unión de tres razas y varias culturas. En el transcurso de su historia se evidencia la influencia indígena, europea, africana y, más recientemente, estadounidense. Empezaremos, pues, con una breve reseña histórica para trazar las diferentes invasiones desde finales del siglo XV al XX. Veremos la influencia del español canario al nivel fonológico y en el léxico. También se presentarán tainismos y africanismos que forman parte del léxico puertorriqueño.

El español de Puerto Rico está marcado además por el inglés. La invasión estadounidense no sólo fue de un carácter político sino que ha influenciado todas las facetas de la vida diaria en Puerto Rico. La imposición de la enseñanza del inglés ha causado cambios en el español puertorriqueño. Esta influencia se ve documentada en el diario vivir, en los mercados, en los negocios, aun en las más remotas partes de la isla uno se puede encontrar establecimientos con nombres en inglés.

En este ensayo se presentarán brevemente los rasgos fonológicos del español puertorriqueño y algunas de las teorías lingüísticas que explican estos fenómenos. Finalmente, se presentarán términos que se consideran exclusivamente puertorriqueños y sus definiciones.

TRASFONDO HISTÓRICO

Cuando los españoles invadieron las Islas Canarias trajeron con ellos un código lingüístico sofisticado y avanzado. Sin embargo, las islas les presentaban un ambiente nuevo y extraño. Manuel Alvar, en su Norma lingüística sevillana y español de América explica cómo el lenguaje cambió al encontrarse con cosas que nunca antes se habían visto: "Pero aquellas maravillas tenían un nombre inusitado en la lengua de Castilla: unas veces lo eliminaron por extraño, pero otras, se quedaron con él, tal y como les permitieron sus entendederas: fue el proceso de adopción" (149). Así tuvieron que adaptar y crear un nuevo lenguaje para describir la realidad que experimentaban a diario.

Durante la era del imperialismo español muchas personas de las Islas Canarias emigraron a las Américas. Aunque algunos lingüistas tienden a ignorar esto al categorizar las variantes caribeñas, hay muchos documentos que reflejan la gran influencia que las Islas Canarias tuvieron en Hispanoamérica: "En ellos resaltan todo lo que las islas fueron en la gran empresa americana: anticipo y anuncio, esperanza y apoyo. Y no se olvide que América se encontró porque Castilla buscaba en ella la 'Ysla de Canaria por ganar'" (Alvar 64). La invasión y conquista de las Islas Canarias está vinculada al pasaje de España hacia el Nuevo Mundo: La Palma – 1493, Tenerife – 1496, y la Gran Canaria – 1483. De ahí que los canarios salieran en rumbo al Nuevo Mundo. Cada vez que se habla del español de las Américas y en particular del español puertorriqueño es imprescindible mencionar la influencia del canario.

Aunque no se han publicado muchos estudios en cuanto al español hablado en las Islas Canarias es interesante trazar la conexión entre esas islas y las del Caribe. Alvar en El español hablado en Tenerife y Alvarez Nazario en Orígenes y desarrollo del español en Puerto Rico: Siglos XVI y XVII declaran que se puede ver la influencia del canario en muchas áreas de Hispanoamérica. Alvar afirma que las Islas Canarias son extremadamente importantes al desarrollo de la historia del lenguaje español:

En las islas está ese eslabón que une la Península con América. Cada día se ve más clara la influencia de Canarias en la colonización de ciertas zonas del Nuevo Mundo. El carácter meridional de su dialecto es una buena piedra de toque para completar la visión que tenemos de las hablas del sur de España y de la América hispana. (5)

Alvarez Nazario apoya las observaciones de Alvar al escribir:
[…]la corriente de inmigrantes españoles que procede de las Islas Canarias, en cuyo archipiélago la conquista castellana (comenzada en época temprana del siglo XV y concluída por finales de igual centuria) contó también[…] con un aparente predominio del elemento poblador de origen andaluz, lo que daría pie allí, por encima de las variedades insulares, al arraigo denominador lingüístico común, vinculado esencialmente en sus raíces al habla del Sur de España para época de los Reyes Católicos y del período de los descubrimientos colombinos, y participe por lo general este español asentado en Canarias[…] (36)

La conexión entre las Islas Canarias y Puerto Rico se debe al intercambio marítimo entre ambas. Las Islas Canarias eran el último puerto de partida desde Europa, y Puerto Rico era el primer puerto de entrada hacia el Nuevo Mundo. De ahí que se engendrara una relación estrecha entre las islas. Zamora Vicente en Dialectología española también está de acuerdo con las observaciones ya mencionadas. Él establece la conexión entre la región sureña de la Península y las Islas Canarias:

"La repoblación – y las expediciones a tal fin – debió ser dirigida u orientada desde Andalucía, y así el fondo patrimonial idiomático (fonético, léxico) participa fundamentalmente de los rasgos meridionales de la península" (345).

En "A flower of Different Aroma: Lexicon in the Canary Islands and Its Influence on Puerto Rico," 1994, estudio inédito, esta servidora solicitó respuestas a ocho puertorriqueños bilingües (inglés/ español). Los informantes eran estudiantes universitarios, nacidos y criados en la isla, que cursaban estudios en The Pennsylvania State University. Estos informantes completaron un formulario con términos léxicos seleccionados del Atlas Lingüístico y Etnográfico de las Islas Canarias (ALEICan) cuyo autor es Manuel Alvar. A los participantes se les pidió que indicaran si habían escuchado o visto la palabra en algún contexto y que la definiera. Algunos ejemplos son: "chiquero" [lugar o ambiente desordenado y sucio]; "enchumbar" [sinónimo de mojar]; "gofio" [trigo o maíz, tostado, molido y azucarado]. En la mayoría de los casos hubo un alto nivel de concordancia entre las definiciones dadas en el cuestionario y aquéllas documentadas por Alvar en el ALEICAN. Es interesante, además, que tanto en Puerto Rico como en las Canarias se le llama "guagua" a un autobús. Al nivel léxico se puede ver una estrecha conexión entre el canario y el puertorriqueño, pero es necesario llevar a cabo investigaciones más amplias para detallar otras semejanzas.

Los fenómenos fonológicos que se observan en las Canarias y que también se manifiestan en Puerto Rico son de gran interés para el lingüista. Entre ellos el seseo, la pronunciación de vocales, pérdida de /d/ en posición inicial, y velarización de /n/. Entre las semejanzas del canario y el puertorriqueño se encuentra la aspiración de /h/ en posición inicial de palabra. Así que se escuchan personas que pronuncian 'jablar' por hablar, 'jose' por hoz, 'juyir' por huir, 'jeder' por heder u oler mal. Además, se aspira la /s/ en posición final de sílaba o palabra y se produce el yeísmo, lambdacismo y rotacismo. Estos procesos se explicarán con más detalle a seguir.

Puerto Rico estuvo bajo la influencia europea por trescientos años, desde 1508 hasta 1898. Hubo varias olas migratorias que incluyeron agricultores, soldados, hombres del pueblo, además de alemanes, holandeses y franceses. La mayor influencia viene de España debido al contacto directo hasta 1898, cuando España firmó el Tratado de París y cedió ciertos territorios a los EE.UU. Después de 1898 el intercambio queda restringido a comunicación escrita, lo cual incurre una gran diferencia en términos del lenguaje incorporado. Ya no es tanta la influencia de las voces populares. A partir de 1898, el intercambio es menos frecuente dando paso al uso de arcaísmos, o sea palabras que ya no se escuchan en el habla popular de España. No obstante, la base del lenguaje de Puerto Rico no es el español sino el lenguaje de los taínos y hay muchos tainismos que se conservan hoy día. Según las clasificaciones de Rosario en La lengua de Puerto Rico, existen palabras:

1) de uso general en América: *batata* [tubérculo o tallo subterráneo comestible], *maíz, tiburón, bohío* [tipo de vivienda, edificio redondo hecho de troncos con techo de paja], *hamaca, macana* [arma ofensiva hecha de madera semejante al garrote], *cacique* [líder de una comunidad];

2) de uso menos generalizado: *cabuya* [hilo trenzado, soga], *cocuyo* [cucubano, luciérnaga], *mamey* [fruta ovalada de pulpa amarilla o roja, aromática dulce y muy suave], *yagua* [hoja o tejido fibroso que envuelve la parte más tierna de la palma real];

3) de uso antillano: *ausubo* [árbol de madera muy dura y resistente], *caimito* [fruta], *lerén* [verdura], *jicotea* [especie de tortuga de agua], *batey* [patio en el campo];

4) de uso puertorriqueño: *tabonuco* [árbol maderero], *buruquena y cocolia* [crustáceos], *guanime* [comida hecha de harina de maíz], *guares* [gemelos], *guajana* [flor de la caña de azúcar], *quenepa* [fruta], *etc.* (10)

En Puerto Rico la influencia del taíno es tal que la geografía y la topografía están bien marcadas con nombres tainos. Muchas comunidades o cacicazgos como: Bayamón, Caguas, Jayuya, Yauco, Camuy, Guajataca, etc., conservaron sus nombres taínos a pesar de la invasión europea. Varios árboles y plantas todavía se conocen por sus nombres originales: ausubo, anón [fruta], guanábana [fruta], mamey [fruta], jobo [fruta ovalada parecida a la ciruela], hicaco [fruta], etc. Algunos nombres de aves y peces son el guaraguao [ave], el múcaro [buho, lechuza], la guábara [pescado], el dajao [pescado]. La influencia es tal que aunque los españoles introdujeron la palabra *cangrejo* al lexicón puertorriqueño, dicho crustáceo generalmente se conoce como juey. El taíno contribuyó muchos términos al lexicón español, al francés y al inglés. Palabras como *huracán, manatí, caimán, barbacoa, papaya, tuna, yuca, canoa, iguana, sabana, maíz* entre otras. Éstas han sido incorporadas en otras lenguas con muy poco cambio (Zamora Munné y Guitart 191). La situación de lenguas en contacto se remonta históricamente al descubrimiento e invasión de la isla por parte de los europeos. Es importante recordar que los taínos ya estaban bien establecidos en Boriquén, nombre taíno que significa "Tierra de los Cemíes," cuando los españoles invadieron la isla.

Es necesario mencionar la influencia africana en nuestra cultura. Aunque no se ha estudiado mucho hay cierta evidencia lingüística literaria que demuestra el uso de bozal y papiamento especialmente en la región sur de la isla. Según Lipski hay varias piezas literarias que datan del siglo XIX las cuales encierran varios modismos de origen africano. Algunos ejemplos son:

Nanqui toy ma mákinley…
Negro nalla en Africa vivía
Limbre como mariposa…
Nanllí lan día se curía
Tran de tiguiri y lión,
Limbre como el mismo sol…
Vine aquí nan Poto Rico
De una borega nanfondo,
Me llevaron lo demonios,
Nontron se hicieron rico…

Este trozo de poema contiene varios elementos afro-hispanos, en particular el uso del artículo **lan/nan**, el cual ha sido identificado en otros bozales (Lipski 852). Aunque es difícil trazar la aportación e influencia del africano bozal en el puertorriqueño, "Es obvio suponer que en cuanto a los negros y las negras nacidos en la isla, su lengua se cimentaría sobre las bases del lenguaje popular puertorriqueño, con sus variaciones." (Ortiz Lugo 14)

En el léxico puertorriqueño podemos encontrar africanismos tales como: gandinga [guiso de hígado del cerdo con salsa muy espesa], ñame [tubérculo comestible], bembe [labio], baquiné o baquiñé [ceremonia o ritual que se lleva a cabo cuando muere un niño], cocolo [persona de origen africano], guinganbó [vegetal, okra], monga [influenza], cachimbo [pipa para fumar], etc.; y refranes como: "El que no tiene dinga tiene mandinga" [se refiere a un grupo de personas que muestran una gran variedad de comportamientos negativos, él que no tiene una cosa tiene otra]. Muchas de estas palabras se encuentran también en el lexicón cubano y dominicano nuevamente solidificando las raíces semejantes del negro antillano.

La más reciente invasión lingüística ha sido el inglés por parte de los soldados estadounidenses que llegaron a nuestras costas en 1898. Ellos impusieron su sistema político, social y educativo en Puerto Rico cambiando por siempre el lenguaje y la cultura. De ahí en adelante se evidencia la influencia del inglés en el lexicón, la morfología y sintaxis del español puertorriqueño.

La proximidad y facilidad de viajar entre Puerto Rico y los EEUU hace posible la aportación e intercambio entre los dos idiomas. Ya podemos ver ejemplos en los círculos populares donde se han adoptado y aceptado muchos anglicismos dentro del lenguaje. Estos anglicismos son usados en los ámbitos populares y en los negocios, pero no tienen gran aceptación entre los académicos.

La invasión estadounidense en 1898 "no representa un vivo acercamiento étnico sino dominio político y económico extranjero e influencia cultural en las zonas alta y media de la sociedad." (Rosario 8) Ninguna cultura funciona en un vacío. Al entrar los soldados estadounidenses cambió nuevamente la cultura puertorriqueña. Debido al cambio forzado en el cual se impuso el uso del inglés como lengua oficial de la isla, el español de Puerto Rico cambió para siempre. De ahí que surjan las pronunciaciones que se aproximan más al inglés y un léxico que adapta y acepta palabras del inglés al puertorriqueño. También se observa en la anteposición de pronombre en las interrogativas que se asemeja a la sintáxis inglesa. Por ejemplo:

Do you want this?   ¿Tú quieres esto?

Este fenómeno ha recibido mucha atención recientemente especialmente dentro del dialecto puertorriqueño. Hay varias hipótesis que se han considerado para explicar dicho fenómeno pero los lingüistas no han llegado a un acuerdo. Algunos han postulado que la anteposición de sujeto pronominal en el puertorriqueño se debe a la influencia del inglés (Morales 153). Otros siguen la 'hipótesis funcional,' la cual propone que en dialectos donde la /s/ final se debilita es necesario poner el sujeto pronominal antes del verbo para evitar la ambigüedad en ciertos tiempos verbales. Por ejemplo, en el condicional, el imperfecto indicativo y el subjuntivo donde la primera y tercera persona singular tienen la misma terminación.

Ejemplo: (yo) vivía

(tú) vivías, pronunciado [bi-biah]

(Ud/él/ella) vivía

La hipótesis plantea que la anteposición del sujeto pronominal es necesaria para evitar ambigüedad (Morales 154). Sin embargo, los estudios e investigaciones no han producido resultados convincentes.

Otra característica morfosintáctica es añadir la partícula –ear a un verbo en inglés para expresar la misma acción en español. Por ejemplo: *'janguear'* = pasar el tiempo con amigos; *'lonchar'* = almorzar; *cuitiar* = darse de baja, terminar; *printiar* = imprimir; *imelear* = mandar correo electrónico. También se escucha el uso incorrecto de palabras en español, tales como *'salvar dinero'* en vez de ahorrar dinero; *atender* = asistir; *aplicar para un trabajo* = solicitar empleo. Pero estas variaciones se escuchan más entre los puertorriqueños que viven en los EE.UU. y aun más entre los de segunda generación. A este fenómeno también se le conoce como Spanglish o "code-switching" y se considera algo negativo o peyorativo. Otros ejemplos de este fenómeno son: *la yarda* = el patio o jardín; *el rufo* = el techo; *la marqueta* = el mercado; *la lonchera* = la bolsa, tina o envase para llevar el almuerzo; *el papel* = periódico; *la carpeta* = alfombra (este término se usa exclusivamente entre los puertorriqueños en los EEUU, en PR una *carpeta* es un tipo de cuaderno para hojas sueltas).

En el léxico puertorriqueño se encuentran ejemplos de anglicismos tales como:

La 'high' = escuela secundaria

El 'panti' = las pantaletas

El 'size' = tamaño

El 'freezer' = congelador

'Brown' = color café o marrón

La 'norsa' = enfermera

Hacer 'pritibodi' = ponerse guapo/a; embellecerse para llamar la atención.

El 'beauty' = salón de belleza

El 'tro' = camión, camioneta

El 'matres' = colchón

El 'closet' = ropero

También se refiere a ciertos productos, aparatos y enseres eléctricos por su marca registrada. Por ejemplo, al esmalte de uñas se le conoce como *'Cutex'* [kiu-teh], a los pañuelos desechables como *Kleenex* [kli-nes]; a los pañales desechables como *Pampers* [paŋ-pel]; a una licuadora como el *Osterizer* [os-te-rai-sel], a la aspiradora como el *vacuum cleaner* [ba-ki-un-kli-nel], a una heladería como el *Tasty Freeze* [teih-ti-friz] y a todo tipo de cereal para el desayuno como los *Corn Flakes* [kon-flei].

La influencia del inglés ha sido tan marcada que no es difícil encontrar en la isla establecimientos con nombres en inglés. También se encuentran en zonas fuera del área metropolitana. Una de las tiendas más conocidas y frecuentadas en la zona metropolitana era 'Bargain Town.' Por supuesto, ahora tenemos a Walmart también. Otros ejemplos: el Pueblo Cash & Carry, el Garage Johny's (lo cual demuestra el uso de léxico inglés dentro de un marco morfosintáctico español).

Hay que tener en cuenta que en PR todo alumno empieza a estudiar inglés desde 'primer grado.' El sistema escolar está completamente basado en programas prescritos en los EEUU. Una de las primeras canciones que los niños aprenden en la escuela es

'Pollito, chicken
Gallina, hen
Lápiz, pencil
Y pluma, pen
Ventana, window
Puerta, door
Maestra, teacher
y piso, floor'

La influencia del inglés se ve marcadamente en los nombres de personas. Algunos nombres comunes son: Walter, Johanna, Janet, Stephany, Jerry.

Es interesante que muchas veces a un José se le conoce como "Joey" o un Antonio ya no es "Toño" sino 'Tony.' A algunas personas el americanizar el nombre les sube la autoestima o creen que su estatus y posición social crecen con el cambio de nombre.

Muchos puertorriqueños padecen de problemas de identidad en cuanto a su funcionamiento lingüístico dentro del contexto universal del español.

RASGOS GENERALES DE LA LENGUA PUERTORRIQUEÑA

El puertorriqueño es parte de la variante caribeña o 'bajeña' (las tierras cercanas al Mar Caribe, y las que franjean al Atlántico). Teschner en <u>Camino Oral</u> clasifica el español de PR como un geolecto (un modo de hablar determinado por una región geográfica). La velocidad o rapidez del habla puertorriqueña es muy marcada, lo cual lleva al hablante a expresar ciertas variaciones diferentes al español normativo.

Hay cierta diferencia entre el habla popular y el habla de las clases media y alta. La mayor parte de los rasgos distintivos se observan más en el jíbaro (campesino o persona de tierra adentro), en las clases humildes y en el habla popular. Generalmente se considera algo negativo hablar como un jíbaro. Entre los jíbaros se observa la alternancia entre i > e, u > o, que es un rasgo documentado en las Canarias también.

Por ejemplo: suspiro > sospiro, figúrate > fegúrate.

Uno de los rasgos más sobresalientes en el habla del jíbaro es la frecuencia del uso de la /ñ/ en el lenguaje popular. En ciertos contextos se sustituye la /ñ/ por la /y/. Por ejemplo:

Te voy a llamar   >   'te vua a ñamar'

En todas las regiones de la isla se registra la reducción de vocales agrupadas o la eliminación de sílabas agrupadas:

nada > ná; adelante > a'lante; para > pá; peludo > pelú.

En la obra teatral de René Marqués <u>La Carreta</u> figura principalmente el habla que se asocia con el jíbaro: "Ehto no se acaba nunca. Y ese demonio e muchacho aónde ehtará… Mira aonde ehtá y no rehponde. ¡Deja ese mardito trompo y ven a lavalte loh jocicoh! Que vengah te digo. Que se jase tarde… ¡Condenao muchacho!" (5).

Fenómenos semejantes se han observado en otras partes del Caribe.

Fonología:

En la lengua puertorriqueña la labialización es menos marcada. Por ejemplo, el alargamiento de los labios no es tanto como en la pronunciación castellana. El redondeamiento de la /o/ y la /u/ es menor y la abreviación de vocal en posición final de palabra es frecuente. En PR se manifiesta el uso de una vocal mixta en vez de /e/, lo cual se ha documentado en Chile también.

Otros rasgos fonológicos:
- Pérdida de <u>d</u> intervocálica en posición final de sílaba y palabra:

Equivocado > equivoca'o; cansado > cansa'o; verdad > verdá;

Madrid >Madrí   perdido > perdi'o

Pero también se escucha la hipercorrección de la /d/ intervocálica. Algunas personas no educadas añaden <u>d</u> cuando no es necesario, e.g. 'bacalao > bacalado,' lo cual resulta muy jocoso.

- Pronunciación de la <u>h</u> como jota (aspirada): hambre>jambre; harto>jarto. Esta pronunciación es más marcada entre las personas no educadas o de bajo nivel educativo.
- Simplificación o geminación [repetición de fonema] de grupos consonánticos: indigno > [indinno]; magnífico > [mannífico]; excepción > [es-ek-sión]
- Seseo: pronunciación igual de <u>c</u>, <u>z</u> y <u>s</u> ante /e,i/: Célula > [sé-lu-la], cigarro > [si-ga-Ro]; zeta > [se-ta]; zigoto > [si-go-to]
- Yeísmo pronunciación dental sonora o dura de la <u>ll</u> y la <u>y</u>: Llamar > [a-mal]; yegua > [e-gwa]
- La <u>j</u> es aspirada, casi imperceptible, no como la jota glotal castellana: Jamón > [ha-móŋ]
- La /s/ posdental, no alveolar: Social > [so-sial]
- /n/ velar en posición final de sílaba o palabra: pan> [paŋ]
- Debilitación de /r/ en posición final de sílaba o palabra: Radar > [ra – dah]; cambiar > [kam-biah]
- Aspiración de /s/ en posición final de sílaba o palabra se manifiesta en el habla casual o familiar pero se repone en casos como en lectura formal, recitación u otras ocasiones formales. En el habla puertorriqueña no sólo se aspira la /s/ en posición final de sílaba/palabra sino la /f/ y la /b/, como en la palabra *difteria* que se pronuncia [dih-te-ria], *mismo* [meh-mo], *submarino* [suh-ma-ri-no]. Estos fenómenos se han observado en toda la región caribeña y el andaluz moderno.

La mayor parte de estos fenómenos se pueden explicar mediante la ciencia lingüística. La aspiración de /s/ en posición final de sílaba o palabra y otros cambios dialectales se han explicado con la teoría del 'cambio analógico.' Esto es un cambio que se produce para regularizar la estructura de la sílaba. La mayor parte de las palabras en el español siguen la estructura silábica CV-CV (consonante seguida de vocal). Por ejemplo, *ca-sa, pe-rro, ni-ña*, etc. Pero cuando la estructura silábica es CVC-CV se manifiesta entonces una debilitación de la consonante en posición final de sílaba, CVc-CV. Por ejemplo, disco > dih-ko.

Lambdacismo y rotacismo:

- Lambdaización de /r/ en posición final de sílaba o palabra: Puerta > [pwel-ta]   cargar > [kal – gal]
- Rotacismo de la /l/ en posición final de sílaba o palabra: El poder > [er-po-del]   soldado > [sor-dado]

El trueque de/r/ por /l/ se observa en todas partes de la isla y en todo ámbito, aun entre personas educadas. Un fenómeno similar al debilitamiento o supresión de /r/ en posición final de sílaba o palabra se registra en ciertas partes de la República Dominicana, Cuba, Panamá, Venezuela, Colombia y aun España. El trueque de /r/ por /l/, lambdacismo o rotacismo se explica a través del debilitamiento consonántico. Es más fácil pronunciar la /l/ en posición final de sílaba o palabra que la /r/. Ejemplo: puel-ta vs puer-ta. Estos cambios analógicos o debilitamientos de articulación se manifiestan en posición final de sílaba o palabra. Las consonantes se encuentran en posición débil y se prestan a dichos cambios fácilmente.

Fricatización velar de la /R/:

- Fricatización velar de /R/.

  Carro > [ka – Ro]; ferrocarril > [fe – Ro – ka – Ril]

En muchas regiones de Puerto Rico y el noreste de los EEUU, donde viven muchos puertorriqueños, se manifiesta una pronunciación de 'r' o 'rr' como si fuera glotal. Se parece mucho a la pronunciación de la /R/ francesa o la alemana. Sin embargo, esta pronunciación se asocia más con el jíbaro o personas sin educación formal. Rubén del Rosario atribuye la /R/ velar fricativa y el trueque de /y/ por /ñ/ al mestizaje. Rosario propone que los tainos y los africanos llevados a Puerto Rico carecían de la /r/ alveolar y no podían producirla. Asimismo se explica el trueque de ll por ñ. Rosario presenta evidencia de los descendientes de africanos en Cuba, Curazao, Martinica, Guadalupe, Brasil y otras partes del Caribe donde la /r/ alveolar se sustituye con un velar fricativa donde se escuchan fenómenos semejantes a los de Puerto Rico en cuanto a la pronunciación de la /r/ y la frecuencia de la /ñ/ (Rosario 8).

La hipercorrección en la pronunciación de consonante y.

Este fenómeno casi siempre se observa entre adultos educados quienes tratan de pronunciar la **v** como si fuera labio-dental. Lo hacen para aparentar que saben deletrear las palabras correctamente. Sin embargo, dicha pronunciación es artificiosa e incorrecta ya que en ninguno de los dialectos del español se marca la pronunciación de una v o b. Ambas se pronuncian de la misma manera ya sea como oclusiva o fricativa según el ambiente fonológico. Además, he escuchado a algunos puertorriqueños que tratan de hacer la distinción entre /s/ y /θ/ lo cual resulta artificioso y no es natural en el habla puertorriqueña.

En Puerto Rico no se usa la estructura gramatical de 'vosotros' ni el voseo. El puertorriqueño es más familiar en interacciones comunicativas y tiende a usar 'tú' aun en situaciones que se considerarían formales en otros países. El puertorriqueño cambia y adapta su registro más rápidamente que otros latinos, pero he notado que ante académicos, doctores, líderes políticos o espirituales siempre se tratan de Ud. y esto se considera una muestra de respeto.

La tendencia a hablar rápidamente, el ámbito y la clase social también afectan la manera de expresarse. En Puerto Rico se habla rápidamente y así se ven los cambios analógicos y el debilitamiento en articulación.

Léxico exclusivamente puertorriqueño: (Definiciones de Jorge L. Pimentel, Sr.)

- Brete: amorío; cuando un muchacho tiene algún asunto secreto con una chica;
- Chiripa: algo gratis, que no cuesta nada;
- Administrar: manejar los negocios o asuntos de otra persona en calidad de gerente; a veces se usa en vez de 'suministrar' en cuanto a medicamentos;
- Vellón: moneda de cinco centavos (en el norte); de diez centavos (en el sur);
- Reguerote: un desorden enorme
- teque-que-teque: discutir con otra persona; también se dice 'ponerse pico a pico' y tiene connotación negativa;
- Ñe-ñe-ñe: la manera de hablar de un niño mimado; quejarse sin razón;
- Aguaje: amagar; fingir que se va a hacer o decir alguna cosa;
- Aguzao: ser listo;
- ¡Ay, bendito!: Expresión popular de sorpresa, dolor, y muchas otras emociones;
- Boricua: ser puertorriqueño;
- Changuería: cuando los niños lloran sin razón alguna se dice que tienen changuería;
- Chévere: algo bueno, buenísimo;
- Emborujo: un lío, un engaño;
- Enfogonarse: molestarse; tener coraje;

- Fajarse: en algunos casos se refiere al acto de pelearse a los puños; también se refiere a luchar por algo hasta obtener una meta;
- Jurutungo: un lugar lejano;
- Pisicorre: tipo de vehículo que se usaba para transportar grupos de personas de un pueblo a otro o a la zona metropolitana; generalmente se le atribuye a los vehículos de tres asientos para 12 ó 15 pasajeros.
- Dar pon: proveer transporte; dar un aventón;
- Sanano: ser tonto, corto de entendimiento;
- Viejera: una cosa vieja;
- Chuchín: algo bueno; sinónimo de 'chévere.'

Notas: Éstas son palabras que se aceptan en comunicación oral por individuos desde las clases humildes hasta las más educadas, pero se evitan en comunicación escrita o formal.

Algunos modismos típicos de PR [Fuente: Janet Pérez]

- Tener la mancha de plátano = ser jíbaro o puertorriqueño
- ¿Y tu abuela dónde está? = es una cita de un poema de Luis Palés Matos y que se usa para aludir a la procedencia africana de una persona cuando ella quiere negarlo;
- Ser de clavo pasa'o = una persona fanática de cierta causa
- Ser maceta = una persona tacaña
- Comer jobos = no asistir a la escuela; faltar a clase; hacer novillos
- Estar como coco = una persona anciana que no lo aparenta
- Ser la última Coca-Cola en el desierto = creerse que uno es muy importante
- Emperifollarse = embellecerse, vestirse bien
- Tener más sombra que un palo 'e mango = una mujer que lleva mucho maquillaje
- Irse como pan caliente = algo que se vende muy bien;
- Darse el palo = tomar bebidas alcohólicas;
- Hablar más que una vieja sin tabaco = hablar mucho

Conclusión:

Como afirman el Dr. del Rosario y muchos otros lingüistas, las raíces del puertorriqueño son primeramente tainas. La topografía, la geografía, la fauna y la flora de la isla todavía reflejan la influencia taina en las cuales se conservan los nombres originales que los taínos habían usado para identificar los fenómenos que caracterizaban la isla de Puerto Rico. El español de Puerto Rico representa una amalgama de tres razas y muchas culturas. Hubo invasiones europeas por parte de los canarios, andaluces, franceses, holandeses, catalanes, y muchos otros. Cada invasión trajo nuevos vocablos, acentos, influencias léxicas y fonéticas. En el puertorriqueño se ha incorporado un poco de cada influencia, sin embargo, el más prevaleciente y defendido es el español.

La influencia africana se refleja en las comidas, en ciertos modismos, en las celebraciones que todavía se llevan a cabo y en la obra literaria donde se ha documentado este fenómeno en nuestra cultura. Con la llegada del ejército y el gobierno estadounidense los puertorriqueños tuvieron que enfrentarse nuevamente a un nuevo lenguaje, a un nuevo sistema escolar y político. No obstante, los puertorriqueños no han adoptado por completo el uso del inglés. Hoy día a los niños se les enseña inglés desde primer grado y hay mucho intercambio lingüístico entre los puertorriqueños de la isla y los que residen en los EEUU. A este fenómeno se le conoce como 'Spanglish' o 'code-switching.' Poco a poco se ve la influencia del inglés en la lengua popular y especialmente en el mercadeo pero el español continúa siendo el lenguaje principal.

La variante puertorriqueña ha incorporado elementos taínos, españoles, africanos y estadounidenses para forjar una lengua muy singular y particular que continuará evolucionando según cambia la realidad cultural, histórica, tecnológica y política de la isla. En este ensayo se ha tratado de resumir ciertos detalles generales del lenguaje de PR y las lenguas que lo han influenciado. Los estudios de Alvar y

Alvarez Nazario trazan cuidadosamente la conexión del español canario con el puertorriqueño. Se han observado detalles lingüísticos al nivel fonético y léxico que conectan las islas a ambos lados del Atlántico. Algunos ejemplos son el seseo, la pérdida de d intervocálica o en posición final de palabra. Entre los rasgos que se consideran específicamente puertorriqueños se encuentran la fricatización velar de la r, el trueque de r por l, el debilitamiento de vocales en posición final de palabra y pronunciación allanada de j. Otras características del habla puertorriqueña han sido documentadas en otras regiones, lo cual establece una fuerte conexión con otros hispanohablantes. En PR se manifiesta una variante que se adapta y cambia según las necesidades, experiencias y espíritu del pueblo.

OBRAS CITADAS

Alvar, Manuel. <u>Atlas Lingüístico y Etnográfico de las Islas Canarias</u>. Madrid: Muralla, 1976.

---. <u>El español hablado en Tenerife.</u> Madrid: Rivadeneya, 1959.

---. <u>Estructuralismo, Geografía, Lingüística y Dialectología Actual.</u> Madrid: Muralla, 1976.

---. <u>Variedad y unidad del español: Estudios lingüísticos desde la historia</u>. Madrid: Española, 1969.

---. <u>Norma linguística sevillana y español de América.</u> Madrid: Cultura Hispánica, 1990.

Alvarez Nazario, Manuel. <u>Orígenes y desarrollo del español en Puerto Rico: Siglos XVI y XVII.</u> Río Piedras, PR: UPR, 1982.

Canfield, Delos Lincoln. <u>La pronunciación del español en América</u>. Bogotá: Caro y Cuervo, 1962.

Dalbor, John B. <u>Spanish Pronunciation: Theory and practice</u>. 3rd ed. Ft. Worth, Texas: Holt, Rinehart and Winston, 1997.

Lipski, John. From *bozal* to *boricua*: implications of Afro Puerto Rican language in literature. <u>Hispania </u>82 (2001), 850-859.

Llorens, Washington. <u>El habla popular de Puerto Rico.</u> 2nd ed. Río Piedras, PR: Edil, 1974. Marqués, René. <u>La Carreta</u>. 12th ed. Río Piedras, PR: Cultural, 1963.

Morales, Amparo. "La hipótesis funcional y la aparición de sujeto no nominal: el español de Puerto Rico." <u>Hispania</u> 80 (1997): 153-165.

Nash, Rose. "Cognate transfer in Puerto Rican English." <u>The Acquisition and Use of Spanish and English as a Second Language</u>. Ed. Roger W. Andersen. <u>TESOL</u> (1978): 33-42.

Ortiz Lugo, Julia Cristina. <u>De arañas, conejos y tortugas : presencia de Africa en la cuentística de tradición oral en Puerto Rico.</u> San Juan, PR: Centro de Estudios Avanzados de Puerto Rico y el Caribe, 1995.

Pousada, Alicia. "The Singularly Strange Store of The English Language in Puerto Rico." <u>Milenio</u> 3 (1999): 33-60

Resnick, Melvin C. "El lenguaje de la publicidad en Puerto Rico-Usos y efectos del inglés." <u>Festchrift for Jacob Ornstein: Studies in general linguistics and sociolinguistics</u>. Ed. Edward L. Blansitt, Jr. and Richard V. Teschner. Rowley, MA: Newbury, 1980.

Rosario, Rubén del. <u>La lengua De Puerto Rico: Ensayos.</u> Río Piedras, PR: Cultural, 1975

---. <u>El español de América.</u> Lenguas y culturas del mundo 1. Connecticut: Troutman, 1970

Teschner, Richard V. <u>Camino Oral</u>. New York: McGraw-Hill. 1996.

Zamora Munné, Juan C., and Jorge M. Guitart. <u>Dialectología hispanoamericana: Teoría, descripció,</u> <u>historia.</u> Salamanca: Almar, 1982

Zamora Vicente, Alonso. <u>Dialectología española.</u>   Madrid: Gredos, 1967

EL ESPAÑOL PANAMEÑO EN CONTACTO CON EL INGLÉS

Jiwanda V. Gale-Rogers
The College of Westchester

Introducción

Debido a su posición geográfica, Panamá siempre ha sido un lugar de tránsito y la base de su economía ha sido el comercio. Desde su descubrimiento en el siglo XVI, el Istmo de Panamá se convierte en una de las posesiones coloniales más importantes para España. Su importancia como vía de tránsito gana la atención de la Gran Colombia a la cual se une, después de separarse de España en 1821. Desde sus inicios como república en 1903, Panamá se ha caracterizado por ser un país con una fuerte presencia norteamericana debido a su posición estratégico-político-militar. Se puede afirmar entonces que a lo largo de su historia, Panamá ha servido y continúa sirviendo como enlace entre el Océano Atlántico y el Pacífico. Su función de centro-puerto ha impactado tremendamente el español que hablan los panameños. Su posición ha atraído a personas de diferentes partes del globo quienes traen consigo sus lenguas y culturas. Gran parte de los grupos migratorios vienen de las islas antillanas de habla inglesa con el propósito de trabajar en las plantaciones de banano, el ferrocarril y el proyecto del Canal francés y la construcción del Canal de Panamá.

El propósito de este ensayo es estudiar las características y evidenciar las consecuencias de la influencia del inglés en el español panameño. La República de Panamá, cuyo idioma oficial es el español, tiene una población de más de 3 millones de habitantes. Una de las características más sobresalientes de esta población es su variedad racial, étnica y lingüística. Su población se clasifica de la siguiente manera: mestizos (62%), negros (14%), blancos (10%) y el resto son indígenas, chinos, sefarditas, entre otros. De acuerdo con los datos de *Index Mundi*, 14% de la población habla sólo inglés y una gran mayoría es bilingüe (español/inglés). Este estudio pretende analizar la influencia del inglés criollo antillano y el inglés norteamericano en el español de Panamá. Por ello, se dará una breve referencia histórica sobre estas dos fuerzas lingüísticas y, al mismo tiempo, se ilustrará con ejemplos específicos.

Idiomas hablados en Panamá

En Panamá se hablan 14 lenguas incluyendo las lenguas indígenas y aproximadamente 7% de la población panameña habla un idioma indígena. Además de las 14 lenguas principales se hablan otras lenguas como: el árabe, el hebreo y el japonés entre otros. Según *Ethnologue* entre las principales lenguas indígenas se encuentran las siguientes: 1) Lenguas Guaimíes: Buglere: lengua hablada en las áreas montañosas cerca de la costa Atlántica de la provincial de Veraguas y parte de la provincia de Bocas del Toro, Ngäbere: hablada en la provincia de Chiriquí, Teribe: lengua hablada en la provincial de Bocas del Toro. 2) Lenguas Chocoes: Emberá: lengua indígena asociada con los chocoes en la Provincia del Darién. Emberá –Catío: lengua hablada en la provincia del Darién y en la frontera con Colombia. Embera –Saija: lengua hablada en las provincias de Panamá y Darién. Wou Meu: lengua hablada en las provincias de Panamá y Darién. 3) Lengua Kuna: Kuna de la Frontera: esta es la población kuna establecida en el sudeste de Panamá en los pueblos de Paya y Pucuro. Kuna de San Blas: esta población se encuentra localizada en la ciudad de Panamá, Colón, Comarca de San Blas y en las islas de San Blas. Es importante mencionar que los grupos indígenas en Panamá también han impactado el vocabulario del panameño. Por ejemplo: nombres propios, flora y fauna. Esta influencia sería un buen tema de futuras investigaciones.

Otros idiomas de mayor o menor importancia en Panamá son el chino y el francés criollo. El chino es una de las catorce principales lenguas que se hablan en Panamá. Esta población se estableció en Panamá en busca de trabajo durante el proyecto del Canal Francés y la construcción del Canal de Panamá. Las dos formas del idioma chino que se hablan en Panamá son el Hakka y el Yue, los hablantes de estos idiomas se encuentran en las ciudades de Panamá y Colón y partes del interior del país." Otro idioma hablado en Panamá por una minúscula parte de la población es el *creole* francés, el cual fue introducido a Panamá por emigrantes de las islas francoparlantes del Caribe.

Por último, el inglés y su contacto con el español panameño, que es la parte central de este estudio. El inglés en Panamá se puede dividir en dos tipos: el inglés criollo y el inglés norteamericano. El inglés criollo se habla en la provincia de Bocas del Toro, especialmente cerca de la costa y en Almirante. Esta forma del inglés tiene sus orígenes en las olas migratorias de trabajadores de Jamaica y Barbados que vinieron en busca de trabajo en las plantaciones de banano. La mayor concentración de personas que hablan el inglés criollo se concentra en las provincias de Panamá y Colón, especialmente en las ciudades de Panamá y Colón. Este grupo de emigrantes de las Antillas, establecido en estas ciudades metropolitanas, emigró al Istmo de Panamá para la construcción del ferrocarril, el proyecto del canal francés y la construcción del Canal de Panamá.

La otra forma del inglés hablado en Panamá es el inglés norteamericano. Es importante mencionar que el inglés norteamericano es el que se usa en el mundo de los negocios y es el que se enseña en las escuelas panameñas. Este inglés ha tenido su influencia en Panamá desde el comienzo de la presencia estadounidense, primero con las plantaciones de banano y después con la construcción del ferrocarril, la construcción del canal de Panamá y el establecimiento de la Zona del Canal.

Contacto del inglés con el español en Panamá

Como hemos dicho anteriormente, la influencia del inglés en el español de Panamá tiene su origen en la presencia de los EE.UU. y los movimientos migratorios de los trabajadores de las Antillas. Esta influencia se divide en dos formas: el inglés *creole* (criollo) y el inglés norteamericano.

1. Inglés *creole*

Es el inglés hablado por los emigrantes del Caribe (especialmente de Jamaica) y ha tenido una gran influencia en el idioma español en Panamá. Estos emigrantes establecieron las primeras escuelas de habla inglesa en Panamá, manteniendo el inglés como lengua materna y formando sus propias comunidades en donde el idioma español casi nunca se hablaba. Una parte de esta población afro-antillana se estableció en la zona canalera aislándose de la población de habla hispana que residía en la ciudad de Panamá, pero cuando los trabajadores antillanos de la zona canalera empezaron a jubilarse fueron expulsados de la zona canalera y tuvieron que mudarse a la ciudad de Panamá. Así estos dos grupos antillanos de habla inglesa se unificaron formando asociaciones, iglesias y otros grupos sociales. Los descendientes de esta población empezaron a asistir a las escuelas en las ciudades de Panamá y Colón, aprendiendo el idioma español, pero manteniendo el inglés criollo en sus hogares y comunidades.

La siguiente entrevista con un descendiente afro-antillano de trabajadores del Canal, explica de manera más clara y humana la relación que tenía la población afro-antillana en los referente al contacto español/inglés:

Entrevista telefónica con Joslyn Rogers (22 de Agosto del 2004):

El Señor Joslyn Rogers, empieza por decirnos que vivió y se crió en la zona canalera en donde su educación fue impartida principalmente en inglés. Sólo tomó una clase de español cada semestre. Al terminar la escuela secundaria él y otros jóvenes que se graduaron de la escuela de la zona del canal, decidieron asistir a la Universidad de Panamá. En la Universidad de Panamá, el señor Rogers tomó dos clases: una de filosofía y otra de literatura/narrativa corta. El cuenta que tuvo que adquirir libros en inglés sobre las materias y un diccionario para traducir palabras del español al inglés. Todo esto, para entender las dos clases dictadas en español. El señor Rogers dijo que asistió a la Universidad de Panamá aproximadamente por un año hasta que fue expulsado porque no se había graduado de una escuela panameña. Al encontrarse expulsado de la universidad, él decidió buscar trabajo en la ciudad de Panamá y en la zona del canal. No pudo encontrar trabajo en la ciudad de Panamá, puesto que su español no se consideraba lo suficientemente avanzado. Tampoco pudo encontrar trabajo en la Zona del Canal ya que no había vacantes. El señor Rogers, viéndose sin trabajo, decidió enlistarse en la armada de los Estados Unidos. Luego, fue enviado a la guerra de Corea. Después de la guerra, decidió regresar a Panamá. El expresó que durante este tiempo en Panamá había una disputa entre Panamá y los Estados Unidos, porque el gobierno norteamericano había enlistado a panameños en las fuerzas armadas ilegalmente. Finalmente, el señor Rogers decidió ir a los Estados Unidos en donde se estableció. El me dijo que después de tantos años de vivir en los Estados Unidos se le hace difícil comunicarse en español con sus familiares de la nueva generación que no tienen dominio del inglés. Esta entrevista pinta un cuadro que es muy común entre los descendientes de los trabajadores del Canal, pero las generaciones siguientes y los hijos menores de esas familias aprendieron el español en las escuelas de las ciudades de Panamá y Colón.

El inglés *creole* ha tenido una gran influencia en el lenguaje popular panameño y para ilustrar esta influencia tenemos los siguientes ejemplos de palabras que se han integrado al léxico popular de Panamá:

"Guial" – Muchacha o joven (femenino)

Explicación:(Guial) Derivada de la palabra *gal* del inglés del sureño estadounidense, que significa niña o joven.

"Wahaping" - ¿Cómo estás? o ¿Qué pasa?

Explicación: (Wahaping) Derivada de la frase en inglés *What is happening?*

"Mann"- Hombre

Explicación: Esta palabra es muy usada por los descendientes de los emigrantes jamaicanos para expresar confianza y viene de la palabra *man* del inglés que significa *hombre.*

"Bouiy"- niño o muchacho.

Explicación: Derivada de la palabra *boy* del inglés que significa *niño*

Otra de las características de la influencia del inglés criollo es el llamado *Code Switching*; es decir, la tendencia de los descendientes afro-antillanos a usar palabras del inglés en sus conversaciones en español. Este fenómeno es muy común en otros países de Latinoamérica especialmente en América Central y el Caribe. Aunque se debe notar que esta tendencia también se ha extendido poco a poco a la población monolingüe de habla hispana en Panamá.

2. El inglés norteamericano (Modern American English)

La influencia de este inglés es muy marcada en Panamá ya que el inglés es el idioma del comercio mundial. La economía panameña se basa en el comercio y el turismo y el inglés es vital, especialmente para aquellos en busca de buenas oportunidades de trabajo. Recientemente con la creación de los centros de llamadas o *Call Centres* y el establecimiento de nuevas compañías norteamericanas, el dominio del inglés es uno de los requisitos para la gran mayoría de los trabajos en Panamá. A pesar de la importancia del inglés la mayoría de los trabajadores en las oficinas del gobierno sólo hablan español.

En mi entrevista con algunos jóvenes panameños, ellos expresaron que ser bilingüe es muy importante para la proliferación de negocios extranjeros que exigen de sus trabajadores el dominio del inglés. También, aseguraron que los panameños que quieren abrir negocios en Panamá tienen que saber inglés para atraer a los turistas. En otras palabras, el bilingüismo (español/inglés) en Panamá es de suma importancia, si se quiere tener éxito en el comercio o en la industria.

A pesar de la importancia del inglés en Panamá, no todas las escuelas incluyen el inglés en su *curriculum*. Las escuelas públicas no tienen educación bilingüe obligatoria, pero las escuelas privadas siempre han tenido un programa de enseñanza bilingüe. Como no todos los padres pueden pagar una educación privada, algunos jóvenes y adultos optan por tomar cursos extracurriculares ofrecidos a través de programas de idiomas patrocinados por instituciones del gobierno y por compañías privadas nacionales o extranjeras. Esto brinda mejores oportunidades de trabajo a muchos jóvenes y adultos de bajos recursos.

El inglés norteamericano no sólo ha tenido una gran influencia en el mundo de los negocios, sino también en el lenguaje diario o popular de los panameños. Las últimas generaciones han adoptado palabras de la jerga norteamericana en su lenguaje diario. Los siguientes son algunos de los ejemplos de este fenómeno:

Cool - todo está bien

Chilling - estar descansando o calmado

Whatever - lo que sea

Otra influencia del inglés en el leguaje popular de la juventud es el uso de ciertas frases del inglés en las conversaciones, no como un hábito, como es el caso de la población afro-antillana, sino para demostrar que ellos son parte del grupo y están al tanto de lo que está de moda en los Estados Unidos. Algunas de las frases generalmente usadas son:

Vamos *shopping*- vamos de compras

El *mall*- el centro de compras

Está *fashion*- está de moda

Está *pretty*- está bonito

Por último, se evidencia el fenómeno de agregar el plural a palabras del inglés. Algunos ejemplos de este fenómeno son los siguientes:

Las *gailes* – las jóvenes

Los *manes* – los hombres

Hemos ilustrado con algunos ejemplos cómo el contacto del inglés con el español ha creado variedades lingüísticas en el habla panameña. Este contacto ha modificado el léxico popular y ha transformado el español panameño en todos los niveles sociales de Panamá. El español en Panamá, como en el resto de América Latina, se encuentra influenciado por diferentes razones históricas, socio-económicas y hasta políticas. La población panameña, como hemos visto, ha asimilado palabras y expresiones del inglés. De igual manera, ha adoptado las culturas asociadas con los grupos de habla inglesa.

En este artículo nos referimos al origen de la influencia del inglés en Panamá, a las lenguas e idiomas hablados en Panamá, después aludimos a las dos formas del inglés que continúan influenciando el español en Panamá y por último dimos algunos ejemplos de esta influencia. Al analizar la situación de contacto inglés/español en Panamá, podemos llegar a la conclusión de que la influencia del inglés en el español panameño es inevitable, pero es importante que los educadores y las personas encargadas de preservar el idioma español en Panamá mantengan la estructura e integridad del idioma en las escuelas y otros lugares de enseñanza para el beneficio de futuras generaciones.

OBRAS CITADAS

Ethnologue. Languages of Panama. 18 Sept. 2004. <http://www.ethnologue. com/show_country.asp/ name=Panama.

Index Mundi. 2004. Panama-Languages. 10 Oct. 2004 <http://www.indexmundi.com/en/facts/2004/ panama/languages.html>.

Jóvenes panameños. Entrevista personal y telefónica. 25 de agosto 2004.

Rogers, Joslyn. Entrevista telefónica. 22 de agosto 2004.

Westerman, George W. The West Indian Worker on the Canal Zone. Panamá: Editora Panamá America, 1951.

LA INFLUENCIA DEL ITALIANO EN EL ESPAÑOL DE ARGENTINA

M. Cecilia Saenz-Roby
University of Missouri-Columbia

Reseña histórica

Desde la época de la colonia hubo una gran preocupación para que los nativos americanos aprendiesen el idioma de Castilla, España. La corona española, siguiendo las ideas de Nebrija del idioma como medio unificador del imperio y de Aldrete de que todo conquistador impone su lenguaje al conquistado, puso un gran énfasis en el uso y la enseñanza del castellano en las colonias (Mignolo 1995). Consecuentemente, el castellano comenzó a ser usado en las colonias españolas del nuevo continente como el idioma oficial y se fue imponiendo a las lenguas aborígenes. Esto fue particularmente importante en las nuevas ciudades coloniales, las que contaban con abundante población de origen español. (Liendhard 1991).

En Argentina, como en el resto de Hispanoamérica, el castellano se convirtió en el lenguaje cotidiano. Pero dicho lenguaje no se mantuvo intacto en la época colonial. Tanto colonizadores como nativos americanos, tomaron palabras prestadas de la lengua del otro y en algunos casos, se llegó al uso de una lengua intermedia (Liendhard 1991). La historia se volvió a repetir más tarde en los siglos XIX y principios del XX debido a dos fenómenos totalmente diferentes: La independencia de Argentina y la ola de inmigrantes extranjeros.

FACTORES POLÍTICOS Y SOCIALES QUE AFECTAN LA NORMA LINGÜÍSTICA EN LA ARGENTINA DEL SIGLO XIX

La norma lingüística sufre grandes cambios en la Argentina del siglo XIX. A partir de principios de siglo, el pueblo argentino en un intento de demostrar una clara separación de la Corona española opuso resistencia también a sus normas lingüísticas. El marcado espíritu nacionalista de los patriotas de la incipiente Argentina inundó todos los aspectos de la sociedad, incluyendo el lenguaje. Se produjo un conflicto acentuado en lo lingüístico-cultural entre los españoles peninsulares y los argentinos, debido al fuerte cuestionamiento de la autoridad de España. Por supuesto, que no todos los criollos aceptaron esta rebelión cultural e idiomática y muchos quisieron preservar, tanto las costumbres como el idioma peninsular.

Algunos intelectuales argentinos de la generación del '37, como Echeverría, Sarmiento y Alberdi, lucharon fervientemente por el derecho de hablar en un lenguaje propio, nacional. Especialmente, por la aceptación de las variaciones fonéticas argentinas y también hispanoamericanas, aunque no proclamaban un cambio radical de la norma del castellano peninsular. Dice Lidia Contreras (1994) que Sarmiento y Bell mantuvieron apasionadas discusiones sobre la autonomía lingüística hispanoamericana. Sarmiento, guiado por un fuerte sentimiento nacionalista, sostenía que era necesario valorar y respetar el carácter nacional de los países en formación, para librarlos definitivamente del vasallaje español. Además, daba fe que en España también se cometían errores ortográficos y que era necesario erradicar la c y la z del abecedario, pues ambas se pronunciaban como s (seseo) y sólo servían para confusiones. Sostenía Sarmiento, que los latinoamericanos no tenían por qué respetar las normas impuestas por la Real Academia Española y mucho menos aceptar sus desprecios. A esto argüía con gran ardor Bello, que no se debía permitir que se escribiera ni se publicara usando una deformación del castellano, como lo había hecho el autor José Hernández en su *Martín Fierro*. Conjuntamente, alertaba la posibilidad de que se generaran lenguas diferentes en Latinoamérica.

A pesar de los intensos argumentos de la época, Sarmiento no logró su propósito por falta de consenso. No se produjo una ruptura gramatical con España, pero de hecho se continuaron usando palabras del léxico nativo de cada país. En Argentina, en los diccionarios publicados durante los últimos veinte años podemos encontrar palabras de la jerga gauchesca, del guaraní y del quechua, "modismos regionales" que han sido aceptados por la Real Academia Española, por los que tanto lucharon los patriotas argentinos de la generación del '37.

Aunque la ruptura política con la península fue significativa para el cambio político, social y lingüístico argentino, aún más relevante para fines idiomáticos, fue la llegada masiva de inmigrantes al país.

CARACTERÍSTICAS FONÉTICAS QUE DATAN DEL PERÍODO DE LA EMANCIPACIÓN

A principios del siglo XIX, antes de los movimientos independentistas, ya se usaba en casi toda Hispanoamérica el *seseo*. En este fenómeno se basaba Sarmiento para pedir la exclusión de la c y de la z del abecedario. El seseo es un fenómeno fonético que consiste en una pronunciación alterada de la *z* y la *c* (de Cecilia) con la *s*. Se pronuncia /s/ en lugar de /z/, aunque se mantiene la ortografía del fonema. En otras palabras, no se distingue entre /T/ y /s/, /s/ (lámino-alveolar) escrito "s," "z," "ce," "ci." Por ejemplo: "caza" /kása/ vs. "casa" /kása/; "cena" /séna/; "cisne" /sísne/ (Lipski 1994).

Aparte del seseo, los argentinos, especialmente de la provincia de Buenos Aires, tenían un *yeísmo rehilado*, producido por la falta de distinción entre "y" pronunciada /y/ (fricativa palatal) y "ll" pronunciada /ʻ/ (lateral palatal). Por ejemplo: *distinción*: cayo /káyo/ vs. callo /káʻo/; *yeísmo*: cayo /káyo/ vs. callo /káyo/ (Lipski 1994). En la actualidad, el *seseo* es la norma de pronunciación en toda la Argentina, mientras que el yeísmo predomina entre los porteños.

LA INMIGRACIÓN EUROPEA DESDE MEDIADOS DEL SIGLO XIX HASTA LA SEGUNDA GUERRA MUNDIAL

Argentina intentó fervientemente aumentar la población, guiada por el precepto de Alberdi "gobernar es poblar." Con este fin, se adoptaron medidas para estimular la inmigración. Una de ellas fue concretada en 1853, con el contrato entre el gobierno de Urquiza y la empresa colonizadora de Don Aarón Castellanos. Gracias a dicho programa, en 1854 arribaron a bordo del vapor Asunción, al puerto de Rosario, el primer contingente significativo de forasteros. Pero, las cifras del Primer Censo Nacional, realizado en septiembre del año 1869 bajo la presidencia de Domingo Faustino Sarmiento, demostraban que aún existía la necesidad de poblar el territorio argentino. El total de habitantes arrojado por dicho censo era de 1.830.214, mientras que la densidad de población era de 0,43 habitantes por kilómetro cuadrado. Gran parte de Argentina se encontraba deshabitada y consecuentemente, era improductiva. Era imperioso poblar la Pampa e incrementar la producción agrícola.

Según los datos del censo nacional del año 1869, 211.000 habitantes eran extranjeros: 72.000 italianos; 35.000 españoles; 32.000 franceses; 11.000 ingleses; 6.000 suizos; 5.000 alemanes; el resto pertenecía a países limítrofes.

La población de 1869 se duplicó y en 1895 Argentina contaba ya con 4.044.911 habitantes, alcanzando los 7.903.662 de pobladores en 1914. Esto supuso un aumento del 317,5% de la población entre 1869 y 1914 (Instituto Nacional de Estadísticas y Censos). La entrada masiva de inmigrantes extranjeros jugó un papel crucial en este incremento. Dichos datos, aunque impresionantes, no reflejan el adicional paso de inmigrantes por el país. Entre 1871 y 1914 entraron otras 2.722.384 personas que trabajaron temporalmente en Argentina y que luego regresaron a sus países de origen.

La gran mayoría de los inmigrantes provenía del norte de Italia y de España. Pero hubo importantes contingentes provenientes de los países de Europa central, Francia, Alemania, Gran Bretaña y el Imperio Otomano. Los inmigrantes prefirieron establecerse en las provincias del litoral pampeano (Capital Federal, Buenos Aires, Santa Fe, Córdoba y Entre Ríos). Las provincias del litoral incrementaron su representación en el total de la población de un 48% en 1869 a un 72% en 1914. El crecimiento relativo de las provincias del litoral pampeano (Capital Federal, Buenos Aires, Santa Fe, Córdoba y Entre Ríos) fluctuó desde un espectacular 909% en la provincia de Santa Fe a un 216,8% en la de Entre Ríos. Fuertes incrementos se registraron en los nuevos territorios (especialmente en La Pampa y el Chaco) que estaban escasamente poblados en 1869. Mendoza y Tucumán registraron incrementos relativos del 324,5% y 205,6% respectivamente, mientras que el resto del país tuvo muy poca afluencia de inmigrantes. En otras provincias, el crecimiento demográfico relativo para el período intercensal 1869-1914 fluctúo desde un aceptable 118,2% en San Luis a un magro 25,4% en Catamarca (Bethell 2003).

También se modificó la distribución de la población en las zonas urbanas y rurales. El porcentaje de pobladores radicados en las primeras creció de un 28% a un 52% entre 1869 y 1914. La ciudad de Buenos Aires fue la más enriquecida con el ingreso de los recién llegados, ya que de 181.838 en 1869 pasó a tener 1.575.814 de habitantes en 1914. Este fenómeno demográfico va a reflejarse directamente en el lenguaje, que difiere de otras zonas del país.

Llegaron franceses, belgas, ingleses, españoles, alemanes e italianos con dinero para emprender una nueva vida o con sus brazos listos para labrar la tierra. El grupo que sobrepasó a todos en número fue el de los italianos. La proximidad de la guerra impulsó a muchos europeos a buscar otros horizontes. Entre 1938 y 1948 vemos la llegada de miles de judíos italianos, quienes huyen del fascismo y de sus leyes discriminatorias y luego, de la guerra. En 1947 se va a intensificar una vez más la inmigración de italianos. Argentina se benefició con el arribo de una inmigración italiana más cualificada y adinerada que en el siglo anterior. En dicho año recibió un gran número de intelectuales, profesionales, industriales, técnicos y trabajadores diversos. En esta oleada, llegaron los italianos judíos, huyendo de los fascistas.

PERÍODO DE GRANDES CAMBIOS SOCIO-CULTURALES Y LINGÜÍSTICOS EN EL LITORAL ARGENTINO

Varios grupos, principalmente de escoceses e ingleses, formaron comunidades étnicas más o menos cerradas en donde conservaron su lengua nativa, manteniendo hasta el presente una diglosia. En cambio, los inmigrantes italianos se integraron más profundamente a la población de habla hispana, probablemente por la similitud del español y de los distintos dialectos italianos que ellos hablaban. Este contacto de lenguas dio nacimiento a un lenguaje conocido como cocoliche.

Durante principios del siglo XX, más de la mitad de la población de Buenos Aires y sus alrededores, era de origen italiano y hablaba un lenguaje intermedio entre el español y el italiano. La necesidad de subsistir en otro país, los llevó a buscar una solución rápida al problema de la incomunicación. Los inmigrantes italianos españolizaron sus dialectos, formando tantos "cocoliches" como dialectos italianos. La literatura gauchesca argentina está colmada de ejemplos de la aparición de dicho dialecto, así como del choque cultural entre los recién llegados y los gauchos. En la obra de José Hernández, *Martín Fierro*, vemos ejemplificado lo dicho anteriormente.

Era un gringo tan bozal,
que nada se le entendía.
¡Quién sade de ánde sería!
Tal vez no juera cristiano,
pues lo único que decía
es que era pa-po-litano.

Martín Fierro, en su lenguaje gauchesco, se burlaba del italiano recién llegado, no sólo porque no le entendiese sino porque competía con él laboralmente. Dice que hablaba tan raro y mal, que ni siquiera parecía un cristiano. Lo único que decía, aunque incorrectamente, es que era un napolitano.

Existen muchos cognados españoles/italianos que contienen una /s/ final en el español, mientras cuentan con una vocal final en el italiano. Por ejemplo: esp. vos/ ital. voi y las terminaciones verbales de la primera persona plural (nosotros/as) esp. -amos, -emos, -imos/ital. –iamo (Donghi de Halperin 1925). Confirmando estas diferencias, Lavandera (1984: 64-6) señala que los inmigrantes italianos casi nunca pronunciaban la /s/ final en casos como los mencionados y que la /s/ antes de una consonante era retenida como una [s] sibilante. Estos usos van a influir el español argentino, sobre todo en la región del Río de la Plata. Discépolo (1958) nos da ejemplos de la pronunciación italianizada del español: "Chichilo, qué sabe vo… vo no ve nada." Agrega Lavandera (1984: 64-6) que el origen de la entonación circunfleja del español rioplatense se debe a la influencia del italiano.

Los especialistas afirman que el cocoliche desapareció cuando los hijos de los inmigrantes aprendieron el español como primera lengua. Sin embargo, la realidad indica que muchas familias todavía lo hablan en el seno familiar. Además, existe una preocupación de muchos descendientes de aquellos inmigrantes de mantener vivas sus tradiciones en sus hogares. Las numerosas escuelas italianas "Dante Alighieri" que existen en las capitales provinciales, permiten a sus descendientes complementar sus estudios primarios y secundarios. En estos colegios bilingües privados, los estudiantes no sólo aprenden la lengua de sus padres y/o abuelos, sino que también aprenden su historia, geografía y literatura. El diploma que reciben al graduarse de dichas instituciones es reconocido tanto por el gobierno italiano como argentino, ya que cumplen con ambos requisitos.

Es necesario decir que todos los inmigrantes de alguna manera hicieron contribuciones al léxico y a la pronunciación del español del Río de la Plata. Un testimonio de ello es el lunfardo (es una jerga de origen híbrido que nació entre los estratos más bajos de la sociedad porteña a principios del siglo XX (esta jerga se explica en detalle más adelante). El lunfardo cuenta con palabras de varios idiomas, por ejemplo: el italiano, el inglés, el español hablado en las Islas Canarias, el portugués y el francés.

CARACTERÍSTICAS LÉXICAS

a- La presencia del italiano en el léxico de Argentina del siglo XXI

Para ilustrar la influencia del italiano en el español de Argentina, voy a mencionar algunas expresiones comúnmente utilizadas en un nivel de lenguaje coloquial e informal. Algunas de ellas han mantenido también su significado intacto, mientras que a otras se les ha cambiado y/o amplificado.

-La interjección ¡**chau**! entre amigos es más usada que las expresiones adiós y hasta luego. Chau tiene su origen en la palabra italiana "ciao," la cual significa ¡hola! y también ¡adiós!

-Cuando alguien no ve lo que tiene enfrente, se le dice en broma "Ernesto, estás **chicato**," implicando que es corto de vista, miope o, en general, que usa anteojos. Se piensa que viene del italiano dialectal *ciecato*.

-Unas de las expresiones del lunfardo más usadas son la palabra **laburo** (del italiano dialectal *lavoro*), que se usa en vez de *empleo* y de *trabajo* y el verbo **laburar** (del italiano *lavorare*), que remplaza al verbo *trabajar*. Ej.: Los domingos no **laburamos**./ No tengo **laburo** y por eso no tengo un mango (lunfardo: peso, dinero).

-Informalmente se usa el verbo **manyar** (del italiano *mangiare*) por comer: "¿Qué hay para *manyar*, nona? Tengo hambre." Este verbo adquirió otra acepción y se utiliza, en lunfardo, en vez de *comprender* o *darse cuenta*. Estela no *manya niente* de matemáticas. *Niente* ha conservado el significado del italiano: *nada*.

-En Argentina los chicos de descendencia italiana llaman **nonos** a sus abuelos (del italiano *nonno*: abuelo): "Yo nací en Mendoza, pero mi nona y mi nono eran de Italia."

-¡**Atenti** con ese coche!, se suele decir en vez de ¡*Cuidado*! o ¡*Atención*! En este caso tomamos prestada la misma interjección italiana, pero con un cambio ortográfico (ital. ¡*Atentti!*).

-¡Aquí hay **fato** raro!, es una forma de expresar que desconfiamos de la corrección de una situación. *Fato* viene del vocablo italiano *fatto* = *hecho*, pero se ha producido un cambio semántico.

-"Flor de **biaba** nos dio el otro equipo de fútbol"= "Nos ganaron por cinco goles." Del italiano dialectal *biava*, que puede significar *paliza, golpe* o *derrota contundente*.

- Se utiliza la expresión italiana *dolce far niente* en vez de la palabra castellana *ocio*: "En las vacaciones, vamos a disfrutar del ***dolce far niente***, pues estamos sumamente cansados."

-En Argentina se dice que alguien **vive la *dolce vita***, cuando alguien vive muy bien, como un rey.

-***Piano, piano se va lontano***, es una expresión italiana que se intercambia por la española "poco a poco se llega lejos."

-**No me** *piace*, por "no me gusta" y la frase italiana ***per piacere***, para decir "por placer o por gusto."

-¡***Mamma* mía cómo *parla*!,** pronunciado como en italiano, remplaza a "¡Mi madre cómo habla!" o a "¡Dios mío cuánto que habla!." *Parla* viene del verbo italiano *parlare* (hablar).

-¡**Qué** *capo* **que sos!,** substituye a "¡Qué genio!" *Capo* en italiano tiene dos acepciones: *cabeza* y *jefe*.

La comida del país ha acaparado la mayoría de las palabras del italiano y de los diferentes dialectos que usaban los inmigrantes. La cocina italiana es una de las más importantes para los argentinos. No hay semana en la que no se coma alguna de las siguientes comidas italianas: milanesas, ravioles, canelones a la rosini, capeletis, tallarines, pizza o polenta.

-La **milanesa** es una de las comidas más populares de Argentina. La milanesa argentina es la *bistecca alla milanese* italiana.

- "Mi madre acaba de preparar una mermelada y un licor de **quinoto** espectaculares." Esta palabra viene de la italiana: *chinotto*, fruto pequeño de color naranja.

-"Mi **nono** prepara la **grapa** como la hacía en Italia," del italiano *grappa*: aguardiente que se obtiene del orujo de la uva.

-"Mis **capeletis** preferidos son los de **ricota,"** del italiano *cappelletti* y *ricota*, (pasta rellena con queso de consistencia cremosa).

-La palabra **tallarín**, tiene su origen en la italiana *tagliarini*. Mientras que en italiano se usa para denominar un tipo específico de pasta, en Argentina se utiliza como sinónimo de *espagueti*. Las pastas se comen con **tuco** o al **pesto**. *Tuco* tiene su origen en el dialecto genovés *tocco*, que es una salsa de tomate cocida con cebolla, orégano, perejil, ají, etc.

b- El lunfardo

Como ya se indicó anteriormente, el lunfardo es una jerga de origen híbrido, que nació entre los estratos más bajos de la sociedad porteña a principios del siglo XX. Entendiéndose por jerga, el lenguaje que emplea un determinado grupo social o profesional y que sólo lo entiende parcialmente el resto de la comunidad lingüística. No es claro el origen del término lunfardo, pero sí se puede asegurar que el italiano fue una de las lenguas de las que se nutrió y que los inmigrantes italianos, así como las letras de los tangos, ayudaron a darlo a conocer a otros ámbitos sociales.

Esta jerga fue largamente incomprendida e inaceptada por el resto de la sociedad, pero se ha extendido su uso entre los jóvenes argentinos de todas las clases sociales. La juventud actual se divierte agregándole nuevas palabras, algunas muy comunes, pero a las que se les cambia el significado.

En Buenos Aires el lunfardo se caracteriza por una pronunciación fricativa fuerte de /y/-/ʎ/, usualmente desarticulada como una [š], juntamente con una entonación cambiante y sin la /s/ final en las palabras. El lunfardo se usa en otras regiones del país sin este tipo de entonación. Todos los argentinos reconocen la palabra *che* usada en vez de vos o tú; *batidor* por soplón; un *bulín*, en vez de departamento reservado para citas amorosas; la *busarda* (del italiano dialectal *bugiarda*) por boca; *bulón* (del francés *boulon*) por tornillo grande; *cafisho* (del italiano *stocafisso*) por proxeneta; *cafúa* (del portugués *cafua*, antro) por cárcel; vos sos un *chanta* (apócope de *chantapufi*, genovés) por irresponsable; sos un *falluto* por falso, simulador; *falopa* por droga; *mina* por mujer; es un *minón* por una mujer hermosa; *cana* por policía; *faso* por cigarrillo; *gil* y *otario* por tonto; *morfar* por comer; *piantado* por loco y *fiaca* por pereza. Pero es necesario aclarar que como el lunfardo es una creación dinámica, cada día se dejan de usar muchas de estas palabras y otras tantas son incorporadas al repertorio.

CONCLUSIONES

El español de Argentina está lleno de coloridas y diferentes expresiones regionales. Pero este trabajo apunta a mostrar las que han resultado del contacto con el italiano. El área del litoral se ha visto profundamente influenciada por dicha lengua, ya que la mayoría de los inmigrantes italianos se afincaron allí. Cualquier argentino, pero especialmente el porteño y el santafesino, podría fácilmente identificarse con un hablante italiano por la entonación y la rapidez con que ambos se expresan.

"Un matiz de diferenciación sí lo hay: matiz que es lo bastante discreto para no entorpecer la circulación total del idioma y lo bastante nítido para que en él oigamos la patria," dice Borges (1928), refiriéndose a la diferencia entre el español de los españoles y el de los argentinos.

OBRAS CITADAS

Academia argentina de letras. *Diccionario del habla de los argentinos.* (2003). (1era. Edición) Bs. As.: Ed. Espasa.

Alonso, Amado. (1953). *Estudios lingüísticos, temas hispanoamericanos.* Madrid: Gredos.

Bethell, Leslie. (2003). *Historia de América Latina.* Editorial Crítica, Barcelona.

Borges, Jorge Luis. (1928). *El idioma de los argentinos.* Buenos Aires.

Contreras, Lidia. (1994). *Ortografía y Grafémica,* p. 15-85. Madrid, Visor Libros.

Donghi de Halperin, Renata. (1925). *Contribución al estudio del italianismo en la República Argentina,* vol. I, FIL.

Fontanella de Weinberg, Beatriz. (1976). *La lengua española fuera de España.* Buenos Aires: Paidós.

Hernández, José. (1960). *El gaucho Martín Fierro.* (10ma. edición). Buenos Aires: Ed.Peuser.

Lavandera, Beatriz. (1984). *Variación y significado. Buenos Aires*: Ed. Hachette.

Liendhard, Martín. *La voz y su huella: Escritura y conflicto étnico-social en América Latina 1492-1988.* (1991). New Hampshire: Ediciones del Norte.

Lipski, John M. (1994). *Latin American Spanish.* New York: Longman Publishing.

Lope Blanch, Juan M. (1968). *El español de América.* Madrid: Alcalá. Hay una versión en inglés: "Hispanic Dialectology," en *Current Trends in Linguistics,* ed. Thomas Sebeok, vol. 4, 106-157. The Hague: Mouton.

Mignolo, Walter. (1995). *The Darker Side of the Renaissance: Literacy, Territoriality, &* Colonization. Ann Arbor: The University of Michigan Press.

Silva-Corvalán, Carmen. (1989). *Sociolingüística: teoría y análisis.* Madrid: Alhambra.

Silva-Corvalán ,Carmen. (2001). *Sociolingüística y pragmática del español.* Washington: Georgetown University Press.

LENGUAS EN CONTACTO EN EL PERÚ: ESPAÑOL Y QUECHUA

Serafín M. Coronel-Molina
Princeton University

Antecedentes históricos

El Perú es un país multilingüe, pluriétnico y multicultural, una sociedad eminentemente diglósica, o mejor dicho, multiglósica. Es decir, muchas lenguas coexisten dentro del país, pero sólo una de ellas – el español estándar – ostenta prestigio y poder. Las lenguas indígenas en general son discriminadas dentro de los confines de la nación peruana. Antiguamente, a lo largo y ancho del territorio peruano (costa, sierra y selva), había una gran gama de lenguas indígenas, la mayoría de las cuales han desaparecido. El panorama lingüístico del Perú contemporáneo es el resultado de las relaciones asimétricas de poder que se traducen en "desplazamientos y superposiciones de estas lenguas" (Cerrón-Palomino, "Language policy" 11). Sin embargo, la situación no siempre ha sido así. Antes de la colonización española, en el territorio andino coexistían numerosos grupos étnicos con distintos idiomas. Éstos se mantenían en contacto en mayor o menor grado según las tendencias de movimiento o expansión de los diferentes grupos idiomáticos. Las lenguas andinas que han sostenido un contacto bastante prolongado son el quechua y el aimara.

Históricamente el quechua y el aimara han coexistido en las mismas regiones geográficas. Estas lenguas comparten semejanzas a nivel fonológico, morfológico, léxico y sintáctico. Debido a estas semejanzas lingüísticas, han surgido dos teorías relacionadas con su origen: algunos investigadores plantean la hipótesis en torno a la existencia de una relación genética entre las dos lenguas, otros insisten en que las semejanzas lingüísticas son el resultado de la convergencia merced al contacto largamente sostenido. Sin embargo, según las investigaciones contemporáneas en materia de lingüística histórica y comparativa, "la cuestión del origen común de ambas lenguas no es un caso cerrado" (Cerrón-Palomino, *Lingüística aimara* 337). Por lo tanto no se puede plantear de una manera excluyente ninguna de las dos hipótesis, más bien, se debe buscar la semilla de la verdad que poseen ambas teorías en cuanto a los orígenes de estas dos lenguas ancestrales (Cerrón-Palomino, *Lingüística aimara* 298-337).

En el período incaico (1430-1532), la situación lingüística seguía siendo muy diversa puesto que se hablaban alrededor de 200 idiomas. Las lenguas más importantes fueron el quechua, aimara, puquina y mochica (Cerrón-Palomino, "Language Policy" 14-17; Chirinos 453). La lengua aimara fue desplazada por el quechua en diversas zonas a través de varios períodos de expansión de la lengua quechua. El puquina perdió terreno frente al aimara y terminó retirándose a las zonas sureñas. Después de más de cinco siglos de expansión y de divergencia en diferentes dialectos, el quechua – de la variedad sureña denominada *chinchay* – se convirtió en la lengua oficial del imperio incaico y fue utilizado como *lingua franca* de comunicación entre todos los grupos étnicos de la región. Según la política idiomática del imperio incaico, tanto las lenguas locales como el gran abanico de variedades dialectales del quechua continuaron coexistiendo libremente. Además, "se respetaron y preservaron las diferentes manifestaciones culturales y prácticas religiosas locales y regionales" (Cerrón-Palomino, "Language Policy" 18-22).

Durante la época colonial (1532-1821), "[l]as principales lenguas andinas, el quechua, el aimara y el puquina, adquirieron el estatus de lenguas generales para ser empleadas en la administración y con fines religiosos" (Adelaar y Muysken 167). De hecho, el quechua fue una de las lenguas más importantes durante esta época debido a su estatus de lengua oficial durante el imperio incaico. Sin embargo, a fines del siglo XVIII las lenguas andinas experimentaron un franco declive y terminaron siendo relegadas a ámbitos rurales debido a la imposición del español como la lengua dominante. El español llegó a ser la lengua oficial de la colonia en lugar del quechua.

Inicialmente, los conquistadores utilizaron el quechua sólo "como instrumento para el establecimiento del poder colonial" (Cerrón-Palomino, "Language policy" 19), es decir con el propósito de ejercer el control político, militar, administrativo, cultural y más que nada religioso. Mediante el Primer Concilio Limense (reunión de altas dignidades religiosas en Lima en 1552) se establece el empleo del quechua para la evangelización. Posteriormente, el Tercer Concilio Limense (1582-1583) estipula la obligatoriedad del aprendizaje de las lenguas indígenas por parte de los curas y misioneros bajo sanciones drásticas de orden económico en caso de incumplimiento de dicha norma. Sin embargo, a mediados del siglo XVIII, el Rey Carlos III, decreta la castellanización obligatoria para los nativos de América, las Filipinas e inclusive de Cataluña. Por consiguiente, todos los habitantes de la sociedad se vieron obligados a aprender la lengua española. Se crearon escuelas rurales para que los indígenas aprendieran el español, pero los resultados de este proceso no fueron nada alentadores (Cerrón-Palomino, "Language Policy" 18-21).

Después de la colonia, la época republicana (a partir de 1821), en el fondo no significó una verdadera liberación del poder colonial, sino simplemente la transferencia del poder entre las personas de la clase hegemónica. En este período el español constituyó (y sigue siendo aún) la lengua nacional. Las lenguas indígenas, tales como el quechua, el aimara y las lenguas selváticas, continuaron siendo relegadas a un segundo plano (Cerrón-Palomino, "Language Policy" 22). La castellanización se llevó adelante a través de las escuelas que se tornaron en favor de la clase hegemónica. La modernización, la industrialización, el desarrollo de las vías de comunicación y los fenómenos migratorios a las grandes ciudades metropolitanas, dieron lugar al surgimiento del bilingüismo. Como consecuencia, tanto el quechua como el aimara fueron subordinados frente al español y muchas lenguas indígenas paulatinamente desaparecieron.

Otro motivo que ocasionó la decadencia de las lenguas indígenas fue algo que supuestamente iba a contribuir a su mantenimiento: la educación bilingüe. Ésta empezó a nivel experimental, pero no ayudó al desarrollo y revitalización de las lenguas indígenas. Por el contrario, se limitó simple y llanamente a la castellanización en detrimento de dichas lenguas. En otras palabras, según la política asimilacionista de esta época, se utilizaron las lenguas indígenas solamente como instrumento en el proceso de castellanización masiva. No se tomaron en cuenta los esfuerzos de codificación, ni siquiera la propuesta de implementación de un alfabeto oficial por parte del Ministerio de Educación – mediante la Resolución Ministerial del 29 de octubre de 1946 – para la escritura de estas lenguas ancestrales en dichos programas bilingües (Cerrón-Palomino, "Language Policy" 22-26), lo cual parece indicar la verdadera falta de interés en promover las lenguas indígenas.

A fines de los años 60 ocurre un cambio ideológico en favor de las lenguas indígenas. En 1968 se produce un golpe de estado y los militares asumen el poder y control del país. Durante el primer período de la dictadura militar (1969-1975), al mando del General de División Juan Velasco Alvarado, se da lugar al renacimiento de los movimientos indígenas y al surgimiento de nuevas iniciativas de revitalización lingüística, cultural y étnica. Además, justo en estos años se lleva adelante la reforma agraria. El 27 de mayo de 1975 el quechua fue elevado al rango de lengua oficial del Perú mediante el Decreto de Ley 21156. Este hecho marcó un hito en la historia y constituyó un paso positivo en los esfuerzos de reconocimiento, valoración y preservación de las lenguas indígenas. Sin embargo, debido a la falta de una sólida planificación lingüística, desafortunadamente fracasa dicha iniciativa (Cerrón-Palomino, "Language Policy" 25-26).

Durante el segundo período de la dictadura militar (1975-1980), al mando del General Francisco Morales Bermúdez, se hizo caso omiso a los esfuerzos de reconocimiento, mantenimiento y revitalización de la lengua quechua a nivel nacional. En este período, Morales Bermúdez convocó a una asamblea constituyente para redactar una nueva Carta Magna como punto de partida antes de la transferencia del poder a la sociedad civil. Por desgracia, los miembros de esta asamblea se negaron rotundamente a reconocer el quechua y el aimara como lenguas oficiales del Perú. Sin embargo, debido a las exigencias y reclamos de las organizaciones indígenas, los diversos gremios sindicales y los intelectuales progresistas, los miembros de la asamblea constituyente, se vieron forzados a establecer, mediante el artículo 83, el estatus oficial del quechua y el aimara solamente en las zonas donde se hablan estas lenguas. Desafortunadamente, el mencionado artículo no reconoce como lenguas oficiales o nacionales a las demás lenguas indígenas, particularmente a las lenguas de la Amazonía peruana. "Este hecho constituye la persistencia de políticas lingüísticas y culturales discriminatorias dentro del marco de la sociedad peruana" (Cerrón-Palomino, "Language Policy" 26). Desde esos años, la suerte de las lenguas indígenas se ha mantenido con altibajos. Actualmente, todavía estas lenguas continúan siendo despreciadas, pero se pueden notar progresos en algunas áreas.

Situación lingüística actual

El panorama lingüístico del Perú contemporáneo es bastante complejo. El quechua y el aimara son las lenguas andinas con mayor población de hablantes. De acuerdo a varias fuentes de investigación, la familia quechua consta de 21 variedades dialectales que se encuentran desperdigadas en todo el territorio andino (Perú, Bolivia, Argentina, Ecuador, Colombia). Algunos de estos dialectos se encuentran en franco proceso de extinción. La población total de quechuahablantes oscila entre 10 y 13 millones, incluyendo a los monolingües y bilingües. Se calcula que solamente en el Perú hay más de 5 millones de hablantes del quechua, aunque las cifras censales indican una cantidad menor.

El aimara es la segunda lengua andina más hablada. Según Cerrón-Palomino, "[l]a familia aimara está constituida por dos lenguas: la *tupina* o *central* (jacaru y cauqui) y la *collavina* o *sureña*" (norteño, intermedio y sureño) (*Lingüística aimara* 67). Esta familia lingüística está dividida en cinco dialectos. El aimara se habla en Perú, Bolivia y Chile. La población total de aimarahablantes es de aproximadamente 2,044,388 (Cerrón-Palomino, *Lingüística aimara* 70). La población actual de aimarahablantes en el Perú es de 420, 215 (Chirinos Rivera 35).

En la región amazónica peruana existen, hoy en día, por lo menos 40 lenguas que pertenecen a 16 familias lingüísticas. La mayoría de estas lenguas están en proceso de desaparición debido a múltiples factores sociales, económicos, políticos, lingüísticos e ideológicos.

Sin lugar a dudas, el español es la lengua dominante y la *lingua franca* de comunicación en el Perú contemporáneo. El dialecto que se habla en Lima es considerado como el estándar con mayor prestigio frente a la gran gama de variedades dialectales del español que se habla en las regiones costeñas, andinas y selváticas.

En el Perú existe el monolingüismo, puesto que hay monolingües que hablan solamente el español, el quechua, el aimara o cualquiera de las lenguas amazónicas. Asimismo, existen varios tipos y grados de bilingüismo tales como español-quechua, español-aimara, quechua-aimara, quechua-lengua amazónica y en menor grado quechua-inglés u otras lenguas extranjeras debido al incremento del turismo internacional en la zona andina. Hay también algunos hablantes del castellano que son bilingües en español-japonés, español-chino, español-alemán, español-francés y español-otras lenguas extranjeras debido a las olas migratorias de fines del siglo XIX y primera mitad del siglo XX o por estudios realizados en las universidades y academias de lenguas. Por lo general, en esta última categoría se encuentra la gente que pertenece a la clase hegemónica.

Además, existen diversos tipos y grados de trilingüismo, tales como quechua-aimara-español, quechua-español-lengua selvática y español-inglés-otras lenguas extranjeras. El trilingüismo es menos común en comparación con el bilingüismo. Existe también el fenómeno del polidialectalismo, es decir, hay personas que hablan dos o tres dialectos de la misma lengua. Por ejemplo, no es infrecuente que una persona domine dos o tres dialectos del quechua debido al matrimonio entre hablantes de diferentes dialectos, al fenómeno de la inmigración o a las situaciones de contacto tanto en las fronteras lingüísticas como en las geográficas.

En cuanto a los grados de bilingüismo, o sea la competencia lingüística en más de una lengua, hay varios niveles (cfr. Baker y Prys Jones 2-19). Por ejemplo, existe el bilingüismo incipiente que consiste en el dominio relativo de una segunda lengua (Baker 34). Ejemplifican esta categoría los andinos que viven en las regiones turísticas, quienes aprenden un poco de inglés o francés u otras lenguas extranjeras para vender sus productos.

El "semilingüismo" es otro tipo de bilingüismo que se refiere a la competencia comunicativa asimétrica entre dos lenguas, es decir cuando se presentan deficiencias cuantitativas y cualitativas al emplear las dos lenguas, dependiendo del ámbito en que se usan. Este término tiende a tener una connotación negativa, relacionada muchas veces más con el nivel social antes que con la competencia comunicativa propiamente dicha (Baker 36-37; Baker y Prys Jones 14-15).

El nivel más desarrollado es el de los bilingües equilibrados o coordinados, "cuyas competencias en ambas lenguas están bien desarrolladas" (Baker 34-35), quienes pueden usar indistintamente cualquiera de las dos lenguas que se habla en todos los contextos comunicativos. Teóricamente hablando, no hay bilingües coordinados en quechua-español, en aimara-español o español-otras lenguas indígenas puesto que dichas lenguas funcionan en diferentes contextos comunicativos. Esto no quiere decir que tales bilingües no tengan dominio absoluto de las lenguas en cuestión. Lo que pasa es que debido al fenómeno multiglósico, el ámbito de funcionalidad pragmática-comunicativa del español es mucho más amplio en comparación con las lenguas indígenas.

Finalmente, existe el bilingüismo funcional según el cual los hablantes bilingües optan por utilizar una lengua solamente de acuerdo a determinados ámbitos y la otra lengua en otros, sin mezclarlos en tales contextos (Baker 41-45). El bilingüismo funcional es más común en el Perú, ya que muchos quechuahablantes y aimarahablantes generalmente usan sus respectivas lenguas en el hogar y las comunidades locales, y emplean el español para interactuar con los hispanohablantes en el ámbito urbano-citadino y a veces también en el ámbito rural.

Según los detalles proporcionados anteriormente, obviamente el Perú es una sociedad diglósica donde los hilos del poder son manipulados por el grupo hegemónico que controla el destino del país. En otras palabras, la lengua española, que goza de alta vitalidad y prestigio a nivel nacional e internacional, sigue aplastando paulatinamente a las lenguas indígenas andinas y amazónicas, relegándolas al plano más bajo de la pirámide social. Los ámbitos de uso de las lenguas indígenas se ven interrumpidos debido al avance arrollador del español. El fenómeno de desplazamiento o sustitución de las lenguas indígenas que consiste en el cambio gradual de la lengua nativa (L1) a la lengua hegemónica (L2), obedece a diversos factores sociales, migratorios, políticos, económicos, lingüísticos e ideológicos. Las lenguas ancestrales han sido discriminadas, estigmatizadas y oprimidas por siglos. Debido a estos comportamientos discriminatorios, denominados también asfixia lingüística (López 105) o vergüenza idiomática (Cerrón-Palomino, "Language policy" 24), los hablantes de estas lenguas muchas veces se ven forzados a mudarse de lengua en favor del español.

Según Fishman (57-65), la sustitución o desplazamiento de una lengua se debe a las "dislocaciones" físicas, demográficas, sociales y culturales, tales como la migración de la población en forma voluntaria o involuntaria y la opresión de grupos subalternos debido a la falta de oportunidades sociales. Dichas dislocaciones pueden acarrear graves consecuencias respecto al mantenimiento de una lengua. Por ejemplo, durante la época colonial la población quechua y aimara fue diezmada por la conquista, las enfermedades y el hambre. En otras palabras, el genocidio, lingüicidio y etnocidio son responsables de la pérdida de las lenguas indígenas. De igual manera, hoy en día, la población viene siendo reducida por las enfermedades, la pobreza, la desnutrición y la falta de oportunidades económicas (movilidad social) y educativas. Las guerras y los desastres naturales pueden ocasionar también el desplazamiento y la pérdida de una lengua. Desgraciadamente, todos estos factores han forzado y siguen forzando a los indígenas andinos y amazónicos a abandonar sus lenguas nativas.

En la última década, no obstante, ha ocurrido un cambio político-ideológico que tiene la intención de reconocer la importancia de las lenguas autóctonas. La Constitución Política del Perú de 1993, establece que toda persona tiene derecho "a su identidad étnica y cultural. El Estado reconoce y protege la pluralidad étnica y cultural de la nación. Todo peruano tiene derecho a usar su propio idioma ante cualquier autoridad mediante intérprete" (artículo 2, inciso 19). De igual modo, estipula que "el Estado fomenta la educación bilingüe intercultural, según las características de cada zona. Preserva las diversas manifestaciones culturales y lingüísticas del país. Promueve la integración nacional" (artículo 17). Más adelante, señala que "son oficiales el castellano y, en las zonas donde predominen, también son el quechua, el aimara y las demás lenguas aborígenes, según Ley" (artículo 48).

Lamentablemente, la oficialización solamente "en las zonas donde predominen" las lenguas indígenas tiende a diluir la intención positiva de dicho esfuerzo a nivel constitucional porque las lenguas indígenas no son reconocidas en la esfera nacional. Todo esto parece indicar que la educación intercultural bilingüe es obligatoria sólo en las zonas donde existen lenguas indígenas. La oficialización del quechua y el aimara se reduce solamente al uso simbólico de la lengua, ya que se emplea el español en todos los demás ámbitos de las funciones sociales.

Además, la educación bilingüe con respecto a las lenguas indígenas está destinada únicamente a los hablantes de estas lenguas y no a la sociedad en su conjunto. A pesar de que la educación bilingüe (multilingüe) intercultural en el Perú fue establecida por primera vez hace 34 años, los logros obtenidos son bastante limitados, ya que no se ha podido, por ejemplo, ampliar la educación multilingüe a nivel de la escuela secundaria ni mucho menos a nivel universitario. Lo que hace falta es una reingeniería de la educación multilingüe a fin de ampliar los ámbitos de acción en las zonas urbanas que actualmente cuentan con la mayor concentración de hablantes de lenguas indígenas.

Contacto del español con el quechua

El español no es una entidad monolítica y uniforme. El español de España, como cualquier otro idioma, tiene sus variedades dialectales que se diferencian según regiones geográficas. La variedad que gozaba de mayor representación en el Nuevo Mundo durante la conquista y la colonia era la andaluza, junto con otros dialectos del sur de España. Por eso, el español hablado en todo el territorio de Hispanoamérica muestra características lingüísticas relacionadas con el habla del sur de España. Por ejemplo, en el español de América Latina se puede percibir el llamado "seseo," rasgo fonológico común en el sur de España y por lo tanto no se hace la distinción entre la /s/ y la /c/ ó /z/, como sucede en el centro y norte de España.

Otras características lingüísticas del español del sur de España que se perciben en el español latinoamericano incluyen la aspiración o elisión del fonema /s/ al final de palabras, la elisión o debilitamiento del fonema /d/ intervocálico, y la convergencia de /lʸ/ y /y/ (el llamado "yeísmo"). Quizás la característica más reconocida es el uso de "vos" en vez del pronombre "tú" en algunas partes de América Latina, especialmente en el Cono Sur y en Centro América. Todas estas características varían en diferentes regiones de América Latina, debido a la influencia de otras lenguas con las que el español se mantuvo en contacto durante la colonia (Adelaar y Muysken 585-89).

Como consecuencia de la colonización, las lenguas indígenas andinas y selváticas han entrado en contacto y en conflicto con la lengua española. Un ejemplo notorio de este fenómeno, se puede percibir en las diversas manifestaciones lingüísticas que surgieron del contacto prolongado entre el quechua y el español. A modo de clarificación, es preciso señalar que el español se mantuvo en contacto no sólo con el quechua sureño, sino también con las demás ramas dialectales del quechua, así como con las otras lenguas indígenas del vasto territorio andino.

El español que resulta del contacto con el quechua y el aimara es conocido como castellano andino (Alberto Escobar; Cerrón-Palomino, *Castellano andino*) o castellano de los bilingües (Anna María Escobar, *Los bilingües*; Rivarola). Según Alberto Escobar (40) existen tres variedades de castellano andino: la andina propiamente dicha, la altiplánica y la variedad del litoral y Andes occidentales sureños, determinadas según variantes fonológicas, morfosintácticas y léxicas.

Por lo general, el español ha influido más al quechua en cuanto al léxico que el quechua al español. Por ejemplo, los días de la semana, los meses del año y los saludos han sido adoptados al quechua sin ningún cambio salvo la pronunciación. Sin embargo, hay instancias de palabras quechuas que no sólo han entrado en el léxico del español sino que también se han extendido a otras lenguas. Algunos ejemplos comunes del español son *choclo* que viene directamente del quechua *chuqllu* que significa 'mazorca tierna de maíz,' y *calato*, un peruanismo que se deriva del quechua *qalatu* o 'desnudo.' Adelaar y Muysken (591) mencionan algunos ejemplos internacionales, incluyendo la palabra inglesa *jerky* que significa 'carne seca,' cuyo término proviene del quechua *charki*; y la palabra *la-gnappe* del francés cajún de Louisiana se origina del verbo quechua *yapa-y* mediante la adaptación española *yapar* y luego *ñapa* que significa 'aumentar, añadir un poco (en una transacción de negocios).'

Otra esfera de influencia entre el quechua y el castellano andino peruano es la fonología. Del español al quechua, la influencia está limitada a algunos fonemas que no existían en quechua antes de la llegada de los españoles, por ejemplo, /b/, /d/, /f/, /g/, /r/. Por otra parte, el quechua ha influido en el castellano andino más que nada en la pronunciación de las vocales, especialmente entre hablantes bilingües o quechuahablantes en proceso de aprendizaje del español. El quechua tiene tres vocales, /a/, /i/ y /u/; los sonidos [ɛ] y [o] son alófonos (es decir, variantes intercambiables) de /i/ y /u/ encontrados solamente en ciertos ambientes fonológicos, especialmente en contacto directo o indirecto con la consonante postvelar /q/. Por lo tanto, muchas veces una palabra española con las vocales /e/ y /o/ será pronunciada como si tuviera las vocales /i/ y /u/. Por ejemplo, se pronunciará "Perú" como [piru], "miércoles" como [mirkulis], "aceite" como [asiti], y "escuela" como [iskuyla]. Estos últimos ejemplos resultan también de la falta de diptongos en el quechua. El siguiente ejemplo contradice la tendencia al "yeísmo" mencionado anteriormente. En el quechua existe el fonema /ll/, pronunciado [lʸ]. Por eso, la convergencia entre /ll/ y /y/ no ocurre en el castellano andino. Más bien, mantienen la distinción entre los dos fonemas: "llama" se pronuncia [lʸama] mientras que "yapa" se pronuncia [yapa] o no se confunde "calló" con "cayó."

Estos procesos fonológicos no son los únicos que se manifiestan en el castellano andino peruano, sino que también hay procesos morfosintácticos y semánticos, los cuales han sido estudiados a fondo por varios investigadores, específicamente por Anna María Escobar (*Contacto social*) y Cerrón-Palomino (*Castellano andino*). Según Anna María Escobar (*Contacto social*), los procesos morfosintácticos se dividen en ocho categorías principales: (1) el orden de constituyentes; (2) la concordancia; (3) la elipsis; (4) la reduplicación; (5) la redundancia; (6) la regularización; (7) la derivación y (8) la acomodación semántica.

El orden de constituyentes se refiere a la variación en el orden de las palabras tanto en la oración como en la frase verbal. Por ejemplo, en esta frase se puede notar el cambio del orden normal de objeto-verbo: *varios paisanos tengo* en vez de 'tengo varios paisanos'; y de adverbio-verbo: *mañana papa no más voy comer* en vez de 'voy a comer solamente papas mañana.'

La concordancia lingüística aborda la falta de concordancia de número, género y tiempo. Por ejemplo, en el caso de concordancia de nombre-adjetivo tenemos *hombres malo* en vez de 'hombres malos'; en cuanto al nombre-determinante, tenemos *le deja su animales en la pampa* en vez de 'deja sus animales en la pampa,' En relación al género es común la falta de concordancia de nombre-adjetivo *de mi pueblo las mujeres son bien trabajadores* en vez de 'las mujeres de mi pueblo son bien trabajadoras'; y de nombre-determinante, *los chozas de piedras son* en vez de 'las chozas son de piedra.'

La elipsis "es un proceso morfosintáctico que consiste en omitir morfemas" (Anna María Escobar, *Contacto social* 64). Las ocurrencias más comunes suelen ser con los verbos *ser* y *haber* que funcionan como auxiliares. Los bilingües a menudo omiten también las preposiciones, los determinantes (los artículos), los pronombres y los conectores oracionales. En el castellano andino es muy común la omisión del verbo copulativo. La siguiente frase ilustra este fenómeno: *los mineros buenos persona* en vez de 'los mineros son buenas personas.' De igual manera, la omisión de preposiciones es notoria en *Carhuacallanga voy ir* en vez de 'voy a ir a Carhuacallanga.'

La reduplicación consiste en la repetición de morfemas gramaticales tales como diminutivos y aumentativos, adjetivos, pronombres y frases. Por ejemplo, *ahorititita vuelvo* en vez de 'ahorita vuelvo' (Anna María Escobar, *Contacto social* 89), *mi zapato me voy ponerme* en lugar de 'me voy a poner mi zapato'; *lejos lejos es el río Canipaco* en vez de 'el río Canipaco está muy lejos.'

La redundancia "a diferencia de la reduplicación, no hace referencia a la repetición en el nivel de la forma, sino a la repetición en el nivel semántico" (Anna María Escobar, *Contacto social* 95). Por ejemplo, *un perrito chiquitito* en vez de 'un perrito'; *tu casa de ti*; en vez de 'tu casa'; *su poncho de mi papá* en vez de 'el poncho de mi papá'; *más mejor no vengas porque mi perro te va mascar* en vez de 'mejor no vengas porque mi perro te va a morder.'

La regularización es un proceso por el cual uno llega a generalizar una regla gramatical. Este fenómeno se denomina también *sobregeneralización* de las reglas gramaticales. Por ejemplo, *el noche* en vez de 'la noche'; *la problema* en vez de 'el problema'; *los gentes* en vez de 'la gente'; *sabieron* en vez de 'supieron'; *rompido* en vez de 'roto.'

La derivación consiste en la formación de palabras mediante el uso equivocado de afijos en español para la nominalización, la verbalización, la adjetivación y los cambios de funciones. Por ejemplo, *cantador* en vez de 'cantante'; *nochecer* en vez de 'anochecer'; *fuerzoso* en vez de 'forzudo,' originalmente derivado de 'fuerte' (Anna María Escobar, *Contacto lingüístico* 113).

La acomodación semántica está relacionada con el nivel de contenido de las expresiones léxicas y gramaticales. La acomodación semántica se realiza usando una palabra equivocada en vez de otra que sería la más adecuada (verbos, sustantivos y adjetivos). Por ejemplo, *cuando estuve joven he tenido muchos amigos* en vez de 'cuando era joven, tenía muchos amigos'; *¿qué haciendo te has rompido la cabeza?* en vez de '¿cómo te rompiste la cabeza?'; *de lo que me has gritado estoy molesto* en vez de 'estoy molesto porque me gritaste.'

Estas características lingüísticas del castellano andino no son la única manifestación de la influencia del quechua en el español debido al contacto. Además de esto, es también bastante común escuchar a un hablante bilingüe alternar entre el quechua y el español, dependiendo del contexto y el propósito de la situación comunicativa. Este hecho se denomina alternancia de códigos. Otro fenómeno es la mezcla de códigos, donde el quechua y el español están aun más intercalados.

Alternancia y mezcla de códigos

Según Baker y Prys Jones, la alternancia de códigos es "el cambio de lenguas dentro de una sola conversación. Frecuentemente esto ocurre cuando los bilingües están en compañía de otros bilingües. Cuando los bilingües interactúan, consciente o inconscientemente seleccionan la lengua en la que tomará lugar la conversación" (58). Las personas bilingües o multilingües que alternan el código en su habla lo hacen por una serie de razones y propósitos. La alternancia de códigos puede variar de acuerdo al interlocutor (edad, sexo, posición social), según el tópico de la conversación y el medio ambiente donde se lleva a cabo una determinada interacción. Muchas veces las personas que alternan diferentes códigos en sus interacciones con otras personas, son consideradas como lingüísticamente incompetentes, aunque en realidad se trata de una habilidad lingüística extraordinaria. Merced a los estudios realizados durante los últimos 20 años, se ha demostrado que la alternancia de códigos es un proceso muy complejo y sofisticado que posee sus propias reglas y restricciones (Baker y Prys Jones 60-61).

Los hablantes bilingües quechua-castellano andino, por las mismas razones anteriormente descritas, alternan códigos según la naturaleza de los eventos comunicativos. El siguiente pasaje, que proviene de la programación radial en quechua cuzqueño denominado *warmikuna rimanchis* ('las mujeres hablamos') constituye un botón de muestra de la alternancia entre el quechua y el español.

Bueno, *ñañaykuna, turaykuna kaypi kashan noticianchis*, a ver *ñañay, turay* a ver noticia, noticia "llegaron medicamentos para combatir la uta [leishmaniasis] aseguró el Ministro de Salud Álvaro Vidal." *Ñañaykuna yachasqanchis hina kay* vida *kawsaypi imaymana unquy hapiwanchis. Kay utaqa* históricamente *ñañaykuna* ciclo por ciclo, *kay unquy* mayormente en zonas cálidas más que todo *kay* vida *kawsaypi kan. Yuyashankichis ñañaykuna* cuando había esa explotación de petróleo en Puerto Maldonado en todo *muntiyuqkunapi karqan chaypi* mayormente *riki turanchiskuna, wiraquchakuna kay utawan riki lluqsiyamunku. Huk chuspichas riki ñañaykuna chay utataqa apaykunman karqa*, entonces *mana hampina karqanchu*. Entonces, *wakin turanchiskuna mana hampisqa* queda*rqakunku*. (archivo del trabajo de campo del autor)

La mezcla de códigos, a diferencia de la alternancia de códigos, implica la transferencia de elementos lingüísticos de una lengua a la otra. Esta transferencia puede ocurrir a nivel fonológico, morfológico, gramatical o léxico (Crystal 66; Richards, Platt y Platt 57). Es decir, la alternancia ocurre a nivel de oraciones o discursos, mientras que la mezcla toma lugar a nivel de palabras o morfemas. Cabe recalcar que la mezcla de dos códigos distintos generalmente se realiza en forma inconsciente. Los siguientes fragmentos de dos conversaciones ilustran la mezcla del español con el quechua huanca (dialecto de la zona andina del Centro del Perú).

A: ¿Dónde están los burros?

B: En el *pukyu* están *kurkuykatra*ndo.

X: Dame comida pe, *manachu* yaqa barriga*yuq kaa*?

Y: Para *mañaku*r comida no más vales *qilla*.

En la oración B se nota esta tendencia particularmente en la frase *kurkuykatra*-ndo que proviene del verbo quechua *kurkuykatra-y* 'tratar de agacharse' más la marca del gerundio en español *–ndo*, cuyo equivalente en quechua huanca sería *kurkuykatra-ykan* 'están tratando de agacharse' [para tomar agua del manantial]. En la oración X la frase barriga-*yuq* 'con barriga, tener barriga' es una mezcla del sustantivo *barriga* con el sufijo posesivo en quechua *–yuq*. El equivalente de esta frase en quechua huanca sería *pata-yuq*. En la última oración el verbo *mañaku-r* viene del quechua *mañaku-y* 'pedir.' Se ha añadido al verbo quechua el morfema *–r* del infinitivo del español en vez de la *–y* que marca el infinitivo en quechua.

Esta mezcla de códigos parece ser común entre los niños y los jóvenes bilingües, quienes espontáneamente mezclan el español y el quechua a nivel del léxico y la morfología, aunque se necesitan realizar estudios más profundos para verificar dicha impresión. Además la mezcla de códigos variará de contexto a contexto y de individuo a individuo. Por consiguiente, se debe tener mucho cuidado con hacer generalizaciones. Finalmente, es necesario señalar que en una situación de contacto es muy natural la influencia mutua de dos lenguas. Sin embargo, las personas que mezclan códigos sufren discriminación por parte de la sociedad dominante más aún si son hablantes de lenguas indígenas.

Conclusión

Tal como Cerrón-Palomino señala en forma acertada, una de las características estructurales más agudas de los países de sustrato quechua y aimara es su condición multiglósica. En efecto al lado de la lengua oficial de los estados respectivos – el castellano – están ocupando un segundo orden, el quechua y, en el caso del Perú, Bolivia y Chile, también el aimara. Las interacciones asimétricas que surgen de estas relaciones se dan asimismo en el castellano y los demás grupos idiomáticos que se distribuyen al interior de los países involucrados. Sin embargo por razones histórico-culturales y demográficas, el contacto (y conflicto) quechua-castellano, y en menor medida aimara-castellano, adquiere caracteres sociolingüísticos de gran envergadura. El lastre de esta situación multiglósica es el producto de la herencia colonial que asumieron los países andinos al constituirse en estados nominalmente independientes. (*Castellano andino* 84-85)

En otras palabras, tanto los hablantes de lenguas indígenas como los hablantes del castellano andino son realmente discriminados, estigmatizados por la sociedad hegemónica. Dada esta situación, no es sorprendente que muchos hablantes de las lenguas indígenas estén poco a poco abandonando sus lenguas maternas en favor del español, sea cual fuere la forma usada (por ejemplo, el castellano andino), con la consecuente disminución en el uso de las lenguas indígenas. Lamentablemente, los indígenas se encuentran en una verdadera encrucijada porque ni siquiera su aprendizaje del español les servirá para superar la discriminación social, étnica y lingüística, a menos que suponga un largo trabajo de perfeccionamiento para hablar el español como la clase dominante. "Este proceso implica siempre un enorme sacrificio, en el más amplio sentido, y una constatación de la pervivencia de viejas estructuras de dominación en el mundo contemporáneo" (Paul Firbas, comunicación personal).

OBRAS CITADAS

Adelaar, Willem F. y Pieter C. Muysken. The Languages of the Andes. Cambridge, UK: Cambridge UP, 2004.

Albó, Xavier. Los mil rostros del quechua. Sociolingüística de Cochabamba. Lima: IEP, 1974.

---. Bolivia plurilingüe: guía para planificadores y educadores. Cuaderno de Investigaciones No. 44. 2 tomos. La Paz: UNICEF; CIPCA.

Alderetes, Jorge. El quechua de Santiago del Estero. Gramática y vocabulario. Tucumán, Argentina: Universidad Nacional de Tucumán, 2001.

Baker, Colin. Fundamentos de educación bilingüe y bilingüismo. Trad. Ángel Alonso-Cortés. Madrid: Cátedra, 1997.

Baker, Colin y Sylvia Prys Jones. Encyclopedia of Bilingualism and Bilingual Education. Clevedon, UK: Multilingual Matters, 1998.

Campbell, Lyle. "The Quechumaran Hypothesis and Lessons for Distant Genetic Comparison." Diachronica 12 (1995): 157-200.

Cerrón-Palomino, Rodolfo. "Language Policy in Peru: A Historical Overview." IJSL 77 (1989): 11-33.

---. Lingüística aimara. Cuzco: CBC, 2000.

---. Castellano andino: aspectos sociolingüísticos, pedagógicos y gramaticales. Lima: PUCP; GTZ, 2003.

---. Lingüística quechua. 2ª ed. Cuzco: CBC, 2003.

Cerrón-Palomino, Rodolfo y Gustavo Solís Fonseca, eds. Temas de lingüística amerindia. Primer Congreso Nacional de Investigaciones Lingüístico-Filológicas, nov. 1987. Lima, Perú: CONCYTEC; GTZ, 1989.

Chirinos, Andrés. "Las lenguas indígenas peruanas más allá del 2000." Revista Andina 116 (1998): 453-76.

Chirinos Rivera, Andrés. Atlas lingüístico del Perú. Cusco: CBC; Lima: Ministerio de Educación, 2001.

Crystal, David. A Dictionary of Linguistics and Phonetics. 4ª ed. Oxford, UK: Blackwell, 1997.

Escobar, Alberto. Variaciones sociolingüísticas del castellano en el Perú. Lima: IEP, 1978.

Escobar, Anna María. Los bilingües y el castellano en el Perú. Lima: IEP, 1990.

---. Contacto social y lingüístico: el español en contacto con el quechua en el Perú. Lima: PUCP, 2000.

Firbas, Paul. Comunicación personal. 16 de noviembre 2004.

Fishman, Joshua A. Reversing Language Shift. Clevedon, UK: Multilingual Matters, 1991.

García, María Elena. Walking with Llamas and Flying in Planes: Indigenous Identities, Development and Multiculturalism in Peru. Palo Alto, California: Stanford UP, en prensa.

Granda, Germán de. Estudios de lingüística andina. Lima, Perú: PUCP, 2001.

Haboud, Marleen. Quichua y castellano en los Andes ecuatorianos: los efectos de un contacto prolongado. Quito: Abya-Yala, 1998.

Hardman, Martha James, ed. The Aymara Language in its Social and Cultural Context. A Collection of Essays on Aspects of Aymara Language and Culture. Gainesville: UP of Florida, 1981.

---. "Aymara and Quechua: Languages in Contact." South American Indian Languages: Retrospect and Prospect. Ed. Harriet E. Manelis y Louisa R. Stark. Austin: U of Texas P, 1985.

Heggarty, Paul. "Quechua." 8 nov. 2004 < http://www.shef.ac.uk/q/quechua/>.

Heros Diez Canseco, Susana de los. Discurso, identidad y género en el castellano peruano. Lima: PUCP, 2001.

Hornberger, Nancy H. Bilingual Education and Language Maintenance. Dordrecht, Holland: Foris, 1988.

Hornberger, Nancy H. y Serafín M. Coronel-Molina. "Quechua Language Shift, Maintenance, and Revitalization in the Andes: The Case for Language Planning." IJSL 167 (2004): 9-67.

Itier, César. Parlons quechua. La langue du Cuzco. Paris: L'Harmattan, 1997.

King, Kendall A. Language Revitalization Processes and Prospects: Quichua in the Ecuadorian Andes. Clevedon, UK: Multilingual Matters, 2001.

Landerman, Peter N. "Quechua Dialects and their Classification." Diss. UCLA, 1991.

---. "Glottalization and Aspiration in Quechua and Aymara Reconsidered." Language in the Andes. Ed. Peter Cole, Gabriella Hermon y Mario Daniel Martin. Newark, Delaware: LAS, 1994.

López, Luis Enrique. "El bilingüismo de los unos y los otros: diglosia y conflicto lingüístico en el Perú." Diglosia linguo-literario y educación en el Perú. Ed. Enrique Ballón-Aguirre y Rodolfo Cerrón-Palomino. Lima: CONCYTEC; GTZ, 1990.

Mannheim, Bruce. The Language of the Inka since the European Invasion. Austin: U of Texas P, 1991.

Muysken, Pieter. "Media Lengua." Lexis III (1979): 41-56.

Orr, Carolyn y Robert Longacre. "Proto-Quechuamaran." Language 44 (1968): 528-55.

Parker, Gary. "La clasificación genética de los dialectos quechuas." Revista del Museo Nacional XXXII (1963): 241-52.

Perú. Congreso Constituyente Democrático. Constitución Política del Perú. 1993. 20 octubre 2004. <http://www.onpe.gob.pe/infolegal/downloads/constituciondelperu.pdf>

Pozzi-Escot, Inés. El multilinguismo en el Perú. Cuzco: CBC; PROEIB-Andes, 1998.

Richards, Jack C., John Platt y Heidi Platt. Longman Dictionary of Language Teaching and Applied Linguistics. 2ª ed. Essex, UK: Longman, 1992.

Sánchez, Liliana. Quechua-Spanish Bilingualism: Interference and Convergence in Functional Categories (Language Acquisition and Language Disorders). Amsterdam: John Benjamins, 2003.

Sichra, Inge. La vitalidad del quechua: lengua y sociedad en dos provincias de Cochabamba. La Paz: PROEIB-Andes; Plural, 2003.

Silva-Corvalán, Carmen, ed. Spanish in Four Continents: Studies in Language Contact and Bilingualism. Washington, DC: Georgetown UP, 1995.

Torero, Alfredo. Idiomas de los Andes: lingüística e historia. Lima: Horizonte; IFEA, 2002.

Zariquiey, Roberto, ed. Actas del V Congreso Latinoamericano de Educación Intercultural Bilingüe "Realidad multilingüe y desafío intercultural. Ciudadanía, cultura y educación," agosto 2002, Pontificia Universidad Católica del Perú. Lima: PUCP; Ministerio de Educación; GTZ, 2003.

Zúñiga C., Madeleine, Lucía Cano C. y Modesto Gálvez R. Construcción de políticas regionales: lenguas, culturas y educación. Ayacucho, Perú: Instituto de Estudios Regionales "José María Arguedas," 2003.

El Portuñol: ¿Una tercera lengua?

Ismênia Sales de Souza
US Air Force Academy, Colorado, Estados Unidos

Introducción

El objetivo de este ensayo es hacer un análisis de dos lenguas en contacto, con un particular enfoque, el contacto entre el portugués y el español en la extensión del límite fronterizo entre Brasil y los países de habla hispana a su alrededor, llevando así a la creación del ya tan conocido fenómeno lingüístico: el portuñol. Tal fenómeno, está ya presente en las clases de primero y segundo año de portugués o español en esos países, y se extiende a otras circunstancias sociolingüísticas.[1] En realidad, los grandes laboratorios de tal fenómeno lingüístico se encuentran en las zonas fronterizas, como por ejemplo, entre Rivera en Uruguay y Livramento en Brasil, dos poblaciones (ciudades gemelas), a ambos lados de la frontera que no constituyen en sí una excepcionalidad en el aspecto internacional, ni a nivel latinoamericano. Además, como muchos críticos y analistas han comentado, Rivera es un polo de atracción migratoria dentro de Uruguay y representa un verdadero laboratorio de observación de la convivencia cotidiana entre ambos idiomas, diferente y cercano al mismo tiempo, constituyendo así un "ambiente" excepcional. Por lo tanto, nuestro enfoque en este artículo será un breve análisis de esas dos lenguas en contacto bajo diferentes circunstancias y, que crea así tan dinámico fenómeno lingüístico, caracterizado por la mezcla de portugués y español. Nuestra primera meta es presentar diferentes perspectivas, opiniones y definiciones del término "portuñol." Posteriormente, ilustraremos algunos ejemplos del uso del portuñol en diferentes contextos, como lingüísticos y literarios.

Definiciones y puntos de vistas sobre el "portuñol"

Generalmente, muchos lingüistas, recurren al término "portuñol" para designar una mezcla espontánea u otro tipo de interferencia, ocasionalmente intencionada y premeditada, entre el español y el portugués. El crítico, Pedro Rona ha estudiado este fenómeno lingüístico que ha denominado como "fronterizo" y declara que es: "Una mezcla de portugués y español, pero que no es ni portugués ni español y, resulta con frecuencia ininteligible tanto para los brasileños como uruguayos" (7). Otra autora, María Jesús Fernández García explica: "El portuñol, como registro espontáneo que resulta de la mezcla ocasional de español y portugués de acuerdo con las necesidades comunicativas momentáneas, es tan diverso como los hablantes que lo practican" (558). Fernández García va más allá y explica: "Nacido con un registro popular, espontáneo y fruto de las necesidades de comunicación oral, este portuñol ha ido ganando adeptos y, con ello, consistencia" (558). Por otro lado, el catedrático Milton Azevedo, en el artículo "Language Hybridity: Portunhol as a literary device in Wilson Bueno's *Mar paraguayo*" define ese fenómeno de la siguiente manera:

> "Portuñol, itself a portmanteau word (**Portu**guês + Espa**nhol**), is a polysemic term, denoting at least three distinct (if sometimes overlapping) entities. One is the class of intermediary language that develops while a speaker of Portuguese (or Spanish) is in the process of learning to speak Spanish (or Portuguese). The other is the type of mixed speech used by speakers of either language in situations of language contact such as those developed in border areas […]. (268)

---

1   Para un estudio detallado de lenguas en contacto entre el español y el portugués, y su aspecto sociolingüístico, véanse los excelentes trabajos de Ana María Carvalho: *The social distribution of Spanish and Portuguese Dialects in the Bilingual Town of Rivera, Rumo a uma definição do português uruguaio,* entre otros.

Coincidentemente, la crítica, Ana Carvalho, atesta del siguiente modo la relación entre esas lenguas en contacto: "Los bilingües de las comunidades del norte de Uruguay suelen denominar el portugués uruguayo como "brasileño", "bayano", "portuñol" o simplemente, "dialecto" "(69). Es irónico e importante notar que en Rivera-Livramento, la relación cultural, social y comercial entre los habitantes de ambos lugares es muy estrecha. De hecho, Carvalho comenta que el escritor Elizaincín describe ese fenómeno de la siguiente manera: "Es este tipo de contacto el que se da en nuestra frontera con Brasil: dos lenguas no sólo emparentadas genéticamente sino que han compartido prácticamente toda su ya larga historia de vicisitudes comunes" (12). Además, en el artículo "Rivera-Livramento de la integración de hecho a la integración real" de Gladys Bentancor, la autora, elabora y define el "portuñol" como una manifestación popular que refleja el sentir de dos culturas (13). Elizaincín, en varios de sus trabajos, describe esta región lingüística como bilingüe y diglósica, es decir una región en la que se utilizan dos sistemas lingüísticos con una matriz de diglosia firme y establecida. Una matriz de diglosia consiste en "la distribución funcional del uso de cada una de las lenguas en las situaciones y en los momentos en los cuales se pueden emplear, de acuerdo a los usos sociales de esa comunidad" (304). En sus estudios, Celada elabora sus ideas sobre este fenómeno desde una perspectiva diferente. Así, la escritora explica: " O Portunhol representa ou representou para o brasileiro uma saída alternativa, justamente pela "não necessidade," que este sentiu historicamente de ter que aprender o espanhol, e, como tal, é uma lingua a qual recorre [...]" (51). Esto, según Celada, se debe a que los brasileños ven el "portuñol" como una lengua espontánea, pues el español es considerado un idioma muy fácil y parecido al suyo:

> A verdade é que o termo "portuñol" pelo fato de funcionar como uma espécie de "curinga" que circula e se desloca por diferentes espaços, refere-se a diversos objetos, dentre elas designa a língua de mistura – Entre espanhol e português - nas diversas fronteiras do Brasil com os países hispanoamericanos. Por isso, "portunhol" pode designar tanto a língua dos hispano-falantes que moram neste país (à qual alguns dão o nome de "espagués") quanto aquela produzida pela relativa audácia dos veranistas argentinos nas praias brasileiras[...]. (43-45)

> Por otro lado, el escritor Perlongher, en su artículo "El portuñol en la poesía" ve el "portuñol" con horror y, que "la mezcla de los dos idiomas no es nada menos que un error, interferencia o ruido" (254). Ese crítico, no es el único en presentar el "portuñol" desde un punto de vista peyorativo y que no disfruta del prestigio del portugués o del español. El profesor Azevedo, a su vez, dice que el "portuñol" usualmente sirve como un recurso cómico o satírico:

As a code, Portunhol usually serves humorous or satirical purposes, exemplified by the old joke of the Brazilian tourist in a Spanish - speaking country who asks for um "hamburger y uma cueca-cuela." The joke is built on the perception of phonological correspondences between certain Portuguese stressed vowels and certain Spanish stressed diphthongs, as in Portuguese *porto* / Spanish *Puerto* [...]. (269)

Es verdad que en ciertas circunstancias, el uso del "portuñol" puede producir una situación cómica o hasta un malentendido. Por ejemplo, unos invitados de habla española, después de una cena en casa de unos brasileños, continuamente les decían que la comida (platos típicos de Brasil) era **exquisita**, cuando en realidad, el adjetivo portugués **esquisito** significa "extraño" o "raro". Así que, es necesario resaltar que el mal uso del español o del portugués, basado en la similitud de ambas lenguas, es decir el uso del "portuñol", puede causar situaciones desagradables. Otro ejemplo de lo embarazosa que puede resultar una traducción literal o intentar hablar una mezcla de las dos lenguas, podemos ilustrarla con la situación que vivió un panameño, amigo de una familia brasileña, cuando pasó por la casa de esos amigos para invitar al esposo a un partido de fútbol. Cuando el amigo pregunta por el compañero, la esposa de éste apresuradamente le dice al panameño: "Él coge." (recordemos que el verbo español "coger" significa "mantener relaciones sexuales" en muchos países latinoamericanos). El amigo, muy intrigado por la situación, le pregunta a la esposa: "¿No te molesta eso?". La esposa le contesta: "Oh, no…es bueno para él." Él amigo entonces comenta: "Quisiera encontrar una esposa tan moderna como tú." Bueno, al final de cuentas, lo que la esposa pretendía decir en español pero pronunció en portugués, era que su marido "corre", o "sale a correr" para hacer ejercicio, y no lo que su amigo panameño entendió. Irónicamente, Celada nos comenta uno de los mejores ejemplos de "portuñol", partiendo de los más altos grupos sociales de la sociedad brasileña: el ex presidente de Brasil, Fernando Collor, en uno de sus viajes a Argentina y, durante una entrevista que dio por teléfono a la televisión, hizo el siguiente comentario: "Teve até duela a quien duela" (47). Tal situación nos hace estar de acuerdo con la autora Maia González cuando se expresa de la siguiente manera: "el portuñol se trata de una especie de lengua de cada uno y de lengua de nadie" (22).

A pesar de los desajustes y problemas, el escritor Douglas Diegues ve el "portuñol" desde una perspectiva personal que, aunque a muchos lingüistas les resulte extraña, para Diegues es positiva: "A língua com que escrevo é visceral. O portuñol fronterizo tem uma graça encantadora que me fascina. Acho feio, de mau gosto, bizarro, rupestre, mas tem uma graça que me seduz, em que impacta antes e depois de meus gostos, dos gostos do meu cérebro" (Rona, 5-8). El "portuñol", a pesar de ser considerada una forma híbrida de comunicarse, sin gramática o reglas fijas, un lenguaje feo o de mal gusto, es visto por muchos críticos como una lengua en la que existen tanto ventajas como desventajas a la hora del aprendizaje o enseñanza formal del español o del portugués.

Debido a mi experiencia docente, estoy plenamente de acuerdo con la opinión de Celada. Al tener una lengua materna de la familia de las lenguas romances como el portugués, la comunicación en el aula con aquellos que han estudiado o saben español, se facilita desde el primer día de clase. Sin embargo, es evidente en mis cursos, que la mayor dificultad de los estudiantes aparece en la escritura y la pronunciación por su parte, debido la influencia del español, las similitudes existentes entre ambas lenguas y el gran paralelismo en los niveles fonéticos, morfosintácticos y léxicos. Tanto en mis cursos de español como de portugués de los dos primeros años a nivel universitario, aparecen bastantes préstamos lingüísticos incorrectos y algunas interferencias del portugués o español entre los alumnos, lo que muchos pueden llamar "portuñol". Los estudiantes tienden a utilizar transferencias o préstamos erróneos que en la mayoría de las veces son léxicos y, frecuentemente, ocurre con sustantivos, preposiciones y cognados.[2] Veamos algunos de estos errores más comunes:

- Eu vou a <u>fiesta</u>. Yo voy a la fiesta.
- Eu gosto de ver <u>películas</u>. Me gusta ver las películas.
- Eu gosto de <u>pollo</u>. Me gusta el pollo
- Minha <u>hermana</u> toma o leite. Mi hermana toma la leche.
- <u>Mis padres</u> falam inglés. Mis padres hablan inglés.

Además de sustantivos transferidos del español, se pueden ver los usos de otras palabras como verbos, adverbios, adjetivos, pronombres y artículos, entre otros términos en español. Otros ejemplos incluyen:

- Ele <u>tiene</u> muito dinero. Él tiene mucho dinero.
- Ela fala <u>bien</u> o portugués. Ella habla bien el portugués.
- Eu <u>gusto</u> de comer pizza. Me gusta comer pizza.

---

2   Milton Azevedo ha escrito varios trabajos sobre diversos aspectos de las mezclas, interferencias y préstamos en el aprendizaje del español o el portugués. Véase el artículo de dicho lingüista, "Identifying Interference in the Speech of Portuguese."

- Você <u>entiende</u> o portugués. Usted entiende el portugués.
- <u>Quiero</u> que volte. Quiero que vuelva.
- Eu tenho <u>pocos</u> amigos. Yo tengo pocos amigos.
- Eu te vejo <u>después</u> do jogo. Te veo después del partido.
- Hoje <u>es</u> domingo. Hoy es domingo.
- <u>Hace</u> calor durante o verão. Hace calor durante el verano.
- Estudo francés, <u>pero me gusta</u> o portugués. Estudio el francés, pero me gusta el portugués.

El anteriormente mencionado profesor Milton Azevedo, elabora sobre las interferencias y la dependencia de los estudiantes de habla hispana cuando estudian portugués. Él explica esa dependencia de la lengua hermana, o mejor dicho "falsa hermana", en el portugués y que a veces da lugar a un tipo de "portuñol":

> These learners have in common the fact that their linguistic competence in Portuguese is built, directly or indirectly, on previous acquaintance with Spanish [...] However, this very similarity often gives rise to problems, for it may mislead the learner into transferring to Portuguese a variety of Spanish features (phonological, morphological, syntactic, and lexical) which do not belong in it. (18)

El autor cita algunos de los varios problemas que los alumnos tienen durante el aprendizaje del portugués, como por ejemplo, hacer los plurales de los sustantivos a la española: "as **sales** for **sais** (salts), **papeles** for **papéis** (papers) **lençoles** for **lençois** (bed - sheets), **fóssiles** for **fosseis** (fossils),[...]." (20-21) Además, Azevedo menciona algunos verbos que causan problema por su variación morfológica. Veamos algunos de los ejemplos:

1. Ele me cuenta (for **conta**)
2. Siento for **sento**
3. Entiendo for **entendo**
4. Limos for **lemos**
5. Duele for **dói**
6. Compreendiesse for **compreendesse**
7. Vuelto for **volto** (20-21)

Este crítico, sigue elaborando sobre el fenómeno de mezclar las dos lenguas en una sola frase alternando códigos lingüísticos, algo común entre los hablantes en las zonas fronterizas,[3] donde existen lenguas en contacto:

> The other is the type of mixed speech used by speakers of either language in situations of language contact such as the one developed in border areas. This category encompasses many possibilities. At simple levels hybridity may involve the use of loan words from one language in utterances in the other, as in Portuguese –Hoje vamos comer un **puchero,** or conversely, in Spanish – Nuestros amigos hicieron una **feijoada.** (269)

Otro aspecto interesante en cuanto a la mezcla de portugués y español, es que los estudiosos descubren otra faceta de ese fenómeno lingüístico, el "portuñol", en la literatura latinoamericana. Sería presuntuoso pretender en este ensayo algo más que una rápida enumeración de alguno de

---

3   Para estudios más extensos sobre el lenguaje "fronterizo" véanse los trabajos de Adolfo Elizaincín, Luis Behares y José Pedro Rona.

ellos, pero merece la pena mencionar que ya existe mucha curiosidad y reconocimiento del papel del "portuñol"en el mundo literario.[4] Algunos de los autores más conocidos por su lenguaje híbrido son Èrico Verísssimo, en *O Continente*, Wilson Bueno en *Mar paraguayo*, Horacio Quiroga en *El peón*, Douglas Diegues, en *Portunhol selvagem*, entre otros. Para muchos el "portuñol" ya es un recurso para comunicarse, un modo de vida, es un vehículo de supervivencia y hasta una nueva manera de escribir. En el ámbito literario, han surgido la poesía, la narrativa fronteriza y el teatro en esa posible tercera lengua: el "portuñol".

Conclusión

En resumen, el "portuñol" es considerado por algunos lingüistas como una tercera lengua nacida en diferentes ambientes y situaciones, en las zonas fronterizas entre Brasil y sus países vecinos hipanohablantes, entre los veraneantes en las playas de Río de Janeiro, o los brasileños que visitan lugares turísticos en países de habla hispana, entre alumnos de las clases de idiomas o en una forma híbrida de comunicarse en diversas circunstancias sociolingüísticas. Sin embargo, otros estudiosos de la materia sólo lo ven como un fenómeno lingüístico (y no una lengua en sí) creado espontáneamente, con el propósito de acercar a las personas y facilitar transacciones comerciales entre los hablantes de portugués y español. Vale la pena mencionar que el "portuñol" cada día se vuelve más popular en Brasil así como en las zonas fronterizas. Curiosamente, en Brasil, ya existen algunos comerciales de televisión y algunas agencias de viajes que hacen algunos de sus anuncios en "portuñol". La cuestión continúa debatiéndose y por lo tanto podemos finalizar este ensayo preguntándonos: ¿alcanzará el "portuñol" algún día el prestigio del que gozan el portugués y el español o continuará siendo sólo la solución para aquellos que hablan o estudian uno de los dos idiomas y, por comodidad o simple necesidad de comunicarse, crean una mezcla de ambos?

---

4   María García Fernández y Milton Azevedo, entre otros, han dedicado mucho tiempo al estudio del "portuñol "en
     la literatura latinoamericana. Saúl Ibargoyen (*Fronteras de Joaquim Coluna* y *Toda la tierra*) y Douglas Diegues
     (*Portunhol selvagem, Uma Flor na Solapa da Miseria, El Astronauta Paraguayo*) son autores ligados por nacimiento
     a los idiomas: el portugués y el español.

OBRAS CITADAS

Azevedo, Milton M., "Language Hybridity: Portunhol as a literary device in Wilson Bueno's *Mar paraguayo.*" *Revista Portuguesa de Humanidades*, Vol. 8, No. 1-2, 2. (2004): 267-278.

---. "Un lenguaje pintoresco y espacial': an early instance of Portuguese-Spanish speech." *Revista portuguesa de humanidades*, Vol. 4, Num 1-2. (2000): 95-109.

---. "Identifying Spanish Interference in the Speech of Learners of Portuguese." *The Modern Language Journal*. Vol. 62, No. 1 / 2 Jan. – Feb., (1978): 18-23.

Behares, Luis Ernesto, and Carlos Ernesto Díaz. *Os som de nossa terra :productos artísticos-verbales fronterizos*. Montevideo: Asociación de Universidades Grupo Montevideo, Universidad de la República, 1998.

---. "Diglosia en la sociedad escolar de la frontera uruguaya con Brasil: matriz social del Bilingüismo". *Cuadernos de Estudios Lingüísticos* 6. (1984): 228-34.

Bentancor, Gladys. *Una aproximación a la distribución espacial del uso del DPU en la ciudad fronteriza de Rivera,*" 1998.

---. "Rivera-Livramento: Particularidades de una Frontera en Fronteiras e Espaço Global." Org. Marques Tânia et alt AGB Porto Alegre. 1998.

----. *Rivera – Livramento de la integración de hecho a la integración real*. Ed. GIR, Montevideo, 1989.

Carvalho, Ana Maria. "Diagnóstico sociolingüístico de comunidades escolares fronterizas en el norte de Uruguay." Portugués del Uruguay y educación bilingue, ed., By Claudia Brovetto and Javier Geymonat.: Montevideo, Administración Nacional de Educación Pública. (2004b): 44-96.

---. "Rumo a uma definição do português uruguaio," in *Revista Internacional de Iberoamericana* (RILI) Vol. I, (2). Madrid: Editorial Vervuert. (2003):125-149.

Celada, M. T. *O espanhol para o brasileiro. Uma língua singularmente estrangeira.*

Tesis de doctorado. Campinas: Instituto de Estúdios del Lenguaje, Unicamp, 2002.

Diegues, Douglas. *Dá gusto andar desnudo por estas selvas: sonetos salvajes*. Ed., Travessa dos Editores, Curitiba, PR: 2002.

Elizaincín, A., "Bilingüismo y problemas educativos en la zona fronteriza uruguayo brasileña, Lingüística y Educación." Actas del IV Congreso Internacional de la

Asociación de Lingüística y Filología de América Latina. (1978): 301-10.

---."Algunas precisiones sobre dialectos portugueses en el Uruguay." Montevideo: Universidad República. División Publicaciones y Ediciones: 1979.

---. "Estado actual de los estudios sobre el dialecto fronterizo uruguayo-brasileño." *Cuadernos del Sur* 12. 119-140.

Elizaincín, A., Behares, L. & Barrios, G. *Nós falemos brasilero. Dialectos portugueses en Uruguay*. Montevideo: Editorial Amesur, 1987.

García Fernández, María J., "Portuñol y Literatura." *Revista de estudios extremeños*. Vol. 62, núm. 2. (2006): 555-576.

Maia González, N., "El español en Brasil: un intento de captar el orden de la experiencia." Sedycias, J., e Salinas, A. (orgs.): 2002.

--- . ¿"Y que hacemos con el portuñol? O duela a quien duela, viva la Cueca-Cuela." *Revista de la APEESP*, N. 4, jul. /dic., São Paulo: (1992): 16-22.

Perlongher, N., Lamê. Campinas: Editora da Unicamp, 1994.

Rona, J. Pedro. *El dialecto "fronterizo" del norte del Uruguay*. Montevideo: Librería Adolfo Lunardi, 1965.

PARTE II
ESPAÑA

CONTACTO VERNÁCULO-ESTÁNDAR EN EL ESPAÑOL MERIDIONAL Y LA CUESTIÓN DEL PRESTIGIO LINGÜÍSTICO

Ramón Morillo-Velarde Pérez
Universidad de Córdoba
(España)

Introducción: el prestigio de los rasgos dialectales en el español peninsular

La diversidad geográfica, histórica, social y tipológica de las Comunidades Autónomas españolas genera una compleja variedad de situaciones de contacto entre los vernáculos de cada una de ellas y los diferentes estándares lingüísticos con los que conviven. De este modo, las comunidades bilingües de Galicia, el País Vasco, Navarra, Cataluña, Valencia y Baleares conocen la coexistencia de un vernáculo de la correspondiente lengua regional y otro de la española, fruto del bilingüismo de muchos de sus habitantes o de la inmigración de otros desde regiones españolas monolingües; así como de dos estándares distintos: el de la lengua autóctona y el estándar castellano.

Las regiones monolingües se pueden agrupar en tres categorías diferentes en función de la naturaleza del vernáculo presente en ellas. Distinguimos así aquellas comunidades que tienen como vernáculo una modalidad dialectal originada in situ como consecuencia de la evolución del latín vulgar hablado en la Península Ibérica desde la época de la dominación romana. Se trata de las comunidades que conocen variedades dialectales denominadas históricas o primarias, surgidas a la vez que castellano y que convivieron hasta el siglo XIII al menos en plan de igualdad con él; tal es el caso del Principado de Asturias al oeste, o de Aragón, al este. En segundo lugar se incluyen las comunidades en que vernáculo y estándar confluyen como modalidades del castellano, y que comprenden básicamente la comunidad de Cantabria, la de Castilla-León, la de La Rioja y Madrid.

Finalmente, se encuentran las comunidades de Castilla-La Mancha, Extremadura, Andalucía, Murcia y Canarias, cuyo vernáculo es consecuencia de un proceso de koinización (Tutten, 2003) a partir de las diferentes variedades aportadas por los repobladores, tras haberle arrebatado a los árabes (o a los guanches, en el caso canario) el dominio de esa zona, y que pueden considerarse una divergencia del propio castellano, que fue quien aportó la mayor parte de la base de dicho proceso de koinización, del que se separan en diverso grado. Por ello, tales modalidades son conocidas como dialectos o variedades secundarias del español.

Los dialectos históricos han venido caracterizándose por una situación de clara inferioridad con respecto al estándar, hasta el punto de haber desaparecido, desde etapas históricas, no ya sólo de los usos formales, sino incluso del vernáculo de las clases populares urbanas, en la mayoría de los casos. En efecto, como señala Jesús Neira Martínez, (1982ª y 1982b, 114; también Kovalinka 1985) para los bables "la norma superior, en el sentido de norma supralocal de comunicación, la ha venido ejerciendo, desde siglos, el castellano"; algo semejante puede afirmarse para las hablas altoaragonesas, así como del resto de rasgos dialectales aragoneses en el dominio aragonés, con excepción, probablemente de los de filiación catalana, presentes en la llamada "frontera catalano-aragonesa" (Mª Antonia Martín Zorraquino y José Mª Enguita 2000). Ello no obsta, sin embargo para que, desde fines de los años setenta del siglo pasado, al compás del desarrollo del llamado *Estado de las Autonomías*, consagrado por la Constitución Española de 1978, se hayan venido sucediendo movimientos, con raigambre última en el nacionalismo romántico del siglo XIX y primer tercio del XX, de enaltecimiento de los respectivos vernáculos dialectales, a los que, en no pocas ocasiones, se ha aspirado a convertir en lenguas propias y oficiales (o cooficiales, junto con el castellano) en las respectivas autonomías. A veces, tales movimientos han encontrado un cierto respaldo político, dándose lugar a la proliferación de instituciones oficiales o paraoficiales, como la *Academia de la Llingua Asturiana* o el *Consello d'a Fabla Aragonesa*, cuyas propuestas de lograr, vía planificación lingüística, un asturiano, diferenciado del castellano y unificado, o una f*abla aragonesa* de semejantes características, no se puede decir que hayan alcanzado excesivo eco.

En las comunidades castellanas septentrionales, la distancia entre vernáculo y estándar es sumamente reducida, en la medida en que no se halla interferida por un vernáculo dialectal ampliamente separado de aquél, sino que está constituido única y exclusivamente por el castellano y un manojo de rasgos, justamente apellidados de "vulgares" que, como tales, sólo afectan a ciertos sectores sociales y, casi siempre, a los registros de menor grado de formalidad, debido al intenso estigma que pesa sobre ellos. De este modo, tales rasgos vernáculos, a diferencia de lo que en otros lugares sucede, rara vez tendrán consideración de "marcadores" de la identidad sociocultural de dichas comunidades y, en todo caso, podrán funcionar como "estereotipos" de determinados grupos sociales (Labov 1972).

Finalmente, en aquellas comunidades que presentan un vernáculo de tipo secundario, esto es, nacido de evolución de la koiné de base castellana de colonos y repobladores, que constituyen el llamado "español meridional," se produce una situación bien diferente: buena parte de las soluciones vernáculas se ven favorecidas por un cierto "prestigio encubierto" o *covert prestige,* en la terminología de Labov (1972) y Trudgill (1983) que las lleva a gozar en ocasiones hasta de prevalencia en relación con el estándar, incluso entre hablantes pertenecientes a los niveles socioculturales superiores. Y ello sin perjuicio de que pese también sobre ellas un cierto grado de estigma social que conduce a sus usuarios a considerarlas variaciones "degradadas" del estándar castellano y a mostrar lo que ha llegado a denominarse "complejo lingüístico de inferioridad."

El objetivo del presente trabajo es precisamente describir la compleja situación de las relaciones estándar-vernáculo en tales comunidades en relación con la cuestión del prestigio lingüístico, tomando como punto de referencia el caso de Andalucía, probablemente la más prototípica de todas ellas, e intentando encontrar las causas en las circunstancias de su singular historia lingüística.

El prestigio lingüístico de la fonética meridional

La constatación de que, contrariamente a lo que sucede en otros ámbitos dialectales, los vernáculos meridionales en general y los andaluces en particular, conocen un cierto prestigio encubierto, que les concede una extensión social (amplitud) y una gran constancia de uso (vitalidad) es casi coetánea a los orígenes de la dialectología científica andaluza. En un trabajo casi auroral, Américo Castro señalaba respecto a la situación sociolingüística de algunos rasgos lingüísticos andaluces:

"En las clases más cultas, muchas de esas particularidades desaparecen por influencia de la lengua literaria; no obstante, ocasionalmente, en el habla descuidada, pueden aparecer casi todos los hechos notados (no creo que la aspiración de la h inicial; cada ciudad requeriría para esto un estudio especial)" (Castro 1924, 65).

La observación del ilustre discípulo de Menéndez Pidal presenta toda la vaguedad que, dada su fecha, cabe esperar de ella. Así, poco más podemos deducir que la presencia de rasgos andaluces en los registros menos formales de las clases cultas, aunque sin precisar cuáles ni en qué proporción. Se limita, eso sí, a excluir, la pronunciación aspirada "de la h inicial," expresión que debe referirse al mantenimiento de la aspiración procedente de la antigua F- inicial latina, que todavía hoy se conserva en las hablas rurales del occidente andaluz, así como en el vernáculo de los hablantes de los niveles socioculturales más bajos de las áreas urbanas (Narbona, Cano, Morillo-Velarde 2003, 207-209).

Algo más matizada y compleja es la imagen que de la pronunciación andaluza ofrece Gregorio Salvador (1963) en un trabajo previo a la publicación completa del *Atlas Lingüístico y Etnográfico de Andalucía* (Alvar, Llorente, Salvador 1992 [1961-1972]), pero que, con seguridad, tenía presentes los datos que después habrían de verse reflejados en él. En el citado trabajo se constatan las dos notas básicas con que, desde entonces, se viene caracterizando dicha pronunciación: la diversidad geográfica y la uniformidad social.

Con respecto a la primera, se advierte de que no hay una "única fonética andaluza, sino múltiples formas de pronunciar el español en Andalucía, que se concentran además en un ramillete de sólo cuatro rasgos básicos: la aspiración de –s implosiva, la neutralización de –r y –l implosivas y finales, la pérdida de –d- intervocálica, y el *yeísmo*, esto es la confusión de la palatal lateral (grafía *ll*), con la palatal central (*y* con valor consonántico). Es de destacar que Salvador descarta el *seseo-ceceo* por su falta de generalidad en Andalucía, pues hay una importante zona geográfica del norte y nordeste de la región que no conoce la confusión y que practica una distinción entre ambas análoga a la castellana.

El rasgo más llamativo que Salvador encuentra en común entre los hechos lingüísticos considerados es que serían, en su opinión, rasgos innovadores, cuya fortaleza y pujanza estarían llevando a la fonética andaluza a un proceso de expansión, desde el sur hacia el norte que habría de poner en peligro a la vuelta de unos cuantos siglos la pervivencia de la pronunciación castellana septentrional, opinión que corrobora con la extensión extraandaluza, en las áreas geográficas limítrofes, de los fenómenos definidores del andalucismo fonético.

La clave de la capacidad expansiva de la fonética andaluza se hallaría precisamente en su alto grado de penetración social o, en otras palabras, en el alto nivel de uniformidad sociolingüística de Andalucía, que afirma de manera taxativa:

"El andaluz –dice-no tiene fronteras en su penetración vertical: llega a las capas más altas de la sociedad" (1963, 186).

Y cita como apoyo de su observación el hecho de que, a mediados del pasado siglo, cuando Dámaso Alonso, Alonso Zamora Vicente y Mª Josefa Canellada quisieron hacer un estudio de la pronunciación de las vocales en Andalucía pudieron servirse, en calidad de informantes, de sujetos universitarios, incluidos algunos catedráticos de universidad. Afirmación que se ve, además, corroborada por el propio caso personal del autor del trabajo, andaluz de origen y madrileño de adopción que, pese a dominar impecablemente la pronunciación estándar, se ve, sin embargo, constreñido a recuperar su vernáculo andaluz cada vez que pisa Andalucía "por un sentimiento –confiesa- de *irreprimible vergüenza* (las cursivas son nuestras)."

Hay en el planteamiento de Gregorio Salvador alguna que otra exageración y no pocas vaguedades, cuando no alguna equivocación de plano, más de una vez rectificadas con posterioridad por él mismo. Tal es el caso del supuesto carácter expansivo de la fonética andaluza, así como de su penetración hacia el norte. Sucede que el hecho de que podamos encontrar algunos de estos rasgo en el español de otras regiones, lo que de verdad indica es el origen no andaluz, sino con toda probabilidad, castellano, de dicho rasgos, que habrían sido traídos a Andalucía al compás de la dinámica de los procesos repobladores de las tierras andaluzas que siguieron a su definitiva conquista a los musulmanes durante el siglo XIII para el Occidente andaluz, y en los últimos decenios del XV, para el Oriente.

Más llamativa es la explicación que ofrece de la intensa penetración social de la fonética meridional y, por tanto, de la supuesta inexistencia de fronteras sociolingüísticas en Andalucía: la estructura socioeconómica de la población andaluza da lugar, según Gregorio Salvador, a la presencia de una clase dominante compuesta por un número muy reducido de individuos, capaces de reconocerse entre sí con facilidad y que, por consiguiente, no necesitan servirse para su identificación social ante sus congéneres y ante los miembros de las otras clases sociales, de *marcadores* (Labov 1972) lingüísticos. Esta clase social, tradicionalmente apellidada *los señoritos* andaluces se caracterizaría por vivir de las rentas de sus posesiones agrícolas de carácter latifundista y presenta, desde el punto de vista cultural, un sesgo conservador y fuertemente apegado a las tradiciones locales, razón por la que, en lo lingüístico adopta con facilidad los usos vernáculos de las clases bajas, dado que, sobre todo la Andalucía rural, apenas conoce clases medias.

La propuesta de explicación de Gregorio Salvador, aun cuando no carente del todo de valor es, incluso para la fecha en que se propuso, reductora en exceso. No se tiene en cuenta, en efecto, la existencia de una Andalucía urbana dotada de importantes y populosas clases media y media-alta, e incluso desde mediados del siglo XIX, y mucho más en la segunda mitad del XX de una emergente burguesía industrial y de profesionales liberales. A ello hay que sumar las profundas transformaciones que ha sufrido la estructura sociodemográfica de la población andaluza en el último cuarto del pasado siglo, caracterizada por un intenso proceso de urbanización que ha dado al traste con su carácter tradicionalmente rural. Y ello sin que su configuración sociolingüística se haya visto modificada en el punto que nos interesa.

La "norma" meridional y la "norma" septentrional

Una caracterización ligeramente diferente de hechos parecidos se encuentra en la primera descripción lingüística seria de la ciudad de Sevilla, obra de Manuel Alvar (1974 [1990]). Como en el caso anterior, se aducen aquí abundantes ejemplos del uso de formas vernáculas andaluzas por parte de hablantes de los niveles socioculturales más elevados, incluso en situaciones de formalidad extrema:

> Por ejemplo -escribe Alvar- un catedrático universitario de Lengua y Literatura española puede decir en Granada **me se**; en clase no se sabe pronunciar **azucenas** o **susurros**. Y del caos idiomático dio fe cierto rector andaluz, incluso al hablar en los actos más solemnes. Cierto profesor sevillano será incapaz de decir **procesión,** por más que intente, como con las **azucenas** o el **susurro**, remedar la norma culta del resto de la Península; o no concertará de otro modo que **uhtede vení**. Son estos casos extremos -no anómalos, sino de abrumadora frecuencia-, pero que amparan toda suerte de distanciamientos del habla culta madrileña, salmantina o zaragozana, pongo por caso. (1974 [1990], 20)

Para Alvar, la extensión social de los fenómenos lingüísticos andaluces en la ciudad de Sevilla fue determinante de su irradiación hacia otras zonas del español meridional y, sobre todo, a la recién conquistada Andalucía oriental y, con posterioridad, al español de América. La causa de esa difusión se hallaría en el prestigio comercial, económico y cultural de la urbe andaluza en los siglos XVI y XVII.

En esa difusión encuentra también Manuel Alvar la causa de la pluralidad de normas que hay en el español, en particular, de la dualidad existente entre la norma septentrional (el estándar lingüístico español) y la meridional o atlántica; dualidad que ya había sido saludada por Ramón Menéndez Pidal, al oponer *Sevilla frente a Madrid* (Menéndez Pidal 1962). Tal dualidad vendría, además, a constituirse en explicación del prestigio social de que goza la "norma sevillana" y el resto de las normas meridionales que en ella se originaron.

La apreciación de Alvar sobre la constitución de una *norma* que, aun admitiendo su origen sevillano, pueda ser considerada como tal, es, quizás, un tanto exagerada. Es cierto que no se pueden negar los hechos sobre los que esta suposición se basa, como tampoco es posible discutir que estos hechos idiomáticos cumplen casi todas las condiciones necesarias para constituir *una* norma del español. Pero *norma* en el sentido en que la suele utilizar Coseriu (1973), esto es en un sentido meramente descriptivo o estadístico, sin el alcance de modelo normativo, para lo que éste reserva el término de *lengua ejemplar*.

Como puede apreciarse la situación descrita, tanto por Gregorio Salvador como por Manuel Alvar, sobre la penetración social de los fenómenos que constituyen la fonética meridional se corresponde perfectamente con las que sociolingüistas como Labov (1972) o Trudgill (1983) conocen como situaciones de prestigio *latente* o *encubierto*, que indican que en hablantes o contextos en los que cabe esperar el uso de formas propias del estándar, aparecen usos vernáculos porque presentan un cierto nivel de estimación, normalmente en cuanto rasgos marcadores de una identidad de carácter social o geográfica. Sin duda, no a otra cosa alude esa *irreprimible vergüenza* que fuerza a Gregorio Salvador a usar sus rasgos meridionales cuando habla con personas de idéntica procedencia. Se trata, en el fondo, de un movimiento evasivo con el objeto de no caer en la sanción social que en el ámbito lingüístico meridional se dispensa a quienes se conducen con deslealtad lingüística hacia sus rasgos vernáculos, a los que irónicamente se tilda de *"hablar fisno,"* con una deliberada ultracorreción reveladora de las que suelen o pueden cometer quienes abandonan su habla materna.

La *Defensa del habla andaluza* o la búsqueda de una nueva *lengua ejemplar* para Andalucía

Al igual que, como hemos apuntado antes, sucede con los vernáculos de los llamados *dialectos históricos*, el fin del régimen del general Franco y el advenimiento de la transición democrática propició el desarrollo de movimientos de índole nacionalista de distinta virulencia en prácticamente todos los rincones del Estado Español. Se hizo, en todos los casos, hincapié en la exaltación o recuperación de cuantas "señas de identidad" pudieran avalar la constitución de comunidades autónomas separadas, entre las que las lingüísticas ocuparon lugar de preferencia, debido al hecho de que las comunidades que tiraban del carro, las llamadas "comunidades históricas" (Galicia, Cataluña y el País Vasco) contaban con una lengua propia. Había que ofrecer, pues, un sistema lingüístico lo más original y diferenciado posible del español común. En este contexto ideológico no tardaron en resucitarse las perspectivas y visiones del costumbrismo romántico dotándolas de un sesgo mucho más reivindicativo y en todas partes se abogó por el reconocimiento institucional de las formas dialectales autóctonas, cuando no de su constitución como normas lingüísticas de uso obligado en centros educativos y medios de comunicación social.

La manifestación más conocida de ese ambiente en Andalucía fue la publicación de la *Defensa del habla andaluza*, serie de artículos aparecidos en el extinto diario *Informaciones* en su edición andaluza, recogidos posteriormente en forma de libro, obra de José María Vaz de Soto (1981). Dicha manifestación se tradujo en la propuesta de establecimiento de una norma andaluza "culta" que pudiera usarse en todo tipo de situaciones, en competencia con el estándar castellano, de manera que los hablantes andaluces pudieran eliminar de manera definitiva ese "complejo de inferioridad lingüística" de que supuestamente harían gala al desterrar sus usos vernáculos de las situaciones formales. Tal norma se concreta en un decálogo que prescribe como propios del uso culto cinco rasgos lingüísticos andaluces, al tiempo que proscribe como decididamente vulgares otros cinco.

Los rasgos "prescritos" serían:

-la aspiración de las consonantes implosivas y, en particular, -*s* y –*z*, acompañada de la abertura y el alargamiento de las vocales trabadas por ellas;

-el *seseo* o reducción fonológica de la oposición *s/q* castellana, en beneficio de *s*, pero no con articulación ápicoalveolar, como en Castilla, sino coronal, esto es, dentalizada;

-la pronunciación relajada o *faríngea* (aspirada) de la consonante velar fricativa sorda castellana;

-el *yeísmo*, es decir, la pérdida de oposición fonológica entre la consonante palatal central fricativa sonora (grafía *y* con valor consonántico) y la palatal lateral (grafía *ll*), en beneficio de la primera, pero pronunciada sin el rehilamiento que, en ocasiones, la acompaña en Andalucía, como en Extremadura o el español de la zona del Río de la Plata;

-la pérdida de "ciertas" consonantes finales, como la –*d* de *Madrid,* por ejemplo y, en general, "la suave degradación o relajación" de todas ellas.

Los rasgos decididamente proscritos como vulgares y, por consiguiente indignos de formar parte del andaluz culto, serían:

-el mantenimiento de aspiradas procedentes de la antigua F- inicial latina, rasgo que Vaz de Soto tilda de arcaizante y propio, aunque no exclusivo, del andaluz "rural";

-el "trueque" (en realidad neutralización fonológica) de –*l* y -*r* implosivas, considerado como un vulgarismo fácil de evitar por cualquiera;

-la articulación aflojada (fricativa) de la palatal africada sorda (grafía *ch*), fenómeno que Vaz de Soto considera "más pujante que remitente", aunque poco aceptado por las capas cultas andaluzas;

-la caída o desaparición en muchos casos de –*d*- intervocálica, en formas como *deo* por *dedo*, *crúo* por *crudo*, *marío* por *marido*, etc. Entiende, sin embargo, que se trata de una cuestión de registro idiomático, aunque considera que dicha *d* ha de conservarse, más o menos relajada, como en castellano;

-la pérdida de las consonantes finales –*l*, -*r*, y –*n*, aunque, para esta última se admite un cierto grado de relajación y su pronunciación velarizada.

Al margen de su escaso valor descriptivo y sociolingüístico, la propuesta de Vaz de Soto, y otras muchas análogas que suelen tomarla como punto de partida, es ilustrativa de, al menos, dos cuestiones interesantes relacionadas con nuestro propósito: porque nos indica la existencia de una serie de rasgos lingüísticos existentes en Andalucía, aunque bien es verdad que no exclusivos de ella, que presentan un nivel de prestigio suficiente para incluso optar a una suerte de reconocimiento "oficial", es decir, susceptibles de pasar de gozar sólo de prestigio "encubierto" a hacerlo también de prestigio patente o manifiesto; y porque permite matizar las aseveraciones de Gregorio Salvador y Alvar acerca de la ausencia de estratificación sociolingüística en Andalucía. Por el contrario, la presencia en el "decálogo" de cinco rasgos proscritos nos habla bien a las claras de la existencia en el andaluz de fenómenos lingüísticos ausentes de las hablas de los niveles cultos e indicadores de pertenencia a las clases inferiores y, por ello, estigmatizados, o que, al menos presentan un nivel de prestigio (encubierto) inferior a otros. Se seguiría de ello la interesante conclusión de que el prestigio latente es también un continuo que ofrece una gradualidad diferente entre dos polaridades y que, por consiguiente, la escala estigma-prestigio es más compleja de lo que parece.

El prestigio del vernáculo en la sociolingüística andaluza

El prestigio y la altura social de algunos rasgos del vernáculo andaluz han sido observados por estudios más recientes y de metodología sociolingüística más ortodoxa. Tales estudios han proporcionado además los primeros datos cuantitativos sobre el asunto. Tal es el caso, por ejemplo, del trabajo de Pedro Carbonero (1982) sobre el habla de la ciudad de Sevilla, en el que se arbitra un procedimiento para medir el grado de penetración de ciertos fenómenos lingüísticos en los sectores más cultos de la población, basado en tres índices: el de *aceptación*, que cuantifica el uso que los hablantes cultos hacen de un determinado rasgo lingüístico; el de *homogeneidad*, que mide el grado de uniformidad en las realizaciones; y el de *seguridad*, con el que se determina el nivel de vacilación lingüística de los hablantes.

Aplicados estos tres índices a un puñado de fenómenos meridionales, arrojaron los siguientes resultados:

-La aspiración de la-*s* implosiva ante consonante tiene un índice de aceptación del 95%; un índice de homogeneidad del 90% y un índice de seguridad del 90%. Quiere ello decir que la practican el 95% de los hablantes cultos, que el 90% de ellos presentan un realización uniforme y que también el 90% son perfectamente conscientes de ello.

-La pronunciación aspirada o la pérdida de la –*s* en posición final absoluta tiene un índice de aceptación del 90% , de homogeneidad del 81% y de seguridad del 90%. Se trata de porcentajes claramente inferiores a los del caso anterior. Es posible que en ellos haya influido el carácter morfemático que la –*s* final presenta en la mayoría de las ocasiones, carácter que, como sostiene Kisparski (1983) tiende a frenar su aspiración y posterior pérdida.

-El seseo alcanza una aceptación del 70%, una homogeneidad del 40% y una seguridad de 67%.

-La neutralización de –*r* y –*l* implosivas sólo se aceptaría en un 40%, tendría una homogeneidad del 45% y una seguridad del 75%.

Como se ve, el nivel de amplitud de los dos primeros fenómenos es mucho más elevado que el de los dos últimos. Sucede, además, que aquellos son "menos andaluces" que estos, en el sentido de que conocen un grado de extensión geográfica que excede con mucho los límites de Andalucía (Morillo-

Velarde, 1997). Por el contrario, el seseo, que es el fenómeno perceptivamente más caracterizador del andaluz, al menos desde la perspectiva de los castellanohablantes, tiene en la ciudad de Sevilla "sólo" el 70% de aceptación y un nivel de homogeneidad que no alcanza el 50%. Estos índices contrastan seriamente con lo que sucede en la norma culta de español de América, en la que el seseo alcanza porcentajes muy próximos al cien por cien de aceptación, homogeneidad y seguridad.

Por otra parte, es importante destacar que de los tres criterios que Carbonero emplea para medir el grado de penetración de las formas vernáculas en las hablas cultas sevillanas, el que menor incidencia presenta en tres de los cuatro rasgos considerados es el de la homogeneidad, con valores que oscilan entre el 90% de la aspiración de –s implosiva interior, y el 40% del seseo. Ello es demostrativo de la ausencia de nivelación con que, incluso en los niveles cultos, se presenta la realidad lingüística andaluza, en contra de la opinión de Gregorio Salvador que hemos mencionado antes.

Como la observación anterior no escapa a Pedro Carbonero, sostiene que

La nivelación de la modalidad sevillana se encuentra sometida a una doble tensión: hay, por un lado, cierta dependencia de la norma castellana (debido a múltiples circunstancias sociales externas que influyen en la conciencia lingüística del hablante) pero por otro lado, se da una fuerte impregnación de los tradicionales rasgos sevillanos en personas de cualquier nivel social. (1981, 79)

Interpretación, sin duda, inteligente, a la que, no obstante, conviene hacer dos observaciones:
a) Carbonero parece oponer lo externo castellano a lo tradicional e interno andaluz. Pero esta consideración puede tener su origen último en el prejuicio de entender lo castellano como "impuesto" sobre un vernáculo andaluz al que iría confinando a los niveles más populares o a los usos menos formales. Ello implica presuponer una generalización histórica de los rasgos vernáculos andaluces, que nadie ha podido demostrar todavía.
b) En consecuencia, la "alta impregnación de los rasgos tradicionales" del habla de Sevilla en personas de cualquier nivel social no se ve amparada por una conciencia lingüística de su independencia, ni incluso como modalidad, no ya como dialecto, con respecto a la norma castellana, que sigue siendo considerada como "ideal lingüístico" en Andalucía.

La idea expresada en el apartado anterior encuentra conformación en las palabras con que se concluye el *Perfil sociolingüístico del sevillano culto*, obra de Vidal Lamíquiz y Pedro Carbonero, que afirman textualmente: "A través de nuestro análisis se ha observado que, en términos generales, el sevillano se debate entre una conciencia valorativa de su modo de hablar y un cierto ideal de lengua representado por la norma estándar castellana" (Lamíquiz y Carbonero 1987, 106)

Parece lógico pensar que a esta situación se habría llegado en el español meridional de manera semejante a como se puede llegar a ella desde cualquiera de los dialectos históricos de español: por la sustitución paulatina de las formas autóctonas de prestigio (que, sin duda, existieron para el astur-leonés y el aragonés en épocas pretéritas, como lo prueba su afluencia a la documentación medieval hasta fines de la edad media, e incluso después) por las castellanas, como consecuencia del influjo de la educación, el prestigio de quienes, procediendo de Castilla ocupaban cargos de relevancia en la administración regional o local, el clero o, más modernamente, los medios de comunicación social.

Sin embargo, en mi opinión, tal proceso de sustitución no ha tenido nunca lugar en el español meridional, a diferencia de los que sucede en los territorios históricos y al igual que en el español de América. En ambos casos, el ideal lingüístico ha sido siempre el mismo: el español estándar de cada momento histórico. Lo que sí ha aumentado es la "conciencia valorativa" del vernáculo a consecuencia, en América, de la independencia colonial, y en el español meridional de los movimientos nacionalistas del romanticismo y de principios del pasado siglo.

Es posible aducir algunos hechos en apoyo de esta observación:
a) Los testimonios que revelan la existencia de una diferenciación lingüística de Andalucía con respecto al castellano se encuentran desde el siglo XV, como mínimo. Sin embargo, como señala

Bustos (1997), hasta bien entrado el XVI todos ellos proceden de fuera de Andalucía, señal de que los andaluces carecían de conciencia de hablar algo diferente del castellano.

b) En el mapa del *Atlas Lingüístico y Etnográfico de Andalucía* (Alvar, Llorente, Salvador, 1961-73), en el que se interroga a los hablantes por el "nombre del habla local, según los informantes," casi un 40% se inclinan por denominaciones generales, del tipo "castellano" o "español," a las que -eso sí- suelen añadir caracterizaciones peyorativas: "basto," "fulero," "mal hablado," etc., mientras que son minoritarias las referencias a una modalidad lingüística regional. En Canarias, por su parte (Alvar, 1975), no aparece ninguna mención a una modalidad común. Solamente en Agüimes, en la isla de Gran Canaria se responde "español canario," que no sabemos si se refiere a la totalidad del archipiélago o sólo a la isla de Gran Canaria. Merece, asimismo, destacarse el agudo sentido lingüístico del informante de El Paso, en la isla de La Palma, que contesta: "Español. El castellano no lo sabemos hablar," respuesta en la que no hay que ver una alusión geográfica, sino, más probablemente, sociolingüística. Lo que no se sabe hablar no es el "dialecto" geográfico de Castilla, sino el español normativo, pero sin establecer una conciencia de diversidad regional.

d) En el ámbito urbano son significativos los resultados de una encuesta de Miguel Ropero, de la que se hace eco Pedro Carbonero (1981) en la que se pregunta a una muestra de la población sevillana culta por "la modalidad lingüística que habla" el informante. Afirma Carbonero que la respuesta más frecuente fue **andaluz**, con un 39% de respuestas; el 22.7% contestaron **castellano**; el 22.2% **español** y un residual 1.6% respondió **sevillano**. De estos datos extrae Carbonero la consecuencia de la existencia "de una fuerte conciencia regional, más que local, pero que coexiste con la idea de la unidad del español o castellano, **términos que fueron usados como sinónimos**." Sucede entonces que las repuestas **castellano** y **español** deberían sumarse, arrojando en ese caso un 49.4% del total, que se convierte, con mucho, en la respuesta más abundante, por delante de **andaluz**, e indica, por tanto, que la conciencia de unidad lingüística se superpone a la de la diversidad.

Final

Estamos, pues, ante una situación, a primera vista, paradójica: por un lado, los fenómenos vernáculos andaluces alcanzan una altura social y de uso elevada a consecuencia de su "prestigio encubierto"; por otra, la conciencia lingüística de los andaluces sigue manteniendo el estándar, no sólo como ideal de lengua (es decir, dotado de prestigio patente o manifesto), sino como el referente último de su identidad idiomática, por encima incluso del *andaluz*, entendido como denominación genérica de las peculiaridades expresivas de Andalucía.

Esta aparente paradoja se resuelve, sin embargo, a la luz del proceso histórico que condujo a la formación de las modalidades lingüísticas secundarias del español: éstas, en efecto, son consecuencia de la activación de fermentos de inestabilidad lingüística latentes en el propio castellano y diferenciadas, sobre todo, con respecto al proceso evolutivo seguido por éste en el tránsito entre el español medieval y el clásico y el moderno (Morillo-Velarde 2002 y Bustos Tovar, 2002). Estos procesos se vieron, además avivados por los trasiegos de población subsiguientes a la conquista de la Andalucía occidental primero, de la oriental después; y al descubrimiento y colonización de América, por último. Pero ese apartamiento –que, a veces, es sólo quietismo frente a la nueva revolución castellana- se produce de manera insensible y sin que los hablantes andaluces se den cuenta cabal de que están hablando algo diferente a lo que de *allende el puerto*, como se decía en la Edad Media, y con todas las aportaciones externas que se quiera, habían traído sus ancestros de las dos Castillas.

Es precisamente esa conciencia castellanista, todavía hoy superviviente, sumada al alejamiento y la marginalidad territorial de Andalucía en relación con Castilla la Vieja, núcleo irradiador de la koiné castellana moderna a partir del siglo XVII, la que impedirá que los andaluces la cobren de las amarras lingüísticas que, unas veces por innovación –las menos- y otras por arcaísmo, se iban rompiendo con respecto al nuevo estándar español. De ahí la altura social de los fenómenos meridionales; de ahí que la observación del grado de diferencia entre los distintos estándares históricos y los vernáculos andaluces haya sido puesto de manifiesto antes desde fuera que desde dentro de Andalucía; de ahí que escritores, como Francisco de Herrera, reclamen el derecho a la dignidad y legitimidad de normas lingüísticas ajenas a las cortesanas, en respuesta a las acusaciones de falta de legitimidad idiomática contenidas en las críticas a sus *Anotaciones* a la obra de Garcilaso, realizadas por Jesús Fernández de Velasco, Conde de Haro y Condestable de Castilla, bajo el seudónimo de *Prete Jacopín*; y de ahí, en fin, el rechazo sistemático que todavía en la Andalucía de hoy se da hacia la consideración del andaluz como dialecto del castellano, no ya en los ámbitos científicos, sino en el general común sentir, en la medida en que se entiende que la denominación *dialecto* implica un grado de subordinación y de separación de estructuras lingüísticas que cuesta trabajo admitir.

OBRAS CITADAS

Alvar, Manuel.1974 [1990]). "Sevilla, macrocosmos lingüístico. Fonética y fonología según el *Atlas Lingüístico de Andalucía.*" Manuel Alvar (ed.). *Norma lingüística sevillana y español de América.* Madrid: Cultura Hispánica: 19-44.

Alvar, Manuel. 1975. *Atlas Lingüístico y Etnográfico de las Islas Canarias.* Las Palmas: Cabildo Insular de Las Palmas.

Alvar Manuel; Llorente, Antonio; Salvador, Gregorio.1992[1961-1972]. *Atlas Lingüístico y Etnográfico de Andalucía.* 3 vols. Sevilla: Junta de Andalucía.

Bustos Tovar, José Jesús. 1997. "Sobre el origen y expansión del andaluz." A. Narbona, y M. Ropero, (eds*.), El habla andaluza (Actas del Congreso del Habla Andaluza. Sevilla, 4-7 marzo de 1997*) Sevilla: Seminario Permanente del Habla Andaluza: 69-102.

Bustos Tovar, José Jesús. 2002. "Sobre la diversidad del andaluz." Antonio Martínea González (ed.). *Las hablas andaluzas ante el siglo XXI.* Almería: Instituto de Estudios Almeriense: 71-89

Carbonero, Pedro. 1982. *El habla de Sevilla.* Sevilla: Ayuntamiento de Sevilla. Servicio de Publicaciones.

Castro, Américo.,1924. "El habla andaluza." *Lengua, enseñanza y literatura* Madrid. Espasa.

Coseriu, Eugenio, 1973.*Teoría del lenguaje y lingüística general: cinco estudios.* Madrid: Gredos.

Kiparski, Paul. 1983. "La explicación en fonología." S.Peters (ed.). *Los objetivos de la teoría lingüística.* Madrid: Gredos. 279-336.

Konvalinka, Nancy Anne. 1985 "La situación sociolingüística de Asturias." *Lletres Asturiane* 16: 29-66.

Labov, William. 1972. The social stratification of (r) in New York City department stores. Ch.2 in W. Labov (ed.), *Sociolinguistic Patterns.* Nueva York

Lamíquiz,Vidal y Carbonero, Pedro. 1987. Sevilla: Cuadernos del Instituto de Desarrollo Regional.

Martín Zorraquino, Mª Antonia,y Enguita Utrilla, José Mª .2000. *Las lenguas de Aragón.* Zaragoza: Caja de Ahorros de la Inmaculada de Aragón.

Menéndez Pidal, Ramón. 1962. "Sevilla frente a Madrid. Algunas precisiones sobre el español atlántico." Diego Catalán Menéndez-Pidal (ed.). *Estructuralismo e historia. Homenaje ofrecido a André Martinet.*La Laguna: Servicio de Publicaciones.3:99-165.

Morillo-Velarde Pérez, Ramón.1997. "La aspirada implosiva interior en el español meridional." *Demófilo. Revista de cultura tradicional de Andalucía.* 22: 89-109

Morillo-Velarde Pérez, Ramón. 2002. "El andaluz culto como discurso alfabetizado." Antonio Martínea González (ed.). *Las hablas andaluzas ante el siglo XXI.* Almería: Instituto de Estudios Almeriense:141-157.

Narbona, Antonio; Cano, Rafael; Morillo-Velarde, Ramón. 2003. *El español hablado en Andalucía.* Sevilla: Fundación José Manuel Lara.

Neira Martínez, Jesús.1982a "El hablante ante la lengua y sus variedades" en *Bables y castellano en Asturias* . Madrid: Silverio Cañada editor: 15-42.

Neira Martínez, Jesús. 1982b "La situación lingüística de Asturias." *Revista de Occidente,* extraordinario II, núms. 10-11: 111-126

Salvador Caja, Gregorio.1963. "La fonética andaluza y su propagación social y geográfica." *Presente y futuro de la lengua española.* Madrid: Instituto de Cultura Hispánica. 1:183-185.

Tuten, Donald. 2003.*Koineization in Medieval Spanish* Amsterdam: John Benjamin

Trudgill, Peter. 1983. Sex and covert prestige: Linguistic change in the urban dialect of Norwich. In P. Trudgill (ed.), *On Dialect: Social and Geographical Perspectives.*

EL CONTACTO DE CASTELLANO Y ASTURIANO EN ASTURIAS

Xulio Viejo Fernández
Universidad de Oviedo
(España)

Cuando en 1230 se unificaron los reinos de Castilla y León, quedaron incluídas bajo una misma entidad política las comunidades hablantes de una serie de modalidades románicas (gallego-portugués, asturiano-leonés y castellano) que hasta entonces habían seguido una evolución diferenciada. De las tres, el castellano alcanzará una rápida primacía sobre las demás, al ser asumida como lengua administrativa por la nueva monarquía e iniciar su esplendor literario bajo el reinado de Alfonso X el Sabio en el mismo siglo XIII. El gallego-portugués, por su parte, no sólo será amparado por la administración del vecino reino de Portugal o por la poderosa iglesia compostelana, sino que también conocerá en la corte castellana un gran prestigio como lengua poética.

En cambio, la lengua asturiano-leonesa, desposeída del amparo político que pudiera ofrecerle el antiguo reino independiente, quedará arrinconada en un territorio periférico cuyos centros neurálgicos (León, Oviedo o Astorga) languidecen ante el definitivo desplazamiento hacia el sur peninsular del escenario político, económico y cultural del momento. Por eso, este romance se verá expuesto a una mayor inestabilidad e incertidumbre, agravada por la progresiva penetración del castellano en su propio territorio histórico, debido a su asimilación por parte de las élites y la administración locales.

Supuestamente, en esta situación se habrían sentado las bases para una efectiva *dialectalización* del asturiano-leonés por parte del castellano: el primero habría perdido la capacidad de fijar una referencia normativa propia capaz de cohesionar el *continuum* de variedades orales autóctonas y esta función habría podido asumirla la lengua oficial castellana, constituida en la única variedad lingüística socialmente prestigiosa. De este modo, lo que era en origen un núcleo romance independiente se habría ido diluyendo en un conjunto de hablas heterónomas subsumidas en el diasistema castellano.

Esta es, de hecho, una visión relativamente común en el ámbito de la filología hispánica. Sin embargo, la efectiva pervivencia hasta hoy de unas estructuras lingüísticas autóctonas netamente diferenciadas de las castellanas (particularmente en Asturias, a la que me referiré exclusivamente en lo sucesivo), plantea por sí misma las suficientes objeciones a este enfoque como para que ni siquiera la moderna lingüística española haya llegado a un acuerdo sólido sobre el verdadero *status* del asturiano, más allá de algunas ideas recibidas, ciertas percepciones intuitivas o, incluso, determinados planteamientos ideológicos.

Para abordar la cuestión es esencial prescindir de todo tipo de apriorismos y centrarla en el ámbito general de los fenómenos de contacto entre lenguas, contemplados en el marco de la actual teoría sociolingüística y, lógicamente, con atención al mayor número de datos, tanto relativos a la historia y la realidad social de la lengua como a los mismos hechos idiomáticos.

Naturalmente, la brevedad de este ensayo obliga a asumir algunos supuestos. Aun así, un enfoque histórico debidamente matizado puede ser clarificador. Según la visión más tradicional de la filología hispánica, la primacía alcanzada por el castellano en el siglo XIII habría determinado de manera más o menos inmediata el desplazamiento y postración del asturiano, sin más vida que la propia del registro oral-coloquial. Sin embargo, la secuencia histórica es algo más compleja. Para empezar, la irrupción del romance como lengua administrativa en sustitución del latín afecta tanto al castellano como al resto de variedades del reino castellano-leonés, que es precisamente a partir de esta época cuando generalizan sus usos escritos en sus específicos ámbitos geográficos. En lo que respecta al asturiano, desde mediados del XIII, empieza a ofrecer importantes muestras textuales, singularmente (por su relevancia a efectos administrativos y jurídicos) la traducción del *Fuero Juzgo*, pero también millares de documentos notariales a través de los cuales se observa una acusada tendencia a la elaboración normativa de la lengua autóctona. Efectivamente, más allá de manifestar las estructuras específicas del asturiano-leonés, en estos documentos se advierte un proceso de selección estilística entre variantes de habla y también la elección de determinadas modalidades locales en referentes normativos para todo el *continuum* lectal (Lapesa 1979; Morala 1993; García Arias 1995) de manera que cabe hablar en esta época, como hace Lapesa, de un asturiano-leonés general bien consolidado.

Lo más relevante es que la lengua notarial asturiana es, en estos primeros momentos, muy refractaria a las influencias castellanas, siendo los rasgos de inequívoca filiación centro-peninsular excepcionales en los textos. Lapesa observa cómo en las copias que hacen las notarías asturianas de las cartas reales castellanas los escribanos manifiestan una fuerte prevención hacia las variantes más acusadamente diferenciales de la lengua de la corte, que frecuentemente asturianizan. Esto informa de una sólida conciencia lingüística contrapuesta a las pautas normativizadoras de la corte y cuestiona la idea de una rápida convergencia entre ambas modalidades.

Sin embargo, desde mediados del siglo XIV se percibe un cambio en las tendencias lingüísticas locales y las variantes castellanas empiezan a mostrar mayor vigor en los documentos escritos, aunque sin eliminar el componente asturiano hasta, al menos, siglo y medio después. La clave histórica para este fenómeno parece estar en la cada vez mayor implicación de ciertas élites asturianas en la vida cortesana castellana en el marco de un progresivo reforzamiento del poder central del reino (García Arias 1992). Ello trae consigo la castellanización de la aristocracia, el alto clero, el funcionariado y las notarías, con evidentes repercusiones lingüísticas para el conjunto de la comunidad.

Este es el momento decisivo del contacto de castellano y asturiano, a partir del cual sí cabe hablar de un retroceso real de éste último, que va perdiendo, ante la correlativa expansión del castellano en su propio territorio, la modalidad escrita y los registros más prestigiosos. La lengua autóctona, arrinconada en el uso coloquial, apenas deja en esta época más manifestaciones que algunos textos híbridos (García Arias 1991).

Ahora bien, la sociolingüística moderna asume para las situaciones de contacto diglósico la posibilidad de una doble dinámica: por un lado, la absorción progresiva por parte del sistema predominante de la lengua más débil, mediante la previa dialectalización de ésta. Pero, por otro, el contacto con una lengua alógena es también una situación propicia para el reforzamiento de la autoconciencia de los hablantes de la lengua originaria, paso previo, en su caso, para una reelaboración normativa tendente a una mayor diferenciación. Este doble fenómeno parece haber tenido lugar en la Asturias de los siglos XV-XVII, cuando se detecta el surgimiento de una clara conciencia de hablar una lengua distinta de la castellana y discretamente diferenciada de ésta, pese a su evidente presencia y dominio social (Viejo Fernández 2003:254-260).

Este doble fenómeno ha tenido profundas consecuencias en los usos y discursos lingüísticos mantenidos desde entonces y hasta hoy en Asturias. Por ejemplo, en la valoración que se hace de esa diferencia lingüística. Desde una perspectiva castellanista, en la época considerada, el asturiano (como el gallego o el vasco) ya era visto como una especie de estigma pintoresco que caracterizaba a una población mayoritariamente rural, empobrecida y atrasada de la periferia norte de España (Pensado 1999). De ello dan cuenta peculiares manifestaciones literarias como las piezas teatrales en *sayagués* de autores como Lucas Fernández o Juan del Enzina (Penny 1991) o, desde el XVII, los llamados *villancicos de asturianos* (Busto 1997).

Pero desde una perspectiva asturiana las cosas eran muy diferentes y, en todo caso, complejas. Por ejemplo, un entremés cómico en asturiano de hacia 1640 (*El Alcalde*, del clérigo Antón de Marirreguera) lo que ridiculiza es el uso del castellano en que se expresa un aristócrata en un entorno social asturiano-hablante, y ello en el marco de un discurso ideológico orientado a denunciar los abusos y costumbres de la alta aristocracia. Algo similar lo hallamos en la obra de otro culto clérigo coetáneo, Luis Alfonso de Carvallo, que, además, elabora todo un discurso sobre la *lengua asturiana* o *asturiano* (éstos son los términos que emplea) que, en lo filológico, sitúa como la más antigua y *pura* lengua de España (pues, por razones históricas, carecía de influencias árabes) y, en lo ideológico, como exponente de la hidalguía y antigua cristiandad de los asturianos (Viejo 2002).

Así pues, del contacto con el castellano no sólo resulta una incipiente tendencia a la dialectalización de la lengua autóctona, sino, paradójicamente, también todo un proceso de concienciación lingüística (de hablar una lengua diferente a la castellana), de ponderación socio-ideológica de su empleo (como marca caracterizadora de los sectores depositarios de legitimidad histórica y democrática) y de elaboración literaria, de manera que en este mismo siglo XVII vuelven a registrarse textos en asturiano, ahora de naturaleza poética, inaugurando una tradición continuada a lo largo de los cuatro siglos siguientes. La observación es importante pues implica la constitución de un cierto modelo de referencia lingüística capaz de condicionar en alguna medida los propios usos orales en el conjunto del territorio, más incluso que el propio castellano normativo, cuyo empleo coloquial es ocasionalmente rechazado como pretencioso y afectado, según registran con nitidez algunas obras dialectológicas aún a mediados del siglo XX (Catalán & Galmés 1946, Catalán 1956: 90, Rodríguez Castellano 1954: 31, Viejo 2003: 49-64).

Este hecho, que no siempre ha sido debidamente considerado, es esencial para entender los verdaderos parámetros sociolingüísticos en los que tiene lugar el contacto de castellano y asturiano. Independientemente de las distintas percepciones ideológicas que pudieran tenerse del hecho lingüístico, del *status* sociopolítico objetivo de una y otra lengua o de la dinámica expansiva o regresiva de cada una de ellas, lo cierto es que la situación de convivencia entre ambas debe verse, no tanto como un caso de *endodiglosia* o diglosia interna, como de *exodiglosia*. Es decir: castellano y asturiano, en general, no han sido percibidos por la comunidad de hablantes como dos variedades o registros pertenecientes a un mismo sistema; al contrario: históricamente han sido vistos espontáneamente como dos sistemas lingüísticos discretamente diferenciados y dotados de su propia variación interna.

Sin duda, la coexistencia, en condiciones desiguales, ha determinado a la larga una innegable expansión del castellano y una dinámica de convergencia entre ambas lenguas que ha ido desdibujando en los usos actuales buena parte de los rasgos autóctonos, hasta poner en serio peligro la pervivencia del asturiano como entidad diferenciada. Pero, en todo caso, los patrones sociales e ideológicos que rigen la interacción de castellano y asturiano no pueden reducirse a una simple relación de dependencia jerárquica entre ambos sobre la base de la posesión o no de *prestigio* por parte de uno u otro, aun cuando esto tampoco pueda ser ignorado. Como se ha visto, el mismo concepto de prestigio es relativo a los distintos códigos de valores que pueden regir en distintos sectores y situaciones sociales y, si es cierto que en la esfera institucional o en los usos más formales ha privilegiado manifiestamente al castellano y su expansión, también a otros niveles y en otras claves ha servido hasta ahora al asturiano de muro de contención ante el inexorable avance de la lengua oficial.

Estos son, pues, los parámetros (digamos, institucional y comunitario) que rigen el uso lingüístico en Asturias en los últimos seis siglos. De la combinación de ambos resultará la forma de interacción de ambas lenguas y la caracterización de los distintos tipos contactuales en cada momento y contexto.

El parámetro institucional, desde las fechas consideradas, impone implícita o explícitamente el empleo del castellano como requisito y signo de ascenso social. Esta ideología lingüística es originariamente definitoria, como se ha visto, de la alta aristocracia y, desde mediados del siglo XIX, de la nueva burguesía emergente de la Revolución Industrial. En el último siglo, con la intensificación de la escolarización y los medios de masas, ha sido capaz de penetrar y condicionar muy notablemente los usos lingüísticos de las clases medias urbanas y, sólo más tardía y superficialmente, los de las capas populares ciudadanas y rurales, fenómeno actualmente en curso.

En la medida en la que el castellano se extiende hacia abajo en la escala social, determina la modificación del segundo parámetro considerado, de manera que frente a una situación imaginable para los últimos siglos medievales, con predominio casi absoluto del asturiano en el registro coloquial del conjunto de la comunidad, la realidad actual es la de una fuerte regresión de la lengua autóctona, particularmente acusada en las áreas urbanas y, sobre todo, entre las generaciones más jóvenes. Por ello, su capacidad de contrarrestar las soluciones castellanizantes en el uso medio espontáneo es cada vez menor.

El primer estudio científico solvente, la encuesta de Llera Ramo de 1991 (Llera Ramo 1994) situó el punto de inflexión en los años cincuenta del siglo XX, con una notable aceleración de la sustitución lingüística de asturiano por castellano a resultas de los propios cambios sociales de la época. Así, en la fecha de la encuesta, ya sólo aproximadamente un tercio de la población (entre 300.000 y 400.000 personas) sería hablante de asturiano, con desiguales niveles de destreza. La actualización de este estudio una década larga después (Llera Ramo 2003) detecta un significativo descenso entre los encuestados que reconocen el asturiano como su primera lengua.

En todo caso, la interacción de castellano y asturiano se traduce en la configuración de unos tipos lingüísticos híbridos que presentan, en proporciones variables, elementos originarios de uno y otro sistema, de acuerdo con el peso relativo de uno y otro en cada contexto social o situacional considerado. El estudio del espectro de variedades de habla híbrida que media entre las modalidades normativas de ambas lenguas es, como puede suponerse, complejo. Conceptualmente, puede, sin embargo, proponerse la consideración de dos tipos mixtos fundamentales: el *castellano de Asturias*, por un lado, y el *amestáu, mecíu* (téminos populares) o *asturiano urbano*, por otro (D'Andrés, 2002).

El límite entre uno y otro tipo es difuso en lo que se refiere a usos idiomáticos reales dentro de una escala cuantitativa (más o menos castellano, más o menos asturiano) pero relativamente nítido en cuanto a la conciencia del hablante que informa dichos usos. Así, el *castellano de Asturias* será el registro coloquial del hablante consciente de castellano, con una destreza relativa en el manejo del standard y condicionada por el sustrato mínimo asturiano asumido espontáneamente por la comunidad. Por contra, el *amestáu* o *mecíu* es la variedad coloquial usada por un hablante consciente de asturiano, que, receptivo asimismo de los prejuicios que pesan sobre uso, es sensible en alguna medida a la presión institucional del castellano, de ahí que llegue a suprimir en su discurso algunos rasgos autóctonos fuertemente diferenciales, aunque los conozca e incluso los maneje en el uso más privado.

En otro sentido, *castellano de Asturias* y *amestáu* pueden contemplarse como fases sucesivas del proceso de desplazamiento lingüístico observable en la actualidad. Por ejemplo, una encuesta realizada entre estudiantes de secundaria de Gijón (primera ciudad de Asturias en población) detectaba que el *amestáu* era reconocido como la variedad predominante en el ámbito familiar, aunque los mismos jóvenes reconocían hablar espontáneamente más un *castellano asturianizado* que un *asturiano castellanizado* (Dyzman 2000).

El estudio de las modalidades contactuales de castellano y asturiano es relativamente reciente y más bien limitado, lo que contribuye a la dificultad intrínseca de delimitación entre una y otra variedad en términos estrictamente idiomáticos. El análisis más ponderado y sistemático es el ya citado trabajo de Ramón d'Andrés, cuyas conclusiones resumo, aportando algún matiz propio. Cito otros trabajos de interés en la bibliografía. Por mi parte, me limitaré a una somera exposición de rasgos contactuales asturiano-castellanos ordenados discreccionalmente según su mayor o menor probabilidad de ocurrencia en las modalidades más castellanizadas. Obviaré tanto determinados hechos meramente fonéticos (acento, entonación o articulación singular de algunos fonemas comunes) como la eventual presencia de léxico asturiano en el discurso coloquial *(prestar* por *gustar, salvar* por *tener suerte, fame* por *hambre, neñu* o *guaje* por *niño, etc...).*

Ciertos rasgos característicos y frecuentes del castellano de Asturias son comunes a otras áreas hispánicas más o menos amplias. Es el caso de la ausencia de [-d] final en abstractos (*verdá, libertá, virtú* frente a *verdad, libertad, virtud*) o intervocálica en participios (*molestao, enamoraos* frente a *molestado, enamorados*). Lo mismo vale para el uso abundante de la preposición *pa* (*para*). En otros casos, lo llamativo es la ausencia general de fenómenos expansivos en el resto del castellano peninsular, como el leísmo o el laísmo. Lo mismo podría decirse de la ausencia de reflexivos expletivos de complemento indirecto (*pasas por la tienda* frente a *te pasas por la tienda*).

Otras veces, las influencias específicas y explícitas del asturiano son más evidentes. Ello afectaría a rasgos como, por ejemplo, el predominio de formas verbales simples frente a las compuestas correlativas del tipo *haber + participio* (singularmente, con neutralización de la oposición *canté/ he cantado* a favor de *canté*). De igual modo, es común el uso de la perífrasis análoga con *tener*, de valor esencialmente iterativo (*tengo ido a Madrid*).

Es frecuente la pérdida de [-r] del infinitivo ante clítico o artículo: *tengo que decite eso (por decirte), quiero rompé'l tratu (quiero romper el trato)*. Lo es también la ausencia de [-e] en terceras personas del singular del presente de indicativo en temas en [-r, -n, -l, -Θ]: *quier cantar, tien amigos, sal de casa, conoz la ciudá (por quiere cantar, tiene amigos, sale de casa, conoce la ciudad)*, así como las formas de imperativo plural en [-ái, -éi, -íi], alternando, en su caso, con el infinitivo correspondiente (*cantái, bebéi, veníi/cantar, beber, venir,* frente al castellano standard *cantad, bebed, venid*).

En cuanto a la morfonología nominal, es común [-u] final en sustantivos, adjetivos y clíticos de complemento directo como expresión morfológica de masculino singular (*el gatu negru,* frente a *el gato negro*). A su vez, los adjetivos en [-o] son privativos en las concordancias con sustantivos incontables o discontinuos, con independencia del género de éstos (de ahí *la ropa seco, la leche bebílo* por *la ropa seca, la leche la bebí*). Por su parte, los plurales femeninos (y ciertas formas verbales) pueden llegar a asumir el formante asturiano [-es] (o [-en]): *teníes dos camises (por tenías dos camisas), cantaben mal (por cantaban mal)*.

Es común en las modalidades mixtas de Asturias la presencia de los posesivos autóctonos del tipo *esti, esi (esti coche, esi perru* frente a castellano *este coche, ese perro)*. En cuanto a los posesivos, las formas castellanas *mi, tu, su* son expansivas frente a las asturianas *mio, to, so*, que, sin embargo, imponen en las variedaes híbridas su principal característica sintáctica: la anteposición del artículo, de ahí usos muy comunes como *el mi coche, la tu hermana, la su libreta*, etc...

El comportamiento de los clíticos en este tipo de variedades contactuales suele atenerse a las peculiares pautas del asturiano en lo que se refiere a su postposición sistemática al verbo: *prestóme, hízote gracia, quitáronnos el libru (castellano me gustó, te hizo gracia, nos quitaron el libro)*. Igualmente, es frecuente el recurso a las formas autóctonas de segunda persona de plural (*vos por os: no vos devolvieron el libru*) así como las de complemento complemento indirecto *–y, -yos (por le, les): quité-y el libru, quitó-yos el libru (castellano le quité el libro, les quitó el libro)*.

Otros rasgos muy característicos de las modalidades contactuales asturianas son el predominio de diminutivos en *–in* , con plural *–inos (perrín/perrinos* frente a *perrito* o *perrillo o,* en su caso, *perrines)*, así como determinas interjecciones apelativas como *ho* o *ne: calla, ho (cállate, hombre); dímelo, ne (dímelo, mujer)*

En general, en las variedades intermedias tiende a manifestarse cierto predominio del componente asturiano en lo que se refiere a las estructuras morfosintácticas frente a una mayor tendencia a la castellanización en el plano fonético-fonológico. El incremento de la presencia de rasgos fonológicos diferenciales del asturiano es, por eso, un indicio casi definitivo de un uso lingüístico más conscientemente autóctono, aunque puede alternar también con rasgos castellanizantes. En su caso, las realizaciones más diferenciales del asturiano encuentran un acomodo preferente en determinadas formas léxicas más o menos marcadas desde el punto de vista de la expresividad o por remitir a un ámbito semántico especialmente relacionado con el mundo tradicional.

Así, la pronunciación [•] característica del asturiano tiende a manifestarse, dentro de las modalidades híbridas en palabras como mexar, xelar, coxu, etc..., aunque en alternancia con las correlativas castellanas (en los ejemplos, mear, helar o cojo). Algo similar cabe observar de [ ] inicial de voces autóctonas como llobu, llocu o llamber en contraposición a las correlativas con [l] lobu, locu o lamber (castellano standard lobo, loco, lamer). Lo mismo cabe decir de la alternancia entre soluciones autóctonas con [f] inicial y las correlativas variantes castellanizantes sin ella:, etc... facer/hacer, figu/higu. Ocasionalmente, la castellanización fonética puede ocultar una forma léxica autóctona, caso del adverbio dafecho "totalmente, completamente," que en las variedades contactuales urbanas puede castellanizarse como de a hecho (ye tontu de a hecho, es tonto de a hecho). Quizá más relevante estadísticamente es la presencia de soluciones con [y] intervocálica correspondientes al castellano [¡], de donde trabayar, muyer, moyar, vieyu, aunque con receptividad a castellanismos trabajar, mujer, mojar, vieju, ...

Todo ello configura un tipo lingüístico peculiar que, aunque de naturaleza esencialmente coloquial y anormativo con relación a las dos lenguas en contacto, empieza a dejar algunas muestras en otros registros como el literario, en canciones populares, emisiones radiofónicas o televisivas e, incluso, en obras cinematográficas.

OBRAS CITADAS

Amado Rodríguez, Lucinda. *Transferencia llingüística nes parroquies de Trubia y Godos.* Oviedo: Principado de Asturias, 1993.

Alcorta, Pilar Rose. "Estudiu sociollingüísticu en Candás. Resultaos d'una encuesta." *Lletres Asturianes* 75 (2000): 7-26.

Busto Cortina, Xuan Carlos.*Villancicos asturianos de los sieglos XVII y XVIII.* Oviedo: Trabe, 1997.

Catalán, Diego. "El asturiano occidental," *Romance Philology* 10 (1956): 73-92.

Catalán, Diego & Galmés, Álvaro. "Un límite lingüístico," *Revista de dialectología y tradiciones populares* 2 (1946): 169-239.

D'Andrés, Ramón. *Encuesta sociollingüística nuna parroquia asturiana (Deva-Xixón).* Oviedo: Universidad de Oviedo, 1988.

_____. "L'asturianu mínimu urbanu. Delles hipótesis," *Lletres Asturianes* 81 (2002): 21-38.

Dyzmann, N. V. "Averamientu al estudiu del contautu de llingües (asturianu-castellán) nel Principáu d'Asturies." *Lletres Asturianes* 73 (2000): 93-105.

Fernández Alvarez, Francisco Javier. "Influjo del castellano en Llue (Colunga)." Lletres *Asturianes* 33 (1989): 35-52.

García Arias, Xosé Lluis. "Sustitución llingüística a lo cabero'l sieglu XV." *Lletres Asturianes* 42 (1991): 35-45.

_____ "Asturianisch: externe Sprachgeschichte/ Evolución lingüística externa." *Lexikon für Romanistische Linguistik 6/1.* Ed. Gunter Holtus & Michael Metzeltin. Tübingen: Max Niemeyer Verlag, 1992. 681-693.

_____ "Asturianische und leonesische Skriptae/ Las *scriptae* asturianas y leonesas." *Lexikon für Romanistische Linguistik 6/2.* Ed. Gunter Holtus & Michael Metzeltin. Tübingen: Max Niemeyer Verlag, 1995. 618-649

González Riaño, Xosé Antón. *Interferencia lingüística y escuela asturiana.* Oviedo: Academia de la Llingua Asturiana, 1994.

Konvalinka, Nancy A. "La situación sociolingüística de Asturias," *Lletres Asturianes* 1 (1985): 29-65.

Lapesa Melgar, Rafael. "Tendencias a la normalización del asturiano medieval." *Estudios y Trabayos del Seminariu de Llingua Asturiana 2.* Oviedo: Universidad de Oviedo, 1979. 25-46.

Llera Ramo, Francisco. *Los asturianos y la lengua asturiana. Estudio sociolingüístico para Asturias.1991.* Oviedo: Principado de Asturias, 1994.

_____, "Estudiu sociollingüísticu d'Asturies. Avance de datos." *Lletres Asturianes* 81-82 (2003): 1-36.

Lüdtke, Jens. "Las variedades contactuales y el asturiano," *Lletres Asturianes* 72 (1999): 23-44.

Martínez Álvarez, Josefina. *Bable y castellano en el concejo de Oviedo.* Oviedo: Universidad de Oviedo, 1967.

Morala, José Ramón. "El leonés medieval: lengua escrita y lengua hablada." *Actes du XX° Congrès International de Linguistique et Philologie Romanes, 2.* Zürich: Universidad de Zürich, 1993. 517-530.

Penny, Ralph. "The Stage Jargon of Juan del Encina and the Castilianization of the Leonese Dialect Area." *Golden Age Spanish Literature. Studies in Honour of John Varey by his Colleagues and Pupils.* London: Westfield College, 1991. 155-166.

Pensado, José Luis. "Evaluación del asturiano entre las lenguas hispánicas." *Estudios asturianos.* Oviedo: Academia de la Llingua Asturiana, 1999. 31-49.

Prieto, Concepción. *Investigación sociolllingüística na Plaza'l Sur de Xixón.* Oviedo: Principado de Asturias, 1989.

Rodríguez Castellano, Lorenzo. *Aspectos del bable occidental.* Oviedo: Instituto de   Estudios Asturianos, 1954.

Rodríguez Hevia Vicente & González Quevedo, Roberto. "Encuesta so la realidá   llingüística en L'Entregu y L'Agüeria," *Lletres Asturianes* 22 (1986). 23-26.

Sánchez Álvarez, Mercedes. "Consideraciones sobre el bable urbano. Notas para un   estudio sociolingüístico," *Estudios y Trabayos del Seminariu de Llingua   Asturiana 2.* Oviedo: Universidad de Oviedo, 1979. 259-268.

Viejo Fernández, Xulio "Sociollingüística y lliteratura asturiana nel sieglu XVII." *La   lliteratura asturiana nel cuartu centenariu d'Antón de Marirreguera.* Oviedo: Trabe, 2002. 27-58

_____. *La formación histórica de la Llingua Asturiana.* Oviedo: Trabe,   2003.

EL CATALÁN Y SUS VECINOS

Adolf Piquer Vidal
Universidad de Salamanca
(España)

Los contactos históricos.

Parece obvio que cuando alguien se presenta intente definir su identidad. El caso del catalán es especialmente interesante, sobre todo porque comparte características con las lenguas hispánicas al tiempo que lo hace con otras galorromances (Colón, 1976). Las peculiaridades de esta lengua hay que buscarlas en el latín vulgar de la Hispania Nororiental, en el que cabe señalar el contacto con las lenguas vasca e ibérica, que ejercieron una función de sustrato. De los elementos prerromanos quedan restos léxicos –"Aran," 'valle' en vasco, "esquerre" 'izquierdo,' "Andorra"—y se especula sobre determinadas influencias de tipo fonético. Tendrían que pasar algunos siglos, sin embargo, para establecer el territorio actual, conformado fundamentalmente a partir de la expansión y repoblación medieval.

Su ubicación en Europa, desde el Rosellón francés hasta Guardamar, en Alicante; desde el pequeño estado de Andorra en los Pirineos a Alguer, en la isla de Cerdeña; desde Aragón a Maón, en las Islas Baleares, muestra a las claras que las lenguas europeas no están estrictamente identificadas con los estados. El caso catalán es representativo: Francia, Andorra, España e Italia, son los estados de los que depende administrativamente esta lengua. El catalán se sitúa geográficamente en un lugar que permitió, a lo largo de los siglos de expansión, el contacto continuo con otras lenguas vecinas del ámbito señalado. Desde su nacimiento estuvo condicionada por este sino: la tradición literaria medieval lo llevó a confundirse con el occitano porque los trovadores catalanes practicaron la escritura en la lengua de Oc. También hay que señalar que durante la Edad Media compartió administración con el aragonés y en el XVII sufrió la primera gran división política, entre Francia y España por el Tratado de los Pirineos (1659), después de la *guerra dels segadors* (1640-1653). A ello hay que añadir que, dentro del actual departamento administrativo conocido como Cataluña, existe la variante gascona del aranés, que mantiene un estatus de cooficialidad con el catalán y el español.

Queremos decir, con esto, que ya en los albores de su consolidación, los contactos con otras lenguas permitieron un flujo de relaciones que, entre otras cosas, dan como resultado un enriquecimiento léxico que va desde los germanismos incorporados a raíz de la invasión visigótica hasta los arabismos, frecuentes tanto en ella como en el español. El primer caso se debe a las invasiones producidas por la desmembración del imperio romano, el segundo a las árabes y a la presencia de esta cultura durante algunos siglos en el territorio que después sería conquistado y repoblado por los catalanes. De ahí que, a parte de la gran mayoría de palabras de procedencia latina, el léxico catalán se enriqueciese con germanismos. Los arabismos son más numerosos, tienen una presencia importante en determinados campos: médico, agrícola, químico, entre otros (Nadal/ Prats, 1992) y se incorporan de una manera clara a la toponimia, principalmente en las regiones meridionales de habla catalana: Albuixech, Benicarló, Benicàssim, Alaquàs, Benimaclet, …

Después de la conquista cristiana, el reparto de tierras entre catalanes y aragoneses ponía las bases de la actual configuración territorial. El catalán, lengua de la dinastía de la Casa de Barcelona, se convertía en el modelo lingüístico que, desde entidades como la Cancillería Real, marcó las pautas del lenguaje administrativo y literario; era una especie de coiné que mantuvo la unidad en los modelos escritos hasta el siglo XV. Eso nos ayuda a entender lo que R. Muntaner dice en su *Crónica:*

de un lenguaje solamente, ninguna gente es tanta como los catalanes. Si queréis decir los castellanos, la derecha [lengua] de Castilla es poco dura, porque en Castilla hay muchas provincias, cada una habla su lenguaje, tan diferente entre sí como el catalán del aragonés...

Y así lo encontraréis en Francia, y en Inglaterra y en Alemania, y por toda Italia, y por toda la Romania.

No cabe duda que el esplendor literario de la lengua durante esta época ayuda a fijar el modelo de lengua culta, monolítica en su unidad desde la codificación escrita, como se ha encargado de recordarnos el profesor Joan Veny (2001). De ahí que, desde el nacimiento de la prosa literaria con Ramón Llull hasta la llamada época dorada de los escritores valencianos del XV –Ausiàs March, Joanot Martorell, Joan Roís de Corella, entre otros– el modelo lingüístico no ofrezca dudas.

Sin embargo, el carácter confederal de los reinos de la corona catalana-aragonesa, plasmado en la concesión de fueros diferentes para cada uno de los territorios, es el punto de arranque de cierta conciencia diferencial entre los antiguos reinos. La denominación "valenciana prosa", utilizada para marcar el estilo barroquizante y alambicado de escritores como Joan Roís de Corella, introdujo un elemento distintivo en la denominación de la lengua durante el XV. A finales de este siglo aparece la expresión "valenciana", ligada a la lengua. Más tardíos serían los términos "mallorquín", "ibicenco," etc.

Los hechos políticos y culturales incrementan el contacto entre español y catalán –no tan estrecho hasta entonces (Colón, 1989)—; la guerra de las Germanías a la muerte de Fernando el Católico y la instauración de una corte virreinal cambia el modelo de lengua de la corte en el Reino de Valencia. Por otra parte el castellano, convertido en modelo lingüístico de cultura para los catalanes del XVI, propició la aparición de escritores de origen catalán que ayudaron al engrandecimiento de las letras españolas, caso de Timoneda y Boscán. Esta decadencia literaria del catalán se agudizó con la expansión y hegemonía del español durante el siglo XVII. Entonces la penetración del español en los territorios de habla catalana se dio fundamentalmente, según mostraba Joan Fuster (1976) en el terreno religioso —predicación—y en el de la expansión social de la literatura española, básicamente fomentada por el prestigio de la poesía castellana del Siglo de Oro y por las representaciones teatrales cómicas del momento, auténtico fenómeno de masas en su tiempo.

Este siglo es el de las grandes crisis políticas y económicas de Cataluña. La revuelta popular contra las tropas castellanas que ocuparon el país con motivo de la Guerra de los Treinta Años (1640), propició un conato de independencia política del Principado de Cataluña que acabó con la firma del Tratado de los Pirineos (1659), según el cual España y Francia se dividían el territorio catalán en dos partes y fijaban la frontera política en la cordillera que separa estos dos estados europeos. A raíz de ello comenzó un proceso de sustitución lingüística en el catalán de Francia que se prolonga hasta nuestros días. La oficialidad del francés como lengua única del estado ha hecho que durante los tres siglos siguientes el catalán retroceda en su uso y se reduzca en el número de hablantes.

La decadencia literaria se vio agravada con la llamada guerra de Sucesión (1700-1716), en la que se enfrentaron dos territorios históricos: Castilla, por una parte, y los antiguos reinos de la confederación catalana-aragonesa, por la otra. Las alianzas de estados europeos a cada una de las partes marcó el futuro lingüístico de Cataluña, entre otras razones porque Francia apoyó a Castilla en la propuesta de un Borbón como futuro rey de España –Felipe V—, mientras que Cataluña lo hizo a favor del Archiduque Carlos de Austria, apoyada por Inglaterra. El triunfo de las tropas castellanas y francesas sobre los austracistas supuso la implantación de un nuevo modelo de estado, una monarquía de carácter absolutista organizada según el parámetro centralista francés. Ello implicaba, a través de los conocidos Decretos de Nueva Planta del rey Felipe V, que "por el justo derecho de conquista" las lenguas peninsulares diferentes del español quedasen al margen de la legalidad y se prohibiese su uso público, tanto en la enseñanza como en el resto de la administración.

De esta manera se puede sintetizar la evolución de la lengua catalana hasta el siglo XVIII. Su contacto con el español durante este período había sido de convivencia. En aquel momento pasó a serlo de sometimiento; con todo, es cierto que la literatura en catalán había ido en declive desde el siglo XVI en beneficio del español. De mediados del XVIII en adelante, sin embargo, nos encontramos con testimonios interesantes de defensa del uso del catalán frente a la imposición del español en todos los ámbitos –Josep Finestres, Baldiri Reixach, el Memorial de Greuges— y con estudiosos ilustrados que se preocupan por la lengua desde el interés científico. Eso generó una corriente de estudio y de recuperación de aspectos culturales y literarios ligados al mundo catalán que derivó, ya bien entrado el siglo XIX, y coincidiendo con los movimientos románticos europeos, en el renacer de la lengua catalana para la literatura culta. Se consolida durante esta época la Renaixença, corriente literaria caracterizada por el uso del catalán como vehículo de expresión, nostálgica respecto al esplendor medieval de esta lengua y de contenidos poéticos que giraban en torno a las máximas temáticas de patria, fe y amor. Con este movimiento se incubó un sentimiento reivindicativo del uso del catalán que social y políticamente derivó en el regionalismo y nacionalismo de principios del siglo XX. La prosperidad social y económica de esta etapa de transición entre el ochocientos y el novecientos propicia a la lengua catalana un momento de esplendor literario a la sombra del movimiento cultural del modernismo catalán, que coincide cronológicamente con el 98 español.

Consolidado el pensamiento catalanista, la entrada en el nuevo siglo se caracterizó por el triunfo político del regionalismo y el establecimiento de unas bases para la recuperación lingüística, sobre todo a partir de la redacción de una gramática y la fijación de la norma lingüística. La nueva normativa de la lengua catalana –dirigida por Pompeu Fabra— planteó como objetivo primordial la recuperación de un modelo autóctono, libre de las interferencias y contaminaciones acumuladas a lo largo de siglos. Pero este intento normativizador no se acompañó de una normalidad en la presencia social de la lengua. Los vaivenes políticos del siglo recién terminado hicieron que el uso y la evolución del catalán se vieran involucrados otra vez en la historia. La prohibición de su enseñanza, de nuevo, bajo la dictadura del general Primo de Rivera; un intento de recuperación de la lengua a través de su oficialidad con el estatuto de autonomía de 1932 dentro de la Segunda República Española y una nueva prohibición expresa de su uso público durante la dictadura del general Franco (1939-1975) que consideraba únicamente el español lengua oficial del estado y que se esmeró en la represión de las identidades diferentes de la oficial (Ferrer i Gironés, 1985).

Como contrapunto a esta tendencia glotofágica las reivindicaciones sobre el uso del catalán en el período 1975-1981, culminaron en la proclamación de su oficialidad en Cataluña. A partir de los años ochenta Cataluña, País Valenciano y Baleares veían reconocido oficialmente el catalán. Sin embargo, durante el franquismo se había producido un fenómeno social digno de interés: en los años sesenta y setenta los movimientos migratorios de zonas más deprimidas económicamente hacia Cataluña, Baleares y Valencia implican el incremento de la población de manera considerable, estos emigrantes –en su casi totalidad hablantes de español—se incorporaron a la vida social de los territorios de habla catalana sin necesidad de conocer el catalán, ya que no era oficial.

La influencia de la demografía en el contacto lingüístico, en este sentido, plantea algunas cuestiones dignas de estudio (Bastardas, 1996). Ello hizo que las sociedades catalanas de la segunda mitad del siglo XX se caractericen por un bilingüismo social en el que los hablantes de español no solían conocer el catalán. Por el contrario, la escolarización y oficialidad del español hacía que los catalanohablantes sí conociesen la lengua estatal. Eso generó una situación en la que el modelo lingüístico a usar fuese el oficial; es decir, que los catalanohablantes tuviesen un modelo de lengua privada y otro como lengua pública. Así se favorecía el cambio de código lingüístico según los ámbitos de uso. Se daba un caso de diglosia (Schiffman, 1997; Boix/ Vilà, 1998) que describe la situación actual de contacto entre español y catalán, como se verá a continuación.

El catalán en la actualidad

Hemos de tener en cuenta que se introducen datos para contrastar con otras lenguas habladas en el territorio, y no exclusivamente el español. Andorra, por ejemplo, pese a ser un estado con el catalán como lengua oficial, tiene hablantes de francés, español y portugués—en este último por la emigración masiva reciente—. Cataluña, Valencia, Baleares y Franja de Aragón aportan datos en contraste con el español, lengua del estado al que pertenecen. Por el contrario, Cataluña Norte ofrece datos que contrastan con el uso del francés y Alguer con el sardo y el italiano. En este caso también hay que considerar que la lengua de la isla es el Sardo, otra de las lenguas europeas minorizadas.

TERRITORIO	POBLACIÓN	HABLANTES		COMPRENSIÓN	
Andorra	64.311	49.519	77,0%	62.381	97,0%
Cataluña	6.090.040	4.506.512	75,3%	5.683.237	95,0%
Islas Baleares	760.379	473.322	66,77%	629.641	88,8%
País Valenciano	4.009.329	1.969.703	49,6%	3.199.085	82,1%
Franja Aragonesa	50.000	45.000	90,0%	47.210	94,5%
Cataluña Norte	369.476	125.622	34,0%	203.211	55,0%
Alguer	38.316	17.625	46,0%	20.000	52,2%
TOTAL	**11.381.851**	**7.187.303**	**63,1%**	**9.844.805**	**86,5%**

Partimos, según lo visto, de la consideración social del catalán desde las perspectivas del bilingüismo. En el caso de Cataluña Norte entre catalán y francés; en Alguer entre italiano y catalán; en el resto del territorio entre español y catalán: de un total aproximado de 10.900.000 habitantes de estos territorios, 7.000.000 de personas hablan el catalán y 9.600.000 lo entienden. Es decir, 1.100.000 aproximadamente se pueden considerar monolingües en español y 200.000 monolingües en francés y 20.000 en italiano. Cabría, más allá de los datos numéricos, tener en consideración que la gran mayoría de los hablantes de catalán tienen ésta como primera lengua. Es decir, son bilingües ya que tienen el catalán como lengua aprendida en el ámbito familiar pero usan el español en virtud de una serie de circunstancias, actitudes e ideologías. Algunas de estas actitudes merecen ser tenidas en cuenta.

Fenómenos de contacto

1. Préstamos.

Ya nos hemos referido a los albores de la lengua. De sus inicios permanecen algunos vestigios prerrománicos. Es el caso de las palabras de origen vasco e ibérico. Los efectos de la lengua de los pueblos conquistadores –germánicos y árabes—se dejan notar en los préstamos léxicos; sobre todo, los segundos, a causa de su aportación en gran variedad de campos semánticos. De todas maneras, el español es la lengua que más contribuciones léxicas dejó en el catalán, sobre todo a partir del siglo XVI. Las razones de tipo histórico ya han sido resumidas anteriormente (Bruguera, 1986). También hay que decir que se produjo cierto flujo de catalanismos hacia el español. Son los casos de "paella," "capicúa," entre otros.

Los préstamos por contacto con otras lenguas, sin embargo, no se acaban aquí. También podemos aportar algunos vocablos de otra procedencia. Es el caso del griego medieval y del italiano, con el que el catalán estuvo en contacto a lo largo de siglos de intercambios comerciales y vecindad. No hay que olvidar la pertenencia a la corona de Aragón de algunas zonas de la actual Italia. Otro caso es el del inglés. El dominio político militar inglés sobre la isla de Menorca durante algunos años del siglo XVIII propició la aparición de anglicismos locales (Ortells/ Campos, 1983). Algunas aportaciones léxicas se deben a momentos puntuales de hegemonía cultural o modas. Es el caso del francés del siglo XIX y la aparición de los términos "xofer," "bebé," "clixé" y los anglicismos del siglo XX.

2. Sustituciones léxicas e interferencias.

En un grupo diferente habría que situar las interferencias lingüísticas (Payrató, 1985) y las sustituciones. Si una cosa ocurre en las relaciones del catalán con sus lenguas vecinas, sobre todo en la época moderna, es la aparición constante de interferencias. Las causas habría que buscarlas en la presencia social de las lenguas que generan la interferencia. Así, el prestigio y la importancia del uso que pueda tener el francés en la zona de la Cataluña Norte, condiciona de una manera clara la aparición de interferencias. La pronunciación de la "r" y de la "ü" a la francesa sería un ejemplo ilustrativo por lo que respecta a la interferencia de tipo fonético. Estos sonidos, de origen francés, se insertan frecuentemente en lugar de los /r/ y /u/ catalanes. Aún cabría aportar muchos otros casos de tipo morfosintáctico y léxico. Las sustituciones son notables: "canard," 'pato' por el catalán *ànec;* "muleta," 'tortilla,' por *truita;*…

El caso del español también es reseñable. Se trata de expresiones no autóctonas del catalán que a lo largo de los siglos han ido sustituyendo a las propias de esta lengua. Ello se debe, como ya hemos apuntado, a la relación histórica y social entre las dos lenguas. Hay que añadir que en la actualidad la presencia de medios de comunicación de expresión española es mayoritaria. Ello ha hecho que este fenómeno de contacto se haya extendido con mayor rapidez. Es frecuente que la disponibilidad léxica de algunos hablantes nos ofrezca palabras en español en lugar de sus correspondientes en catalán. Estos barbarismos han sido uno de los focos sobre los que ha incidido de una manera constante la labor de normalización lingüística.

A nivel fonético debemos reseñar algunas interferencias curiosas, generalmente generadas a partir de la no existencia de determinados fonemas en el catalán. Es el caso de lo que ocurre con la velar /χ/ española de "jefe" y con la interdental /θ/ de "Zaragoza." En el plano morfológico, destacaríamos algunos como el uso del sufijo "–ero" en lugar del autóctono "–er," que sirve para indicar oficios o dedicaciones del tipo "camionero/camioner." En otros casos podemos observar cambios de género en palabras que difieren entre el catalán y el español. Así "la corrent" (en catalán normativo "el corrent") se debería a la interferencia del género del español sobre el vocablo catalán. En el terreno sintáctico destacamos algunas posiciones y selección de los clíticos y los usos de determinadas combinaciones de preposiciones con verbos como dos de los casos en los que la sintaxis del español –similar en otras muchas cosas a la del catalán— interfiere en la de su lengua vecina.

3. Alternancia de código.

La alternancia de código, la elección de una lengua u otra para comunicarse con el interlocutor es una de las cuestiones de mayor relieve en los fenómenos de contacto entre catalán y español. Es frecuente la tendencia del catalanohablante a cambiar al español cuando se encuentra con alguien que le responde en esta lengua. Ello se debe, entre otras razones, a la consideración que buena parte de catalanoparlantes tienen de su lengua. Hay una subestimación de la propia lengua producida por la herencia de la dictadura franquista, eso se nota en las generaciones educadas durante el período 1939-1975 que se tuvieron que acostumbrar al descrédito –incluso miedo al uso— del catalán; este sería un claro caso de sometimiento ante la lengua de prestigio. Otro factor de cambio es que el español se asocia con la lengua del estado y favorece la intercomprensión con hablantes procedentes de otros territorios; eso implica el cambio según el ámbito de uso, como ocurre con algunas lenguas de Francia (Gardner-Chloros, 1995).

En los casos en que el hablante de catalán se mantiene fiel al uso de su lengua, podemos considerar dos tipos de condicionantes. El primero es de tipo ideológico; el hablante de catalán no considera necesario cambiar al español a no ser que se lo pida su interlocutor, ya que cree que tiene el derecho y el deber de usar su lengua en su territorio. El segundo es de tipo circunstancial, porque se encuentra más cómodo en su lengua y no se considera totalmente competente en español. Esta misma razón es la que argumentan algunos castellanohablantes cuando se les pregunta por qué, siendo catalanes, no usan el catalán. Creen que no lo hablan correctamente.

Tendríamos que señalar, aparte, la presencia de cambios en unidades léxicas dentro de constructos sintácticos por presión social del español. Se trataría de una alternancia que tiene motivos muy variados; entre otros, por ejemplo, la fidelidad a una unidad fraseológica española. En estos casos la idiomaticidad y el uso frecuente del español a nivel social hace prevalecer la expresión de origen sobre la adaptación o traducción.

Contacto y variación.

Es cierto, sin embargo, que la frecuencia de alternancia depende del contexto de una manera determinante. En los medios de comunicación, por ejemplo, hay que observar menor tendencia al cambio, mientras que en la vida social es frecuente que se produzca en el sentido apuntado: catalán-español. El nivel formal o no formal del discurso condiciona la aparición de interferencias, como se ha encargado de comentar Lluís Payrató (1992). Ello nos lleva a afirmar que si el contacto entre español y catalán se manifiesta de una manera clara es en el uso de determinadas variedades, sobre todo en aquellas que se alejan del modelo normativo. Por una parte hay que señalar que la substitución léxica se ha prodigado durante los últimos siglos, pero lo ha hecho afectando de manera distinta a las variedades diatópicas y diastráticas. Es decir, nos encontramos con palabras procedentes del español que sustituyen a las del catalán según zonas y nivel de uso. Así, en el alicantino se hallan expresiones deícticas del tipo "astó" en la que observamos una interferencia entre el español 'esto' sobre el catalán *açò*; o bien "quartos" para referirse al 'dinero' (*diners*) en el barcelonés. Evidentemente, cabe señalar un gran número de palabras del español que substituyen en esta variedad a las propias del catalán.

Siguiendo con las variedades del catalán que quizás se deban a un fenómeno antiguo de contacto, debemos señalar la importancia de una variedad dialectal denominada "apitxat" valenciano. El habla de las comarcas centrales de Valencia presenta un ensordecimiento de las sibilantes de orden alveolar, palatales y bilabialización de la /v/, documentado desde el siglo XV, por lo que se puede intuir cierto influjo del antiguo aragonés, más aún cuando se encuentran fenómenos similares en las zonas limítrofes de habla catalana con otras que lo fueron de aragonesa (A. López, 1993).

Una de las variedades más afectadas por las interferencias y por las sustituciones de todo tipo es el lenguaje coloquial. Debido a su informalidad introduce expresiones de origen español que sustituyen a las propias del catalán. De esta manera, es frecuente el uso de "bueno" como marcador del discurso cuando se quiere indicar acuerdo, en lugar de *d'acord*; "pues" como partícula de carácter consecutivo en lugar de *aleshores, per tant, en conseqüència*, "entonces" indicando temporalidad…

Conclusiones.

La relación entre catalán y español se hace creciente a partir del siglo XVIII. Este es el momento en el que aparecen gran número de palabras que se incorporan desde el castellano y van substituyendo a las expresiones autóctonas. El caso de la importación de estos vocablos no quiere decir que desde su penetración en el léxico catalán substituyeran inmediatamente los términos genuinos, sino que paulatinamente pasaron a hacerlo, sobre todo a raíz de la pérdida de estos segundos. Es decir, desde el momento en que se produjo una relación de dominio, las importaciones de léxico dejaron de rellenar lagunas semánticas, como a menudo ocurre para designar nuevos conceptos –sería el caso de los anglicismos y neologismos— y operaron como palabras a las que se recurría atendiendo a su consideración más culta o, simplemente, más cercana a la moda literaria.

Con ello concluimos que en el contacto lingüístico entre el catalán y sus lenguas vecinas, sobre todo francés y español, se ha dado una relación de dominio político acompañada del predominio cultural (Salvador, 2001) que han favorecido la sustitución y, finalmente, de una presión demográfica que ha condicionado el uso social del catalán. Es decir, a partir de la hegemonía cultural y social, se observa un proceso que se inicia con la introducción de interferencias –sobre todo de carácter léxico— que van propiciando determinados cambios internos. Por otra parte se da un paulatino aumento de los hablantes de estas lenguas en el territorio de habla catalana que, apoyado en ocasiones por la coyuntura política, deriva en lo que hemos llamado subestimación del catalán por parte de los propios hablantes. La facilidad con que los catalanoparlantes cambian de modelo lingüístico no es ajena a ese factor.

Como vemos, los fenómenos políticosociales influyen de una manera clara en la preservación de las lenguas. La planificación, la búsqueda de equilibrios o de desequilibrios en el uso y consideración social de las lenguas es determinante. En otros territorios europeos se aprecian muestras de substitución lingüística a lo largo de la historia. En el caso catalán nos encontramos en un momento incierto por lo que respecta al futuro de esta lengua. A pesar de su presencia en medios de comunicación y en la enseñanza algunos estudiosos opinan que su vitalidad es decreciente. La cuestión de la territorialidad en ese sentido sí que evidencia un retroceso, sobre todo en el Norte –Rosellón— y Sur –comarcas meridionales de Alicante— donde el francés y el español se han impuesto como lenguas mayoritarias en los últimos tiempos.

En lo concerniente a la presencia de interferencias, cabe señalar que los modelos cultos y la consolidación de un estándar ejercen una presión digna de consideración (Salvador, 2001). Como ejemplo podemos referir el término *vaixell* que se dio como bueno frente al "barco", considerado interferencia del español. En la actualidad la presencia de la primera expresión en los medios de comunicación ha hecho que no parezca tan extraña su utilización y que se vaya expandiendo socialmente. Con ello queremos decir que desde la planificación lingüística, desde la confección de un modelo estándar, se puede ejercer una labor de consolidación idiomática.

Otra cuestión es la demográfica; el número de catalanes que usan su lengua en todos los ámbitos sociales decrece, según algunos datos. Ahora bien, por otra parte hay que tener en cuenta que una parte de la población descendiente de emigrantes de otras zonas de España –mayoritariamente la tercera generación—ha ido integrándose en la sociedad y considerando el catalán como vehículo de expresión propio. Queda abierto, por lo tanto, el debate sobre el futuro de la lengua. Su desaparición implicaría la hegemonía definitiva del español y del francés en los dos estados con mayor número de hablantes; quedaría, eso sí, el reducto andorrano, una especie de aldea gala que podría satisfacer la curiosidad de algunos por el estudio de las lenguas minorizadas.

OBRAS CITADAS

BASTARDAS, Albert (1996): *Ecologia de les llengües. Medi, contactes i dinàmica sociolingüística.* Barcelona, Proa.

BOIX, Emili/ Xavier VILA (1998): *Sociolingüística de la llengua catalana.* Barcelona, Ariel BRUGUERA, Jordi (1986): *Història del lèxic català.* Barcelona, Enciclopèdia Catalana.

COLÓN, Germà (1976): *El léxico catalán en la Romania.* Madrid, Gredos. (Ed. rev.: *El lèxic català en la Romania.* València, Universitat de València, 1993).

COLÓN, Germà, (1989): *El español y el catalán, juntos y en contraste.* Barcelona, Ariel FERRER I GIRONÉS, F. (1985): *La persecució política de la llengua catalana.* Barcelona, Edicions 62.

FUSTER, Joan (1976): *La decadencia al País Valencià.* Barcelona, Curial.

GARDNER-CHLOROS, Penélope (1995): "Code-switching in community, regional and national repertories: the mith of the discreteness of linguistic systems." En Milroy, L./ Muysken (eds.) *One speaker, Two Langages.* Cambridge, Cambridge University Press, pp-68-89.

LÓPEZ GARCIA-MOLINS, Ángel (1993): "L'apitxat com a contacte de llengües i com a solució interna." *Actes del IX Col·loqui Internacional de Llengua i Literatura Catalanes.*III Barcelona, Publicacions de l'Abadia de Montserrat, pp. 137-142.

NADAL, Josep/ PRATS, Modest (1992): *Història de la llengua catalana* I. Barcelona, Edicions 62.

ORTELLS, Vicent/ CAMPOS, Xavier (1983): *Els anglicismos de Menorca.* Palma de Mallorca, Moll.

Payrató, Lluís (1985): *La interferencia lingüística.* Barcelona, Curial/Abadia de Montserrat.

PAYRATÓ, Lluís (1992): *Català col·loquial.* València, Universitat de València.

PUEYO, Miquel (1991): *Llengües en contacte en la comunitat lingüística catalana.* València, Universitat de València.

SALVADOR, Vicent (2001): *Els arxius del discurs.* Barcelona, Abadia de Montserrat.

SCHIFFMAN, Harold F. (1997): "Diglossia as a Sociolinguistic Situation." En Coulmas, (ed.) *The Handbook of Sociolinguistics.* Oxford, Blakwell, 205-217.

VENY, Joan (2001): *Llengua històrica i llengua estàndard.* València, Universitat de València.

ESPAÑOL Y EUSKERA EN CONTACTO

Andoni Barreña
Universidad de Salamanca
(España)

El *euskera* o lengua vasca, *euskara* para sus hablantes, es hablada por unas 700.000 personas que viven en la parte occidental de los Pirineos, tanto en su vertiente norte, Francia, como en su vertiente sur, España. La forma en que se denomina al territorio de la lengua vasca es *Euskal Herria*, país de la lengua vasca. Las principales ciudades de *Euskal Herria* son Bilbao (Bilbo en *euskera*), San Sebastián (Donostia) y Pamplona (Iruñea) en España, y Bayonne (Baiona) en Francia. En las líneas que siguen se hará, en primer lugar, una breve introducción acerca del origen y desarrollo del *euskera*; en segundo lugar se presentarán los datos sociolingüísticos actuales del País Vasco y Navarra, territorios de habla de la lengua vasca en España, y, finalmente, se recopilarán los datos correspondientes a las influencias mutuas históricas y recientes.

1. Sobre el origen y desarrollo del euskera

Los testimonios más antiguos sobre los vascos y su lengua tienen lugar en la época de la conquista y colonización romana. Los romanos desembarcaron en Ampurias, en la costa mediterránea de la Península Ibérica en el 218 a. de C. Iniciaron la penetración en lo que ellos denominaron Hispania por el Valle del Ebro, hacia el 200 a. de C. Las referencias directas a los vascos en las fuentes clásicas romanas comenzaron a raíz de las guerras civiles sertorianas (87 al 72 a. de C.), ya que algunas compañías militares romanas contaron con soldados de origen vasco. Salustio citó el territorio de los vascones. Estrabón narró la fundación de Pompaelo (Pamplona, *Iruñea* en *euskera*) por Pompeyo en el año 75 a. de C. (Núñez 2003).

Pero los romanos se acercaron al territorio de la lengua vasca, *Euskal Herria*, también desde el norte. Cesar conquistó las Galias y en su libro "De Bello Gallico" habla de *Aquitania*, territorio situado entre los montes Pirineos, el río Garona y el océano Atlántico, y de los *aquitanos*, sus habitantes: "*Gallia est omnis diuisa in partes tres, quarum unam incolunt Belgae, aliam Aquitani, tertiam qui ipsorum lingua Celtae, nostra Galli apellantur. Hi omnes lingua, institutis, legibur inter se differunt.*" De este testimonio se desprende que eran tres los pueblos que habitaban lo que los romanos denominaron las Galias, y que los tres pueblos eran diferentes en cuanto a sus lenguas, sus costumbres y sus leyes. Uno de ellos era el pueblo *aquitano*. Los romanos conquistaron ambos lados de los Pirineos y establecieron una frontera en los Pirineos. Denominaron *vascones* a los habitantes del sur y *aquitanos* a los del norte. Los *vascones* fueron adscritos a Hispania y los *aquitanos* y *Aquitania* a Galia.

Los primeros testimonios en *euskera* que hoy se conocen, provienen de *Aquitania* bajo dominación romana. Se trata de nombres de personas y de divinidades que aparecen en inscripciones funerarias, votivas y honoríficas (Gorrochategui 1984, Trask 1997). Las inscripciones fueron escritas en latín entre los siglos I y III de nuestra era. En ellas aparecen una serie de nombres de personas y divinidades. El 25%, aproximadamente, son fácilmente interpretables desde el *euskéra* actual: *aita* (padre), *gizon* (hombre), *anaia* (hermano), *sembe/seme* (hijo), *andere* (señora), *neskato* (chica joven), *ene* (mio), *bihotz* (corazón), *hartz* (oso), *otso* (lobo), *asto* (burro), *berri* (nuevo), *gorri* (rojo), *beltz* (negro), *haritz* (roble), *leher* (pino), etc. Además de estas coincidencias léxicas entre estos testimonios y el *euskera* actual, se ha señalado como característica común la utilización de ciertos sufijos morfológicos (por ejemplo, el formador de diminutivos –*txo*) y de diversos rasgos fonológicos (por ejemplo, la distribución de la aspiración, incluso tras las consonantes líquidas) (Mitxelena 1964).

Estos testimonios *aquitanos* constituyen los primeros vestigios escritos conocidos de la lengua vasca. De una manera clara nos muestran que la lengua antigua de *Aquitania* estuvo estrechamente emparentada con el *euskera*. Posiblemente se tratase de la misma lengua, es decir, de la antigua forma del *euskera* actual, del *protoeuskera* (Trask 1995, 1997). También nos indican que la extensión del *euskera* en la época prerromana trascendía a la de la actual *Euskal Herria*, y se extendía al menos por el resto de los Pirineos y *Aquitania,* al norte y noreste del actual territorio. Poco más sabemos sobre la extensión del *euskera* en épocas precedentes o sobre el origen de la lengua vasca. El *euskera* es una lengua genéticamente aislada, diferenciada tipológicamente de las lenguas indoeuropeas de su entorno, ya que se trata de una lengua de orden básico SOV, de marcación ergativa (se diferencian morfológicamente los sujetos de verbos intransitivos de los de verbos transitivos), posposicional, con sus núcleos fundamentalmente a la derecha y una concordancia verbal pluripersonal (concordancia con el sujeto, el objeto directo y el objeto indirecto) (1).

(1) gizon-a-k andere-a-ri bihotz-a-Ø eskaini dio

hombre-el-erg señora-la-dat corazón-el-abs ofrecer auxiliar:S3s-O3s-OI3s 'el hombre ha ofrecido el corazón a la señora'

Durante la romanización (del siglo I a. de C. al IV d. de C., aproximadamente) el latín y la cultura romana influyeron notablemente en la lengua vasca, y los préstamos léxicos del latín recibidos por el *euskera* lo fueron a cientos, aunque en numerosos casos estos préstamos no son fácilmente reconocibles por los no especialistas. Por ejemplo, del latín *corpus*, *legem*, *certum* y *ceresia*, respectivamente, *cuerpo*, *ley*, *próximo* y *cereza* en castellano, se originaron las formas vascas *gorputz*, *lege*, *gertu* y *gerezi*. En esta época el *euskera* desapareció de Aquitania, aunque se mantuvo en gran parte de los Pirineos, donde, según Corominas (1975), había sido hablada incluso al borde del Mediterráneo.

En la baja Edad Media, al parecer debido a la constitución del reino de Navarra por los vascos, el *euskera* se expandió hacia el sur, a La Rioja y al norte de Castilla. Pero, tras la separación de los territorios vascos de Vizcaya, Álava y Guipúzcoa (Bizkaia, Araba y Gipuzkoa en *euskera*) del reino de Navarra y su incorporación al reino de Castilla, a partir de los siglos XII-XIII, el *euskera* comenzó a retroceder paulatinamente, debido fundamentalmente al influjo del castellano y a la utilización de este como única lengua de la administración y de cultura. Poco a poco el *euskera* retrocedió, por tanto, en los Pirineos hacia el oeste, y por el sur hacia el norte.

Aunque el primer libro impreso íntegramente en *euskera* vio la luz en 1545 (*Linguae Vasconum Primitiae* de Bernat Etxepare), tras la incorporación del reino de Navarra al reino de Castilla a principios del XVI, el *euskera* fue perdiendo su territorio en el sur de Álava y Navarra, donde continuó retrocediendo hacia el norte durante los siglos XIX y XX. Con la industrialización del XIX, el *euskera* también retrocedió en las ciudades y núcleos industriales de Vizcaya y Guipúzcoa.

Así, a lo largo del XX el *euskera* ha conocido una situación de minorización respecto al castellano en el sur de *Euskal Herria*, es decir, en la zona vascófona de España, y una situación similar respecto al francés en el norte de *Euskal Herria* (País Vasco-Francés). Las causas de este retroceso son múltiples y diversas, pero en la base de todas ellas sobresale una: la no defensa por parte de los poderes económicos y políticos de la utilización del *euskera* en la administración, en el mundo laboral o en la cultura; por el contrario, han defendido que el *euskera* no es una lengua de cultura y que debe ser remplazada por el castellano.

A principios del XX se inició un movimiento en pro de la lengua y de la cultura vascas en todo el territorio de *Euskal Herria,* tanto en las zonas donde se mantenía el *euskera* como en las zonas donde había dejado de transmitirse. Surgieron numerosas revistas, centros de enseñanza y actividades en lengua vasca. Cabe destacar la fundación en 1918 de la Academia de la Lengua Vasca, *Euskaltzaindia* en *euskera*. Pero, la situación se agravó para el *euskera* y la cultura vascas tras la guerra civil (1936-1939) y durante la dictadura franquista (1936-1975), debido a la prohibición de utilizar el *euskera* durante los primeros años del franquismo y también, a pesar de cierta permisividad durante los últimos años del mismo, a una clara política anti*euskera*.

A partir de 1960 el movimiento a favor del *euskera* pareció resucitar. La iniciativa popular hizo que surgieran cientos de *ikastolas* (centros de enseñanza que practican la inmersión total en *euskera* hasta los 14 ó 18 años), centros de alfabetización y enseñanza de *euskera* para adultos, actividades culturales, editoriales, revistas y programas de radio (Intxausti 1990). La Academia de la Lengua Vasca, *Euskaltzaindia,* tras serias investigaciones y debates, en 1968, formuló su propuesta de *euskera* estándar, conocida como *euskara batua* o *euskera* unificado, que propició la modernización de la lengua y facilitó el acceso de esta a la ciencia y a la tecnología. En el marco legal actual, en 1979 se aprobó el Estatuto de Autonomía para el País Vasco, que abarca los territorios occidentales del sur: Álava, Guipúzcoa y Vizcaya. En 1982 una ley similar otorgó la autonomía a la Comunidad Foral Navarra. Ambas comunidades han regulado a través de sendas leyes, en 1982 y 1986 respectivamente, la utilización del *euskera* en todas las esferas de la administración. Desde entonces, con mayor o menor empeño, las administraciones públicas protegen el conocimiento y uso del *euskera* en las distintas esferas de la sociedad, y promueven su modernización.

De todas formas, como señala Etxebarria (2002), el *euskera* es hoy todavía una lengua minoritaria y minorizada. Minoritaria porque es conocida por aproximadamente un tercio de la población del territorio de la lengua vasca, que a su vez también conoce el castellano o el francés. Minorizada porque durante cientos de años, en diferentes circunstancias históricas, el *euskera* ha estado postergado, incluso prohibido, y esa situación revierte en su situación actual. Baste recordar que todavía en la parte francesa el *euskera* no goza de ningún tipo de protección ni oficialidad.

2. Datos sociolingüísticos en el País Vasco y Navarra

El País Vasco, utilizado como sinónimo de la Comunidad Autónoma Vasca en este trabajo, tiene una extensión de 7.261 km2, y se sitúa al borde del Golfo de Vizcaya, al sur de los Pirineos occidentales. Su población, de acuerdo con el censo de población de 1996, es de 2.098.055 habitantes. En la Comunidad Autónoma Vasca se diferencian tres territorios históricos: Álava, Guipúzcoa y Vizcaya, que de acuerdo con los datos de dicho censo tienen 281.821, 676.208 y 1.140.026 habitantes respectivamente. Navarra ocupa 10.420 km2 y tiene una población de 437.200 habitantes. Se sitúa al este del País Vasco en la vertiente sur de los Pirineos, ya que nos referimos exclusivamente a la Navarra de España.

Aunque en este trabajo no se presentarán sistemáticamente los datos sociolingüísticos del País Vasco-Francés, situado en la vertiente norte de los Pirineos, parece obligado señalar que tiene una extensión de 3.065 km y unos 250.000 habitantes.

Mapa 1: Población de los territorios del euskera (Euskal Herria) en 1996

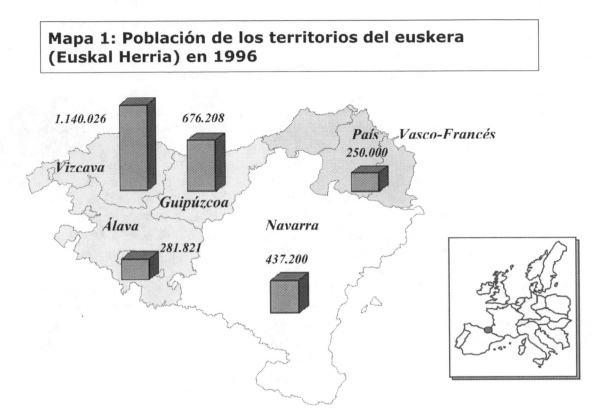

Los datos sociolingüísticos que se presentan provienen de los censos y padrones oficiales de 1981 y 1996, ya que fue a partir de 1981 cuando se incluyeron preguntas relativas a los conocimientos lingüísticos de los habitantes del País Vasco y Navarra. También se utilizarán los datos procedentes de las 'Encuestas sociolingüísticas de *Euskal Herria*' efectuados en 1991, 1996 y 2001 (Gobierno Vasco 1993, 1998, 2003) que recogen datos de los tres territorios administrativos: País Vasco o Comunidad Autónoma Vasca, Navarra y País Vasco-Francés.

Por las características del tipo de población, parece conveniente observar, en primer lugar, la estructura poblacional por edades. Para ello utilizaremos los datos del censo de 1991 de la Comunidad Autónoma Vasca.

Gráfica 1: Población del País Vasco por edades en 1991

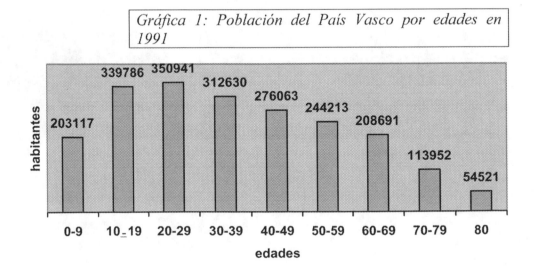

La inclusión de los datos de la población por edades tiene como finalidad destacar el hecho de que a partir de 1975-1980 el número de nacimientos comenzó a descender bruscamente. Esta reducción del número de nacimientos, con respecto a las generaciones anteriores, se mantiene hoy en todos los territorios de *Euskal Herria*. Respecto al conocimiento lingüístico del castellano y del *euskera*, y del francés y el *euskera* en el País Vasco-Francés, ofreceremos los datos más recientes, en porcentajes, fruto de la III Encuesta Sociolingüística. Es preciso señalar que los datos de la encuesta hacen referencia a la población con más de 15 años, es decir, a la nacida antes de 1986. Siguiendo la pauta de la citada encuesta dividiremos la población en tres grandes grupos: los monolingües castellanos (o franceses), los bilingües equilibrados en castellano y *euskera* y los bilingües pasivos que se expresan normalmente en castellano, o francés, pero que también pueden hacerlo en *euskera*.

Un primer dato importante es que no hay población monolingüe en *euskera*. Al menos población monolingüe significativa, ya que si bien pueden quedar algunas personas ancianas con escasa competencia en castellano o francés, el porcentaje de estas personas no tienen relevancia sociolingüística. También hay monolingües en *euskera* en la franja de edad de 0 a 4 años, pero desarrollarán su segunda lengua en su infancia, y dejarán, por lo tanto, de ser monolingües a una edad temprana. El conocimiento lingüístico en los territorios del *euskera* en el año 2001 (ver cuadro 1), siempre de acuerdo con la III Encuesta Sociolingüística llevada a cabo por el Gobierno Vasco, nos señala que el 36% de la población se considera bilingüe equilibrada o bilingüe pasiva. De cualquier manera, este porcentaje no es uniforme en todos los territorios.

Así, en la Comunidad Autónoma Vasca ó País Vasco el porcentaje aumenta casi hasta el 41%, en el País Vasco-Francés el porcentaje es del 37%, coincidiendo casi con el de la media de todo *Euskal Herria*, y en Navarra el porcentaje desciende hasta el 17%. Entre otras razones porque en este territorio los hablantes bilingües se concentran fundamentalmente en su tercio norte.

Cuadro 1. Conocimiento de lenguas en los diferentes territorios de *Euskal Herria* en el 2001 (en porcentajes)

	Bilingües	Bilingües pasivos	Monolingües	Total
Navarra	10.3	6.6.	83.1	100
País Vasco	29.4	11.4	59.2	100
País Vasco-Francés	24.7	11.9	63.4	100
Total	25.4	10.6	64.1	100

Si observamos la evolución de estos tres diferentes grupos lingüísticos desde 1981, cuando se comenzó a tener datos lingüísticos de la población, hasta 2001 (ver cuadro 2), se observa que el porcentaje de hablantes bilingües equilibrados y pasivos aumenta paulatinamente.

Esta observación, válida para el conjunto de *Euskal Herria*, necesita un análisis más detallado por territorios. En la Comunidad Autónoma Vasca la tendencia al aumento del porcentaje es clara, ya que ha pasado del 34% en 1981 al 41% en 2001. También en Navarra se ha producido un ligero aumento de los bilingües, tanto equilibrados como pasivos, del 14% de 1991 al 17% de 2001. En el País Vasco-Francés, por el contrario, la tendencia es al retroceso del porcentaje de bilingües, bajando estos del 40% de 1991 al 36.6%.

Cuadro 2: Evolución del conocimiento de lenguas en los diferentes territorios de *Euskal Herria* desde 1981 a 2001 (en porcentajes)

	Bilingües			Bilingües pasivos			Monolingües		
	1981	1991	2001	1981	1991	2001	1981	1991	2001

Navarra		9.5	10.3		4.6	6.6.		85.9	83.1
País Vasco	21.9	26.4	29.4	12.2	16.2	11.4	65.9	57.4	59.2
País Vasco-Francés		33.1	24.7		7.1	11.9		59.8	63.4
Total		22.3	25.4		7.7.	10.6		70.0	64.1

Otro dato significativo es el conocimiento lingüístico por edades, ya que nos ayuda a comprender los motivos de estas tendencias que se han producido en los 20 últimos años, y nos permite, al mismo tiempo, prever la tendencia que tendrá lugar en las próximas décadas. Para ello, en el cuadro 3 se han recogido los porcentajes de bilingües y bilingües pasivos del País Vasco por edades. De acuerdo con estos datos, el principal aumento de los hablantes bilingües se produce en las generaciones jóvenes. Por ejemplo, el número de bilingües en la generación más joven de las medidas en la encuesta, aquella situada entre los 16 y 24 años, es notorio, ya que en 20 años se ha duplicado: ha pasado del 34,1% al 68,7%.

Esta situación se produce en la Comunidad Autónoma Vasca y en Navarra, territorios donde el *euskera* recibe una protección oficial y tiene una fuerte implantación en la enseñanza. En el País Vasco-Francés, por el contrario, el porcentaje de bilingües disminuye a medida que las generaciones jóvenes van cobrando relevancia en la pirámide de edades.

Cuadro 3. Evolución del porcentaje de bilingües (equilibrados y pasivos) de 1981 a 2001 (en porcentajes)

	1981	1991	2001
Comunidad Autónoma Vasca o País Vasco			
16-24	34.1	46.0	68.7
25-34	30.6	30.8	49.4
35-49	28.6	24.8	36.7
50-64	33.0	27.7	27.5
+65	37.9	37.4	32.6

Para poder prever lo que sucederá en las próximas décadas, parece relevante observar lo que sucede en el sistema educativo, sistema en el que el 100% de los niños se escolarizan a los tres años, o con anterioridad. En dicho sistema los padres pueden elegir entre diferentes modelos lingüísticos. En la Comunidad Autónoma Vasca son tres las opciones: modelo A, enseñanza en castellano con el *euskera* como asignatura, modelo D, enseñanza en *euskera* con el castellano como asignatura, y modelo B, donde las dos lenguas son vehiculares de enseñanza al 50%. En Navarra, los habitantes del sur pueden optar por un cuarto modelo exclusivamente en castellano.

En el gráfico 2 se observan los datos de escolarización de la Comunidad Autónoma Vasca desde 1983, año en que legalmente se implantan los diferentes modelos lingüísticos, hasta el 2001. Son datos correspondientes a niños y jóvenes desde los 3 a los 18 años, y sirven como complementarios a los ofrecidos anteriormente, ya que aquellos corresponden a la población de más de 15 años. Los modelos B y D, que garantizan el conocimiento del *euskera* y la capacitación bilingüe, aumentan paulatinamente. El modelo A, que permite, en el mejor de los casos, solo cierto conocimiento pasivo del *euskera*, desciende claramente. En conjunto, en el año 2001, más del 67% de la población escolar del País Vasco estaba escolarizada en un modelo bilingüe (D y B). No se puede olvidar que en los datos recogidos en la III encuesta sociolingüística el 68,7% de los jóvenes entre 15 y 24 años dicen ser bilingües, y que estas dos cifras se asemejan bastante. En el conjunto de la enseñanza no universitaria los modelos bilingües (D y B) han pasado de menos del 25% (15 y 10, respectivamente) de 1983 al 70% (45 y 23) de 2001. Pero si observamos los datos de los niños escolarizados entre los tres y los cinco años en el 2001 en el País Vasco (gráfica 3), vemos que los modelos educativos D (el *euskara*, lengua vehicular) y B (*euskara* y castellano, lenguas vehiculares) son los más solicitados por los padres. Desde 1983 hasta el 2001 el modelo D ha pasado de ser solicitado por el 28% al 61%. El modelo B del 22% al 30%. El modelo A (castellano, lengua vehicular) ha pasado de ser la opción del 50% de los padres en 1983 a ser la opción del 9% en 2001. Pero si observamos los datos de los niños escolarizados entre los tres y los cinco años en el 2001 en el País Vasco (página 3), vemos que los modelos educativos D (el *euskara*, lengua vehicular) y B (*euskara* y castellano, lenguas vehiculares) son los más solicitados por los padres. Desde 1983 hasta el 2001 el modelo D ha pasado de ser solicitado por el 28% al 61%. El modelo B del 22% al 30%. El modelo A (castellano, lengua vehicular) ha pasado a ser la opción del 50% de los padres en 1983 a ser la opción del 9% en 2001.

Evolución de la enseñanza no universitaria en el País Vasco

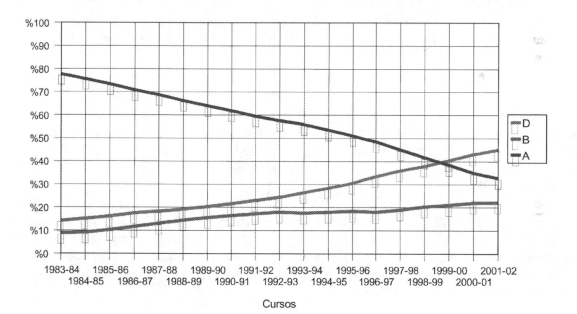

Educación infantil (3-5 años) en el País Vasco

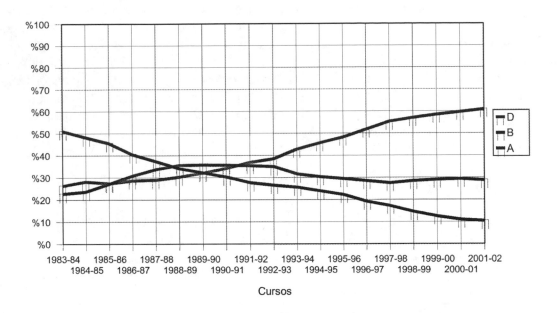

Cursos

Los datos relativos a la enseñanza parecen justificar, al menos en gran medida, y sin olvidar la labor de los centros de enseñanza del euskera de adultos, el aumento del porcentaje de hablantes bilingües en el País Vasco. De acuerdo con los resultados de la III encuesta sociolingüística (Gobierno Vasco 2003), el número de bilingües en el País Vasco se ha incrementado de 420.000 en 1991 a 530.000 en 2001.

En Navarra el sistema educativo también contribuye a aumentar el número de bilingües entre las generaciones jóvenes. El porcentaje de bilingües (equilibrados y pasivos) en este territorio es en 2001 del 16,9%, más o menos unas 80.000 personas. Pero este porcentaje de bilingües aumenta entre los menores de 25 años hasta el 23%. Una característica de Navarra es la gran concentración de hablantes bilingües al norte del territorio. En dicha zona el porcentaje de bilingües es del 65% entre los mayores de 25 años y del 81% entre los menores de 25 años.

En el País Vasco-Francés el número de hablantes bilingües, por el contrario, desciende paulatinamente. En 1991 el porcentaje de bilingües era del 40,2%. En 2001 es del 36,6%. Y entre los ciudadanos de 34 a 25 años el porcentaje de 2001 es del 24,9%.

Para finalizar este apartado ofreceremos, brevemente, los datos de la III encuesta sociolingüística relativos al uso de las lenguas y las actitudes lingüísticas. El uso del *euskera*, como su conocimiento, viene aumentando desde 1981. En 2001 el 36% de la población del País Vasco dice usarlo en las diferentes esferas de la sociedad: familia, amigos, administración, etc. Son los jóvenes los que más lo usan, ya que cerca del 50% de los mismos entre los 16 y 24 años dicen usarlo, alternándolo con el castellano. En Navarra el uso del *euskera* es menor, como corresponde al conocimiento menor en este territorio. También en este territorio se observa cierto aumento en el uso entre los jóvenes de 16 a 24 años.

Respecto a las actitudes hacia la promoción del *euskera* se observan ciertas diferencias notables en los distintos territorios (cuadro 4). La actitud de los ciudadanos en la Comunidad Autónoma Vasca y el País Vasco-Francés es claramente favorable a la promoción del *euskera*, el 50% y el 42% respectivamente, frente a la actitud desfavorable del 17% en ambos casos. Por el contrario, en Navarra la actitud desfavorable supera a la favorable, 37% y 29% respectivamente.

Cuadro 4: Actitud ante la promoción del uso del euskera (2001)

	Muy en contra	En contra	Indiferente	A favor	Muy a favor
País Vasco	3%	14%	34%	37%	13%
Navarra	12%	25%	35%	21%	8%
País Vasco-Francés	2%	15%	42%	32%	10%

Dentro de la Comunidad Autónoma Vasca la actitud más favorable y la menos desfavorable hacia la promoción del *euskera* corresponde a Guipúzcoa, 62% y 9% respectivamente. En una posición intermedia se sitúa Vizcaya, con el 38% y 17%. En Álava ambas actitudes son más parejas en porcentajes, 34% y 28%. En Navarra las actitudes de los ciudadanos respecto a la promoción del *euskera* cambian drásticamente dependiendo de la zona. La III encuesta sociolingüística ha diferenciado Navarra, como lo hace el gobierno autonómico navarro en la aplicación de su política lingüística, en tres zonas: la zona vascófona al norte, donde los bilingües casi alcanzan el 70% de la población, la zona mixta, donde el *euskera* es una de las lenguas de la administración aunque el número de bilingües no llega al 20%, y la zona no vascófona al sur, donde el *euskera* no es una lengua de la administración. En estas tres zonas la actitud desfavorable o muy desfavorable hacia la promoción del *euskera* es del 5, 31 y 55%, respectivamente. Mientras que la actitud favorable o muy favorable es del 67, 32 y 12%.

3. Influencias mutuas en los sistemas lingüísticos

Cuando en el siglo II a. de C. los romanos llegaron al territorio del *euskera*, comenzó la relación entre ambas lenguas. Con el paso del tiempo, el latín vulgar hablado en las zonas fronterizas de *Euskal Herria* fue transformándose en diversas lenguas románicas (al norte el gascón, variante del occitano; al este el aragonés; al sur el castellano), y estas continuaron manteniendo relaciones de vecindad con el *euskera*, e incluso, se introdujeron en territorio vasco y en hablantes vascos.

En el proceso de nacimiento del castellano es muy probable que algunos de sus hablantes fueran bilingües y también hablasen *euskera*, como, por ejemplo, el autor de las llamadas 'Glosas Emilianenses', consideradas uno de los primeros textos escritos en lengua castellana, ya que entre las glosas escritas en castellano antiguo también hay dos escritas en *euskera* (Menéndez Pidal 1976, Mitxelena1964). En esta pequeña introducción se tratará de las influencias lingüísticas desde una perspectiva diversa. En primer lugar, se señalarán ciertas características históricas de la lengua castellana supuestamente debidas a un influjo de la lengua vasca. En segundo lugar, se presentarán las influencias actuales de la lengua vasca en la variedad del castellano del País Vasco. Finalmente, se recopilarán algunas de las influencias del *euskera* en el castellano de los hablantes bilingües de nuestros días.

i- Son muchas las hipótesis que se han formulado sobre la influencia del *euskera* en la formación del castellano. Relativas a la fonología, se ha señalado, por ejemplo, que el sistema de las cinco vocales del castellano es debido a una influencia del *euskera* que tiene el mismo sistema vocálico, frente al resto de las lenguas romances que tienen un sistema vocálico diferente. También la neutralización de la /v/ y de la /b/ ha sido vista como una influencia del *euskera* (Alonso 1962), que carece y ha carecido del fonema /v/, por lo que se sabe desde los testimonios aquitanos. Menéndez Pidal (1923) atribuyó la /s/ apical del castellano, frente a la dorsal de las demás lenguas románicas, a la influencia de la apical vasca. Pero quizás, la más famosa de estas supuestas influencias vascas sea la de la transformación de la inicial /f-/ en /h-/ (de *facere* a *hacer*) que tuvo lugar en la época medieval, y que de acuerdo con esta hipótesis se debió a la ausencia del fonema perdido en la lengua vasca (Menéndez Pidal 1923).

Como señala Trask (1997), estas hipótesis del sustrato fonológico vasco no pasan de ser meras conjeturas, algunas de ellas claramente rechazables, y, de cualquier manera, siempre de difícil constatación. Izzo (1977), por ejemplo, rechazó contundentemente la hipótesis del sustrato vasco en el proceso de pérdida de la /f-/.

Una supuesta influencia tan notoria del sustrato vasco en el sistema fonológico, o incluso en la gramática del castellano, parece justificarse suponiendo que los primeros hablantes del castellano, o una parte significativa de los mismos, fuesen de origen vascófono o de una lengua prerromana que compartiera estos rasgos con el *euskera*, obviando que el castellano evolucionó desde el latín vulgar, y que este siempre tuvo su propia masa de hablantes.

En el ámbito morfológico y de la gramática también se han señalado muchas características del castellano debidas a un supuesto sustrato vasco, pero la mayoría ha sido rechazada. De todas formas, algunas de estas observaciones parecen tener mayor consistencia. Por ejemplo, Echenique (1984) señala que el sistema deíctico trigradual del *euskera*, semejante al del latín clásico, pudo influir en la permanencia de este en el castellano, frente a su pérdida en otras lenguas románicas. Las lenguas románicas que conservan el sistema trigradual latino son todas del entorno vasco: los romances peninsulares y el gascón del sur de Francia. La misma autora también ha señalado influjos de hablantes vascos en ciertas variedades del español de América durante los siglos XVI y XVII, tal como la conservación de la lateral palatal en Paraguay, no existente en guaraní, y el leísmo de Ecuador, Paraguay, Argentina y Méjico.

En el campo del léxico también ha habido una tendencia tradicional a considerar préstamos del *euskera* una serie de términos que, luego, en numerosas ocasiones, sobre todo a partir del laborioso trabajo de Corominas y Pascual (1980), ha sido rechazado. Estos investigadores han demostrado que palabras hasta entonces consideradas de origen vasco, no lo eran, como, por ejemplo: *anchoa, boina, guijarro, zorro, pizarra, perro, sapo*, etc.

De cualquier forma, el origen vasco de otros términos parece estar fuera de dudas: *izquierdo* (*ezquerra* y *esquerda* en catalán y gallego, *ezkerra* en vasco), *órdago* (vasco *hor dago*, 'hay está'), *amarraco* (vasco *hamarreko*), *chamarra* (vasco *zamarra* ó *txamarra*), *chatarra* (vasco *zatarra* o *txatarra*), *chabola* (vasco *txabola*), *motxila* (vasco *mutila)* (Corominas y Pascual 1980), etc.

ii- Si nos fijamos en la variedad del castellano hablada en el País Vasco, hemos de señalar que las influencias del *euskera* son evidentes, incluso en el castellano de los monolingües. En el nivel fonológico las diferencias respecto al castellano no parecen ser excesivas, salvo la tendencia a la conservación del fonema lateral palatal, aunque las jóvenes generaciones empiezan a ser yeístas en castellano también en el País Vasco.

En la morfosintaxis las diferencias son más palpables. El castellano tradicional del País Vasco es sistemáticamente leísta (Fernández 1994), e incluso permite la realización fonética del objeto (*le he visto a ella*). Los clíticos o pronombres átonos de tercera personas correspondientes al objeto directo tienden a no ser realizados (*ya te (lo) he dicho, no (los) quiero, me (lo) contaste el otro día*) (Landa 1993). La no realización de los pronombres átonos es explicable a través del *euskera*, ya que en esta lengua el verbo concuerda con el sujeto y los objetos, pero los sintagmas sujeto y objetos pueden elidirse. Respecto al leísmo, un fenómeno similar se produce en *euskera*, ya que el único objeto de ciertos verbos puede ser marcado mediante el dativo, y no mediante el absolutivo, que es el caso típico del objeto directo en *euskera*.

También es muy frecuente la utilización del sufijo –chu (del vasco –*txo*) para crear diminutivos de nombres propios (*Juanchu, Maitechu, Santichu, Menchu*, etc.) o la repetición del mismo adjetivo, que sustituye a 'muy' ('rico-rico,' 'grande-grande,' 'listo-listo,' etc.).

La sintaxis es uno de los aspectos que parece más afectados por la influencia de la estructura vasca. Así, es frecuente la anteposición del tema al verbo al inicio de la oración (*con mi hijo voy a la playa*), llegando, incluso, a anteponer el objeto al verbo (*manzanas llevo yo, chorizo quiero,* etc.). También se utiliza el orden pragmático tema-rema-verbo típico del *euskera* (*el hombre muy trabajador no es*).

La influencia del léxico vasco en el castellano de Bilbao ha sido recogida por Etxebarria (1985). Esta autora diferencia los términos recogidos por el DRAE (Diccionario de la Real Academia Española) y catalogados como propios del castellano de Vizcaya, los términos creados por un cruce de palabras de ambas lenguas, los términos castellanos alterados por influencia del *euskera,* y los estrictamente vascos, aunque adaptados al castellano. Algunos de los términos recogidos por esta autora en un cuestionario de 615 preguntas, acerca de la utilización léxica en castellano, realizado a 54 personas de Bilbao y su entorno, de las cuales el 33% hablaban *euskera* y el 83% había nacido en el País Vasco, con mayor porcentaje de uso son los siguientes: *aupas* (coger a un niño en brazos, del *euskera aupaz,* donde la *–z* es una marca morfológica, 68,5%), *kolko* (espacio que queda entre la camisa y el pecho, tanto en el hombre como en la mujer, 83.3%), *chis* (término infantil para llamar a la orina, del *euskera txiz,* 61,1%), *chalo* (palmada o aplauso, del *euskera txalo,* 92,5%), *biritxindor* (grano al borde del párpado, del *euskera biritxindor,* 50,9%), *potolo* o *pocholo* (niño pequeño hermoso, del *euskera potolo* o *potxolo,* 53,7%), *morrosko* (joven aldeano fuerte y de gran complexión, 87%), *giarra* (carne magra, del *euskera giharra,* 62,9%), *txistorra* (chorizo delgado, 92,5%), *ondakin* (lo que queda en un plato o vasija, del *euskera hondakin,* 53,6%), *chamarra* (cazadora de ante, del *euskera txamarra,* 77,7%), *txoto* (gorro para cubrir la cabeza, 90,7%), *chabola* (choza, cabaña, del *euskera txabola,* 98,1%), *aña* (nodriza, 94,4%), *pitxin* (apelativo cariñoso, 50%), *sirri* (caricia intencionada a una muchacha, del *euskera zirri,* 59,2%), *aita* (nombre familiar del padre, del *euskera aita,* 66,6%), *ama* (nombre familiar de la madre, del *euskera ama,* 77,7%), *larri* (malestar de estomago, del *euskera larri,* 88,8%), *bihotzerre* (acidez de estómago, del *euskera,* 51,8%), *arrantzale* (el que se dedica a la pesca, 74%), *ikastola* (escuela en *euskera,* 100%), *sirimiri* (lluvia muy fina, del *euskera zirimiri,* 100%), perretxiko o *perrotxiko* (seta, del *euskera perretxiko,* 62,9%), *sapaburu* (cría de la rana, del *euskera zapaburu,* 94,3%), *sirón* (culebra pequeña y oscura de la zona, del *euskera ziraun,* 70,36%), *txarri* (cerdo, 52,7%), *txarriboda* (matanza del cerdo, 96,2%), *txala* (cría de vaca, 72,2%), *sagutxu* (ratoncillo, 94,4%), etc.

iii- Para indicar las características del castellano de los bilingües, entre otras fuentes, se han utilizado los estudios de Echaide (1968) y Zarate (1976) sobre el habla popular de dos zonas vascófonas del País Vasco (Orio y Chorierri, respectivamente), aunque también se recogen ejemplos de los hablantes jóvenes.

La primera constatación que se debe realizar es que el nivel de competencia lingüística varía mucho entre las distintas generaciones, y se puede afirmar que las generaciones de jóvenes y adultos tienen una alta competencia en el español estándar. En esta línea, muchas de las características que se han observado anteriormente, principalmente las fonológicas y las morfosintácticas, tienden a disminuir. Por ejemplo, si algunos hablantes bilingües de la generación de ancianos sesean cuando hablan es castellano, las generaciones jóvenes no producen este fenómeno, y su competencia fonológica es la de un hablante medio español. También el leísmo o la no realización de los pronombres átonos de tercera persona tienden a ser corregidos por las generaciones jóvenes.

De cualquier modo, en el habla popular, se observa cierta tendencia al uso de léxico de origen euskérico, y se puede decir que ciertos términos han conocido un uso en castellano del que hasta ahora carecían. Algunos de estos términos son: *gaupasa* ('noche completa de juerga'), *gautxori* ('persona que se divierte hasta altas horas de la noche'), *zulo* ('agujero' o 'depósito'), *abertzale* ('patriota'), *greba* ('huelga,' a su vez tomada del francés), *lana* o '*las lanas*' ('trabajos escolares'), *andereño* ('profesora'), *aitita* ('abuelo'), *agur* ('adiós'), *hamaiketako* ('aperitivo'), *aprobetxategi* ('aprovechador,' con el sufijo vasco *-tegi*), *karramarro* ('cangrejo de mar'), *kokolo* ('infeliz, tonto'), *mozolo* ('infeliz, tonto'), *txotxolo* ('infeliz, tonto'), *memelo* ('infeliz, tonto'), *telebista* ('televisión'), *txapela* ('boina'), *txoko* ('sociedad gastronómica'), *txozna* ('barraca o bar de fiestas'), *bertsolari* ('improvisador de literatura oral'), *txirrindulari* ('ciclista'), *pelotari* ('jugador en el frontón'), *kirolari* ('deportista'), *txangurro* ('centollo'), *txalaparta* ('instrumento musical'), etc.

Otro fenómeno habitual es el fenómeno del *code-switching*, poco analizado en el contacto entre el castellano y el *euskera*. Rotaetxe (1991, 1994) y Etxebarria (2003) han estudiado este tipo de producciones. Etxebarria, al analizar el habla de los vascos de Guernica y Bermeo, ha observado que se pueden diferenciar las conmutaciones intraoracionales y las interoracionales. Entre las primeras ha recogido ejemplos de incorporaciones de sustantivos, adjetivos, sintagmas nominales, sintagmas preposicionales y predicativos. En las interoracionales tanto las subordinada como la principal pueden ser realizadas en la otra lengua. A su vez, la influencia del castellano en el *euskera* hablado es también muy importante. Quizás, mucho más relevante, y se hace notar tanto en la fonología, como en la morfología, la sintaxis y el léxico. De todas formas, esta influencia será tratada en otra ocasión.

En las próximas generaciones la situación de contacto entre el español y el *euskera* variará notablemente, ya que ambas lenguas, además de compartir el territorio, compartirán los hablantes. Los ciudadanos vascófonos del País Vasco y Navarra también hablarán español, y la mayoría de ellos tenderá a ser bilingüe equilibrada. El *euskera* no tendrá una masa de hablantes monolingües. El español sí la tendrá, al menos fuera del País Vasco. Pero la situación también variará respecto a la anterior y a la actual, debido al hecho de que los bilingües lo serán de dos lenguas de prestigio, utilizadas en todas las esferas de la sociedad, y, además, habrán sido escolarizados en ambas lenguas. Evidentemente, el español contará con un nivel de prestigio añadido, debido a su utilización en España y en amplias zonas del mundo. Será interesante observar como evolucionan en esta situación ambas lenguas a todos los niveles, especialmente en el campo de la alternancia y mezcla de códigos.

OBRAS CITADAS

Alonso, D. (1962) « La fragmentación fonética peninsular .» *Enciclopedia Lingüística Hispánica*, volumen 1. Madrid: Centro Superior de Investigaciones Científicas.

Corominas, J. (1975) "Les plombs sorothaptiques d'Arles." *Zeitschrift für Romanische Philologie* 91: 1-53.

Corominas, J. y Pascual, J. A. (1980) *Diccionario crítico etimológico castellano e hispánico*. Madrid: Gredos.

Echaide, A. M. (1968) *Castellano y vasco en el habla de Orio. Estudio sobre la lengua tradicional e importada*. Pamplona: Diputación Foral de Navarra.

Etxebarria, M. (1985) *Sociolingüística urbana. El habla de Bilbao*. Salamanca: Universidad de Salamanca.

Etxebarria, M. (2002) La diversidad de lenguas en España. Madrid: Editorial Espasa Calpe.

Etxebarria, M. (2003) "Español y euskera en contacto." *Linred- Lingüística en la red*. Universidad de Alcalá de Henares, 16 páginas.

Etxenique, M. T. (1984) *Historia lingüística vasco-románica. Intento de aproximación*. San Sebastián: Caja de Ahorros Provincial de Guipúzcoa.

Fernández, I. (1994) "Isoglosas internas del castellano. El sistema referencial del pronombre átono de tercera persona." *Revista de Filología Española LXXIV*, 71-125.

Gobierno Vasco (1993) *La continuidad del euskera II*. Vitoria-Gasteiz: Servicio de Publicaciones del Gobierno Vasco.

Gobierno Vasco (1998) *II Mapa sociolingüístico (tomos I, II y III)*. Vitoria-Gasteiz: Servicio de Publicaciones del Gobierno Vasco.

Gobierno Vasco (2003) *La continuidad del euskera III*. Vitoria-Gasteiz: Servicio de Publicaciones del Gobierno Vasco.

Gorrochategui, J. (1984) *Estudio sobre la onomástica indígena de Aquitania*. Bilbao: Universidad del País Vasco.

Intxausti, J. (1990) *Euskera, la lengua de los vascos*. Vitoria-Gasteiz: Gobierno Vasco – Eusko Jaurlaritza.

Izzo, H. J. (1977) "Pre-Latin languages and sound changes in Romance: the case of Old Spanish /h-/." Hagiwara, M. P. (ed.) *Studies in Romance Linguistics*. Rowley, MA: Vewbury House, 227-253.

Landa, A. (1993) "Los objetos nulos determinados del español del País Vasco." *Lingüística (ALFAL)* 5, 131-146.

Menéndez Pidal, R. (1921) "Introducción al estudio de la lingüística vasca," Eusko Ikaskuntza (Edición de 1962 del propio autor, *En torno a la lengua vasca*, Madrid, Austral, 11-57).

Menéndez Pidal, R. (1923) "Influjo del elemento vasco en la lengua española." III Congreso de Estudios Vascos. (Edición de 1962 del propio autor, *En torno a la lengua vasca*, Madrid, Austral, 59-71).

Menéndez Pidal, R. (1976) **Orígenes del** *español*. Madrid.

Mitxelena, K. (1964) **Textos arcaicos vascos.** Madrid: Minotauro.

Núñez, L. (2003) El euskera arcaico. Extensión y parentescos. Tafalla: Txalaparta.

Rotaetxe, K. (1991) "Descriptions et valeurs pragmatiques de l' alternance basque et espagnol." European Science Foundation-Scientific Networks-Papers on Code-Switching and Language Contact, Strasbourg, 227-247.

Rotaetxe, K. (1994) "Alternance codique et langue minoritaire." Martel, P. y Maurais, J. (eds.), Mélanges offerts a J. C. Corbeil: Langues et sociétes en contact. Tübingen: Max Niermeyer Verlag, 395-408.

Trask, R.L. (1995) "Origins and Relatives of the Basque Language: Review of the evidence," Hualde, J.I., Lakarra, J. A. & Trask L. (ed.) Towards a History of the Basue Language, Philadelphia: John Benjamins, 65-99.

Trask, R.L. (1997) The History of Basque. London: Routledge.

Zarate, M. (1976) Influencias del vascuence en la lengua castellana a través de un estudio del elemento vasco en el habla coloquial del Chorierri – Gran Bilbao. Bilbao: La gran Enciclopedia Vasca.

EL ESPAÑOL DE LOS PAÍSES CATALANES

Robert E. Vann
Western Michigan University

Introducción

El sociólogo y filósofo Pierre Bourdieu sostiene que toda práctica lingüística es valorada al patrón de las prácticas legítimas y dominantes (27) y que el lenguaje autorizado tiene el poder real de imponer (di-)visiones del mundo social (88). Desde los tiempos de Nebrija y la Reina Isabel la construcción del Estado español ha implicado la construcción de un mercado lingüístico dominado por la lengua oficial, el castellano, norma con que se ha medido toda práctica lingüística. Este mercado lingüístico tradicionalmente ha censurado las otras variedades lingüísticas de España (tanto los otros dialectos del español peninsular como las otras lenguas de España) por otorgarles relativamente menos capital simbólico. Ya que integrarse en una comunidad lingüística es integrarse en las relaciones de dominación lingüística que reproduce (Bourdieu 20), vivir en España ha implicado desde hace siglos reconocer el dialecto castellano como primus inter pares. Si de verdad el reconocimiento del lenguaje legítimo y autorizado viene siendo reproducido, inculcado e impuesto por las instituciones gubernamentales y académicas por medio de la objetivación en el discurso, cuya consecuencia puede ser la propia producción de lo que describe (Bourdieu 90), pues la valoración de las prácticas lingüísticas y las mismas divisiones lingüísticas tradicionales son meras construcciones sociales cuyo mérito tiene que cuestionarse. Aquí se resume cómo, en los últimos 10 años, varios investigadores han comenzado a cuestionar el estatus del español de los Países Catalanes (entiendo por este término Cataluña, Valencia, Baleares, la Franja Aragonesa, y todo otro lugar de España donde haya comunidades de habla catalana). Al contrario de las dialectologías tradicionales (cf. e.g. Zamora Vicente) que no tratan el español de los Países Catalanes, o peor, que lo describen como un castellano roto o bastardizado (cf. e.g. Badia i Margarit, Llengua), las investigaciones recientes del español de los Países Catalanes han producido el consenso de que se trata de otro dialecto del idioma español, un español regional propio a los Países Catalanes que presenta propiedades únicas en todos los sistemas lingüísticos fundamentales (léxico, fonología y morfosintaxis) a causa de su contacto lingüístico con el catalán.

Dialectología española tradicional

Curiosamente, la dialectología española no se refiere tradicionalmente a los dialectos del español, como uno pensaría, sino a "todo lo que, no siendo rigurosamente castellano, participa de él y de su peripecia histórica" (Zamora Vicente 7). Para Zamora Vicente, esta perspectiva no incluye análisis de las otras lenguas románicas más habladas en España, el catalán y el gallego. No sorprende que se excluyan el catalán y el gallego de una dialectología del idioma español. Lo sorprendente es la escasa mención de los dialectos del español que se han formado en contacto con estas otras lenguas peninsulares. El único lugar en que Zamora Vicente trata dialectos del español influidos por el catalán es en la corta sección sobre el murciano, que en sí sólo se trata brevemente como "dialecto de tránsito."

Los dialectos de tránsito (el extremeño, el riojano, el murciano, y el canario) son, según Zamora Vicente, dialectos formados en cruces lingüísticos que incorporan en el español algunas características de las variedades lingüísticas colindantes de influencia histórica. Así es que para Zamora Vicente, por ejemplo, el extremeño es esencialmente el leonés con algunos rasgos del andaluz; el riojano es esencialmente el aragonés con toques del leonés; y el murciano es básicamente el aragonés con rasgos del andaluz y del catalán. ¿Qué tal los dialectos de tránsito de los Países Catalanes? Como todos los dialectos de tránsito, estas variedades del español en contacto incorporan algunas características de una variedad lingüística colindante de influencia histórica.[1] Sin embargo, no hay capítulo dedicado al español catalanizado de los Países Catalanes ni aparece como dialecto de tránsito. Zamora Vicente no describe el español de los Países Catalanes más allá que la referencia al murciano.

Sinner ("Frecuencia") ha encontrado un lapsus semejante en una investigación lexicológica en la que encontró escasa mención de catalanismos en el Diccionario de la Real Academia Española. Ya que este diccionario representa la encarnación del lenguaje autorizado y legítimo, y coincide con Zamora Vicente en ignorar el español de los Países Catalanes, parece factible concluir que reconocer la existencia del español de los Países Catalanes como dialecto distinto no cuadra con la visión social que quisieran imponer las autoridades lingüísticas españolas ni con el mercado lingüístico unificado que pretenden construir.

Claro está, la falta de incluir descripción del español de los Países Catalanes en tratados autoritativos de la dialectología y lexicología españolas margina las diferentes maneras de usar el español en los Países Catalanes y refuerza el reconocimiento del castellano como la variedad legítima y autorizada en España. No rotular con nombre propio el español hablado en los Países Catalanes es una técnica poderosa que ayuda a construir cierta visión del mundo social que no incluye esta realidad. El caso es curioso, porque muchos españoles (catalanes o no) reconocen y hasta se mofan del español hablado en los Países Catalanes, lo que sugiere que existe una variedad lingüística del español generalizable a los Países Catalanes.

¿Cómo puede una variedad del español potencialmente hablada por más de 1/4 de la población de España[2] no ser el blanco de la investigación dialectológica? Aquí entra en juego el poder de la nominación (Bourdieu 65), cuya consecuencia puede ser la propia producción de lo que describe. Para la mayoría del siglo pasado, durante el cual se escribieron muchos de los tratados lingüísticos que hoy reconocemos como el canon, en un intento franquista de unificar el mercado lingüístico por consolidar el reconocimiento legítimo del castellano, una y otra vez se caracterizó el español de los Países Catalanes como un castellano mal hablado con interferencias del catalán (Badia i Margarit, Barcelonins, Llengua, "Peculiaridades"; Lapesa; Marsá; y Seco inter alia). Repetir consistentemente el gobierno y las autoridades lingüísticas la visión del español de los Países Catalanes como un castellano roto acabó por crear la percepción de esta realidad (Vann, "Language"), por lo que para mucha gente hacía falta corrección de los "errores lingüísticos" presentes en el "castellano" de los Países Catalanes en lugar de descripción dialectológica de las maneras de usar el español ahí. Algunos residentes de los Países Catalanes, simbólicamente dominados, aún hoy pueden tener vergüenza de hablar tan "mal" el "castellano." [3] Así es que el español de los Países Catalanes no ha recibido el trato que lingüísticamente se merece entre los dialectos del español peninsular. Varios estudios recientes han intentado remediar esta situación.

Estudios recientes sobre el español de los Países Catalanes

Olvidado por la dialectología española, el español de los Países Catalanes resulta relativamente poco estudiado formalmente. Boix, Payrató y Vila han señalado que hacen falta investigaciones sociolingüísticas de "corpus" para poder hacer análisis fidedignos que documenten, ejemplifiquen y describan el tipo y grado de transferencia lingüística que caracteriza el español de los Países Catalanes. Han aparecido algunos estudios publicados en los últimos años con datos de corpus escritos (Atienza et al.; Casanovas Catalá, "Aproximación"; Hernández García, "Propuestas"). Dos estudios de megacorpus con componente oral se están llevando a cabo actualmente en Barcelona,[4] desde una perspectiva lingüística y cultural, y están dirigidos a este fin los trabajos preparatorios de corpus oral de Casanovas Catalá ("Modelos"), Hernández García ("Anàlisi"), Sinner ("Análisis" y "Construction") y Vann ("Constructing," "Castellà" y "Linguistic"). A continuación resumiremos lo que los estudios de corpus han encontrado y veremos cómo el español de los Países Catalanes se distingue dentro de la dialectología española.[5]

Muchos de los rasgos que distinguen el español de los Países Catalanes provienen del catalán por transferencia lingüística[6] o bien han sido favorecidos por las estructuras del catalán. Huelga decir que no todas las formas citadas a continuación son de uso universal ya que provienen de datos de corpus, pero todas las formas aquí citadas sí tienen alguna integración en el español regional de los Países Catalanes y pueden comportar funciones creativas para competir con las del español más general.

Vocabulario

Las diferencias dialectales se tienden a notar más rápidamente y más frecuentemente en el vocabulario y la fonología. El español de los Países Catalanes tiene y retiene muchas palabras (ya) no utilizadas en otros dialectos del español. Algunas de estas palabras vienen del catalán por transferencia léxica, sean préstamos, calcos, o extensiones semánticas. Otras son palabras ya perdidas o al menos anticuadas en la mayoría de los dialectos actuales del español que se han preservado en el español de los Países Catalanes por su semejanza con el vocabulario del catalán.

Presentamos como préstamos las palabras procedidas del catalán que entran en el vocabulario del español de los Países Catalanes como neologismos. Al españolizarse estas palabras, su pronunciación se adapta al sistema fonológico español. En los ejemplos que siguen, se indican los significados de los préstamos entre paréntesis.

(1) *parentivo* (='parientes')

(2) *seriosamente* (='seriamente')   (Atienza et al.)

(3) *arrelar* (='arraigar')

(4) *copsar* (='tomar al vuelo, comprender')

(5) *esclatar* (='estallar, reventar')

(6) *gaudir* (='gozar')

(7) *grandaria* (='magnitud')

(8) *inversemblante* (='inverosímil')

(9) *reflectir* (='reflejar')

(10) *revivar* (='avivar')

(11) *robatorio* (='robo')

(12) *vianantes* (='peatones')   (Casanovas Catalá, "Aproximación")

(13) *chafardear* (='chismorrear')

(14) *enchegar* (='poner en marcha')

(15) *girarse* (='volverse')   (Casanovas Catalá, "Modelos")

(16) *carrer* (='calle')

(17) *isolado* (='aislado')

(18) *revoltar* (='revolver')

(19) *traduir* (='traducir')   (Montolío y Vila)

(20) *amanida* (='ensalada')

(21) *michana* (='chuleta, lomo')

(22) *muncheta* (='habichuela')

(23) *prou* (='bastante')

(24) *visitarse*(='ir al médico')   (Sinner, "Construction")

(25) *a la babalá* (='al azar')

(26) *atabalada* (='desconcertada')

(27) *barrecha* (='mezcla')

(28) *barrejar* (='mezclar')

(29) *desenvolupar* (='desarrollar')

(30) *deu* (='adios')

(31) *espardeña* (='alpargata')

(32) *esplai* (='centro excursionista')

(33) *estalviadores* (='ahorradores')

(34) *payés* (='campesino')

(35) *rachola* (='baldosa')   (Vann, "Castellà" y "Linguistic")

Presentamos como calcos las expresiones observadas en el español de los Países Catalanes que, por ser traducidas literalmente, palabra por palabra del catalán al español, no existen como expresiones con el mismo significado en otros dialectos del español, donde puede que tengan otro sentido o que carezcan de sentido. En los ejemplos que siguen, se indican los significados de los calcos entre paréntesis.

(36) *no salir de* (='apenas terminar de')

(37) *si más no* (='por lo menos')

(38) *tener pensamiento* (='creer')   (Casanovas Catalá, "Aproximación")

(39) *dejar de pasta de boniato* (='sorprender')

(40) *encontrar a faltar* (='echar de menos')

(41) *hacer bondad* (='portarse bien')

(42) *hacer el efecto* (='parecer')

(43) *hacer mal* (='doler')

(44) *hacer olor de* (='oler a')

(45) *hacer rabia* (='dar rabia')

(46) *hacer risa* (='dar risa')

(47) *hacer servir* (='utilizar')

(48) *hacer tarde* (='llegar tarde')

(49) *hacer un café* (='tomar un café')

(50) *hacerse* (='preocuparse en exceso')

(51) *los días de cada día* (='los días laborables')

(52) *quedarse parado* (='sorprenderse')

(53) *¿quieres decir?* (='¿estás seguro?')   (Casanovas Catalá, "Modelos")

(54) *venir de gusto* (='apetecer')   (Hernández García, "Anàlisi")

(55) *hacer un beso* (='dar un beso')   (Sinner, "Construction")

(56) *ahí hay* (='hay')

(57) *al costado* (= 'al lado')

(58) *cerrar la luz* (='apagar la luz')

(59) *dolerle el cuello* (='dolerle la garganta')

(60) *esto mismo* (='¡exacto!')

(61) *hacerle raro* (='parecerle raro')

(62) *hacer servir* (='usar')

(63) *la cual cosa* (='lo cual')

(64) *tiene a ver* (='tiene que ver')

(65) *todo y que* (='aunque')   (Vann, "Castellà" y "Linguistic")

Presentamos como casos de extensión semántica palabras que existen en la mayoría de los dialectos del español, pero que en el español de los Países Catalanes han adquirido acepciones nuevas por el contacto con palabras semejantes en el catalán. En los ejemplos de extensión semántica que siguen, se indican entre paréntesis los significados adicionales que pueden tener estas palabras en el español de los Países Catalanes.

(66) *seguido* (='serie')

(67) *trecho* (='rasgo')   (Casanovas Catalá, "Aproximación")

(68) *avanzar* (='pasar delante de alguien')

(69) *faena* (='oficio')

(70) *lampista* (='fontanero')

(71) *paleta* (='albañil')

(72) *parada* (='puesto de mercado')

(73) *plegar* (='salir del trabajo')　　　　　　　　　　(Casanovas Catalá, "Modelos")

(74) *va* (='venga, vamos, anda')　　　　　　　　　　　(Hernández García, "Va")

(75) *a* (='en')

(76) *de* (='por')

(77) *pensar* (='creer')

(78) *que* (=partícula expletiva)

(79) *sacar* (='quitar')　　　　　　　　　　　　　　　(Montolío y Vila)

(80) *preguntar* (='pedir')　　　　　　　　　　　　　(Sinner, "Construction")

(81) *pernil* (='jamón')

(82) *pero* (='sin embargo')

(83) *por eso* (=expresión adversativa)

(84) *respectar* (='respetar')

(85) *resta* (='resto')

(86) *sacar* (='quitar')

(87) *ser* (=ubicación personal)　　　　　　　　　　　(Vann, "Castellà" y "Linguistic")

(88) *aquí* (='ahí')

(89) *este* (='ese')

(90) *traer* (='llevar')

(91) *venir* (='ir')　　　　　　　　　　　　　　　　　(Vann, "Pragmatic" y "Transfer")

Presentamos como vocabulario preservado en el español de los Países Catalanes las siguientes expresiones ya perdidas, anticuadas, poco usadas, o desusadas en la mayoría de los dialectos actuales del español. Por lo visto la frecuencia de uso actual de estas expresiones en los Países Catalanes es alta ya que gustan de similitud formal con vocabulario cotidiano del catalán.

(92) *convidar* (='invitar')

(93) *durada* (='duración')

(94) *gana* (='hambre')

(95) *simpleza* (='cualidad de ser simple')

(96) *testimonio* (='testigo')　　　　　　　　　　　　(Atienza et al.)

(97) *absencia* (='ausencia')

(98) *solitud* (='soledad')　　　　　　　　　　　　　(Casanovas Catalá, "Aproximación")

(99) *caler* (='ser necesario')

(100) *defensar* (='defender')　　　　　　　　　　　(Casanovas Catalá, "Modelos")

(101) *haber de* (='tener que')　　　　　　　　　　　(Sinner, "Análisis")

(102) *cansamiento* (='cansancio')

(103) *empero* (='sin embargo')

(104) *incerteza* (='incertidumbre')

(105) *largaria* (='longitud')

(106) *loanza* (='alabanza')　　　　　　　　　　　　(Sinner, "Frecuencia")

(107) *a más* (='además')

(108) *de seguida* (='en seguida')　　　　　　　　　(Vann, "Castellà" y "Linguistic")[7]

Pronunciación

Cualquier hispanohablante que pasa por los Países Catalanes notará un conjunto de aspectos fonético-fonológicos locales que distinguen el acento del español ahí hablado. Los estudios de corpus oral del español de los Países Catalanes han observado lo siguiente:

Tabla 1

Rasgo fonético-fonológico	Ejemplo
(109) Pronunciar la "s" como la "z" ('ceceo')	*[θ]alamanca*
(110) Pronunciar la "c" como la "s" ('seseo')	*Bar[s]elona*
(111) Ensordecimiento de /d/ final de palabra	*Madri[t]*
(112) Retención fuerte del fonema palatal lateral	*Sevi[λ]a*
(113) Sonorización de /s/ final de palabra ante vocal	*lo[z] hombres*
(114) Velarización de /l/ y de la /a/ contigua	*vamos [ɑɫ] parque*
(115) Vocales abiertas (/e, o/ acentuadas)	*Qué h[ø']ra es?*
(116) Vocales neutralizadas (/e, a/ inacentuadas)	*[ʌ]spañ[ʌ]*
(117) Realización de /o/ inacentuada como [u]	*la n[u]rmalización*

(Vann, "Castellà" y "Linguistic")

Gramática

Menos notables quizá que los rasgos lingüísticos que distinguen el español de los Países Catalanes en las áreas de vocabulario y pronunciación, los rasgos gramaticales no son menos importantes para mostrar que se distingue el español de los Países Catalanes en todos los sistemas lingüísticos fundamentales. Los estudios de corpus del español de los Países Catalanes han observado los siguientes rasgos gramaticales distintivos:

Alteración del paradigma verbal y conjugación innovadora de las formas verbales:
(118) *caminava* (='caminaba')
(119) *cantaran* ('cantarán')
(120) *cantaras* (='cantarás')
(121) *cantaria* (='cantaría')
(122) *havias venido* (='habías venido')   (Casanovas Catalá, "Aproximación")
(123) *depiende* (='depende')
(124) *entuviera* (='entendiera')
(125) *lleguese* (='llegase')
(126) *ponimos* (='pusimos')
(127) *ser respuesto* (='ser respondido)
(128) *ves* (='ve')   (Vann, "Castellà" y "Linguistic")

Comparaciones con *que no*:
(129) "Prefiero éste que no el otro."   (Casanovas Catalá, "Aproximación")
(130) "Y ahora…te cuesta más cogerlo que no al principio."(Hernández García, "Anàlisi")
(131) "Mejor dar los votos a otro sitio que no darlos aquí."   (Vann, "Castellà" y "Linguistic")

Complemento directo animado sin la preposición *a*:
(132) "Abandonó su familia."   (Atienza et al.)
(133) "Vais a conocer todos los guiris."   (Hernández García, "Anàlisi")
(134) "Conocieron unos chicos de Cádiz."   (Vann, "Castellà" y "Linguistic")

Construcciones partitivas:
(135) "En multitud de personajes extraños (incluso en alguno de extranjero)."
(Atienza et al.)

(136) "Está formada por dos partes: una de inferior y otra de superior."
(Casanovas Catalá, "Aproximación")
(137) "Un vaso rojo y uno de azul."   (Sinner, "Construction")
(138) "Porque es una zona de inmigrantes, entonces hay ...de gitanos."
(Vann, "Castellà" y "Linguistic")

De como nexo verbal:
(139) "Prefirieron de no liarla con dos idiomas."   (Vann, "Castellà" y "Linguistic")

Doble negación preverbal:
(140) "Nadie no lo diría."   (Atienza et al.)
(141) "Tampoco no lo hemos observado."   (Casanovas Catalá, "Aproximación")
(142) "Tampoco no lo he visto."   (Montolío y Vila)
(143) "Si votabas CiU, tampoco no avanzan."   (Vann, "Castellà" y "Linguistic")

Futuro de indicativo tras el nexo temporal *cuando*:
(144) "En 1992, cuando llegará mucha gente de todos los países…"
(Montolío y Vila)

Inacusativos con *ser*:
(145) "Los dos son nacidos aquí en BCN."   (Vann, "Castellà" y "Linguistic")

Indefinidos negativos con valor positivo:
(146) "¿Hay ningún libro que trate de este tema?"   (Atienza et al.)

Oraciones interrogativas encabezadas por la partícula *que*:
(147) "¿Que te ha gustado? // Pues a mí, no."   (Montolío y Vila)

Pluscuamperfecto como pretérito:
(148) "Los toros, de pequeño había ido a los toros."   (Vann, "Castellà" y "Linguistic")

Implicaciones

Los rasgos distintivos del español de los Países Catalanes presentados aquí representan sólo lo que hayan podido observar los pocos estudios de corpus que hasta la fecha se han publicado sobre el español de los Países Catalanes. Claro está que no podemos sacar generalizaciones representativas con base en estos estudios, pero parece igualmente claro que si de tan pocos estudios de corpus podemos encontrar tanta variación en los sistemas lingüísticos fundamentales del español de los Países Catalanes (léxico, fonología y morfosintaxis), más estudios de corpus y estudios de corpus a mayor escala revelarán aún más rasgos distintivos de las maneras de usar el español ahí.

No sorprendería que mucha gente reconociera semejanzas entre los datos aquí reunidos y las formas de hablar el español en diferentes partes de los Países Catalanes, pues los corpora de los que vienen los datos aquí presentados representan varias localizaciones dentro de los Países Catalanes. Es de suponer que haya varias maneras de hablar el español en los Países Catalanes, de acuerdo con varios factores sociolingüísticos (Hernández García, "Reflexiones"; Montolío y Vila; Sinner, "Construction"), pero nos atrevemos a proponer que estas diferentes variedades del español habladas en los Países Catalanes tengan más en común entre sí que con las otras variedades del español habladas en el resto de la península. El razonamiento de esta propuesta es que todas las formas de hablar el español en los Países Catalanes están en algún contacto lingüístico relativo con el catalán, de dónde provienen los rasgos aquí expuestos. Parece ser el consenso de todos los autores cuyos estudios de corpus hemos citado aquí que se trata de un español regional propio a los Países Catalanes, fruto de la convivencia lingüística entre los sistemas lingüísticos del español y del catalán.

Debe constarse que uno no tiene que hablar catalán ni conocer sus estructuras para valerse de uno de los rasgos lingüísticos aquí expuestos y muchos hispanohablantes monolingües en los Países Catalanes emplean estas y otras formas semejantes sin saber que son formas lingüísticas regionales propias a los Países Catalanes (Vann, "Aspects" y "Pragmatic"). En las variedades del español en contacto con el catalán simplemente se cotizan en el mercado lingüístico formas lingüísticas diferentes de las que se cotizan en otros dialectos del español peninsular. Futuros estudios de corpus elaborarán aún más estas y otras formas lingüísticas propias al español regional de los Países Catalanes.

OBRAS CITADAS

Atienza, Encarnación, et al.. "Una tipología de interferencias catalán-castellano a partir de las producciones escritas de los estudiantes universitarios." Didáctica de la lengua y la literatura para una sociedad plurilingüe del siglo XXI. Eds. Francisco José Cantero, Antonio Mendoza y Celia Romea Castro. Barcelona: Universitat de Barcelona, 1997. 577-82.

Badia i Margarit, Antoni. La llengua dels Barcelonins. Barcelona: Edicions 62, 1969.

---. Llengua i cultura als Països Catalans. Barcelona: Edicions 62, 1975.

---. "Peculiaridades del uso del castellano en las tierras de lengua catalana." Actas del I simposio para profesores de lengua y literatura españolas. Ed. Ricardo Velilla Barquero. Madrid: Castalias, 1980. 11-31.

Boix, Emili, Lluis Payrató y Xavier Vila. "Espagnol-catalan." Linguistique de contact: Manuel international des recherches contemporaines. Eds. Hans Goebl, et al. Vol. 2. Berlin: De Gruyter, 1997. 1296-1302.

Bourdieu, Pierre. ¿Qué significa hablar? Serie Educación. 3a ed. Madrid: Akal, 2001.

Casanovas Catalá, Montserrat. "Algunos rasgos propios del español en las comunidades de habla catalana: Fonética, morfosintaxis, y léxico." Analecta Malacitana XIX.1 (1996): 149-60.

---. "Aproximación al estudio de la interferencia lingüística en la lengua escrita." Revista de Filología de la Universidad de La Laguna 16 (1998): 9-17.

---. "El contacto lingüístico en Lleida: Algunas consecuencias en el léxico español de los catalanohablantes." Sintagma 8 (1996): 57-63.

---. "Modelos de incorporación léxica en un caso de contacto de lenguas: cuando el español es segunda lengua." Verba 29 (2002): 261-89.

Hernández García, Carmen. "Algunas propuestas didácticas para trabajar la interferencia catalán-español en el ámbito universitario (a partir del análisis de errores)." Actas del IV congreso internacional de didáctica de la lengua y la literatura. Eds. Francisco José Cantero, Antonio Mendoza y Celia Romea Castro. Barcelona: Universitat de Barcelona, 1996. 633-39.

---. "Algunas reflexiones sobre el español en las zonas bilingües: Propuesta de variables sociolingüísticas para la obtención de los informantes del corpus de la variedad de español de Barcelona y su área metropolitana." Anuari de Filologia XVIII.F6 (1995): 87-105.

---. "Anàlisi comparativa del nivell d'interferència lingüística català-castellà d'un grup d'universitaris de Barcelona (UPF)." Actes de la cinquena trobada de sociolingüistes catalans: Barcelona, 24 i 25 d'abril de 1997. Col·lecció Publicacions de l'Institut de Sociolingüística Catalana. Barcelona: Generalitat de Catalunya, Departament de Cultura, 1998.

---. "Va, mujer, arréglate y vámonos a cenar: El *va* en español, un caso de interferencia del catalán." Espéculo 6 (1997): [http://www.ucm.es/info/especulo/numero6/index.htm].

Lapesa, Rafael. Historia de la lengua española. 9a ed. Madrid: Gredos, 1991.

Marsá, Francisco. "Sobre concurrencia lingüística en Cataluña." El castellano actual en las comunidades bilingües de España. Ed. Manuel Alvar. Salamanca: Junta de Castilla y León, 1986. 93-104.

Montolío, E. y M.R. Vila. "La enseñanza del español lengua extranjera (E/LE) en una ciudad bilingüe: Barcelona." Anuari de Filologia XVI.F4 (1993): 89-105.

Seco, Manuel. Diccionario de dudas y dificultades de la lengua española. 9a ed. Madrid: Espasa Calpe, 1986.

Sinner, Carsten. "Análisis contrastivo de un corpus oral de diferentes variedades del castellano: aspectos cuantitativos y cualitativos." Romanistische Korpuslinguistik. Eds. Claus D. Pusch y Wolfgang Raible. Tübingen: Gunter Narr, 2002. 279-92.

---. "The construction of identity and group boundaries in Catalan Spanish." Us and others: social identities across languages, discourses and cultures. Ed. Anna Duszak. Amsterdam: John Benjamins, 2002. 159-85.

---. "Frecuencia de perífrasis verbales como índice de variación lingüística." <u>Revista de Lingüística Teórica y Aplicada</u> 38 (2000): 149-59.

Vann, Robert E. "Aspects of Spanish deictic expressions in Barcelona: A quantitative examination." <u>Language Variation and Change</u> 10 (1998): 263-88.

---. "El castellà catalanitzat a Barcelona: Perspectives lingüístiques i culturals." <u>Catalan Review</u> XV.1 (2002): 117-31.

---. "Constructing reality in bicultural communication: Catalan ways of speaking Spanish." <u>Intercultural Communication Studies</u> X:1 (2000): 113-24.

---. "Language exposure in Catalonia: An example of indoctrinating linguistic ideology." <u>WORD</u> 50.2 (1999): 191-209.

---. "Linguistic ideology in Spain's ivory tower: (Not) Analyzing Catalan Spanish." <u>Multilingua</u> 21.2/3 (2002): 227-46.

---. "Pragmatic and cultural aspects of an emergent language variety: The construction of Catalan Spanish deictic expressions." Doctoral Dissertation (University Microfilms No. 9633318). The University of Texas at Austin, 1996.

---. "Pragmatic transfer from less developed to more developed systems: Spanish deictic terms in Barcelona." <u>Romance linguistics: Theoretical perspectives</u>. Eds. Armin Schwegler, Bernard Tranel y Myriam Uribe-Etxebarría. Series IV - Current issues in linguistic theory. Amsterdam: John Benjamins, 1998. 307-17.

Zamora Vicente, Alonso. <u>Dialectología española</u>. Madrid: Gredos, 1989.

NOTAS

[1] Se puede decir lo mismo para el español de Galicia y el español del País Vasco.

[2] Las poblaciones combinadas de las autonomías de Cataluña, Valencia y Baleares, donde el catalán ha estado en contacto histórico con el español y actualmente disfruta de co-oficialidad con el español, forman un 27.5% de la población actual de España con un tanto menos de 11 millones de habitantes.

[3] Para una discusión del uso de los términos *castellano* y *español* en Cataluña, véase Sinner ("Construction").

[4] "Obtención e informatización de un corpus lingüístico de la variedad del español de Barcelona para su posterior análisis" en la UB y otra en el Àrea d'espanyol del Departament de Traducció i Filologia de la UPF. Esta última ha producido ya análisis preliminar del español hablado por 38 estudiantes universitarios (Hernández García, "Anàlisi").

[5] Algunos de los rasgos lingüísticos que presentaremos a continuación han sido observados informalmente por otros autores también (Badia i Margarit, Barcelonins, Llengua, "Peculiariadades"; Boix, Payrató y Vila; Casanovas Catalá, "Contacto" y "Rasgos"; Lapesa; Marsá; y Seco inter alia). Aquí sólo presentamos datos que provienen de estudios de corpus publicados ya que científicamente documentan, ejemplifican y describen el uso real del español en los Países Catalanes.

[6] Prefiero evitar el término interferencia por sus connotaciones de dominación simbólica.

[7] Aunque la Academia recoge sin comentario las expresiones *a más* y *de seguida*, según Seco, *a más* (255) no se usa en la lengua general pero es común en el español hablado por catalanes y *de seguida* (336) como equivalente de *en seguida* es vulgar.

Estudio sociolingüístico de la /-l/ en andaluz

Carmen Ruiz Sánchez
Michigan State University, Estados Unidos

1. Introducción

El andaluz, variedad lingüística hablada en el sur de España, se diferencia principalmente de otras variedades del español en el nivel fonético-fonológico. Es una variedad que goza de poco prestigio dentro del territorio español. En Andalucía esta percepción negativa del habla andaluza entra en conflicto con el sentido de identidad de los andaluces. Además, como señala Carbonero (2003), no todas las características del andaluz se perciben igual dentro de esta comunidad ya que mientras que algunas como la aspiración o la elisión de la /-s/ son más aceptadas por los hablantes, otras como la elisión o la neutralización de las líquidas son rechazadas y relegadas a los niveles educativos más bajos y, consecuentemente, estigmatizadas.

Los estudios de Cano (2000), Carbonero (1982), Jiménez (1999), Narbona, Cano & Morillo (2003) y Uruburu (1990) sobre el habla andaluza señalan que los procesos fonológicos que afectan a /l/ a final de sílaba son principalmente el cambio de /l/>/-r/, especialmente dentro de la palabra (*algo> a[r]go*), y la elisión a final de palabra (*clavel> clave*[Ø]). En cuanto a su distribución social, todos afirman que estos procesos son estables y que se perciben negativamente dentro de la comunidad, siendo más comunes entre los hablantes de bajo nivel educativo. Esta investigación aporta nuevos datos sobre la pronunciación variable de /-l/ en andaluz, y ofrece un detallado análisis cuantitativo de los factores lingüísticos y sociales que influyen en estos procesos fonológicos.

Este ensayo incluye además un análisis del papel de la frecuencia en la pronunciación de /-l/. El estudio de la frecuencia léxica en la variación y cambio fonológicos es un área de interés reciente, ya que normalmente se han estudiado de acuerdo con el modelo sociolingüístico de Labov (1972), según el cual el cambio fonológico se puede explicar por medio de factores lingüísticos internos y estableciendo correlaciones con la estructura social de la comunidad de habla. Aunque el estudio de estos factores lingüísticos y sociales es esencial para entender la heterogeneidad prevalente en una comunidad de habla, los recientes estudios de Alba (2005), Brown (2004), Bybee (2001, 2002), Díaz-Campos (2005, 2006) Ruiz-Sánchez (2007) y Díaz-Campos y Ruiz-Sánchez (2008) han demostrado que el estudio de la frecuencia léxica, basada en el uso lingüístico y según la cual los fenómenos fonológicos variables afectan a las palabras de alta frecuencia primero (al formar representaciones mentales fuertes y fácilmente accesibles), puede ayudarnos a encontrar una explicación más adecuada y completa de la variación fonológica.

El propósito de este estudio es demostrar que la variación en la pronunciación de /-l/ en andaluz no es circunstancial ni categórica sino que se puede explicar por medio del análisis de múltiples factores, tanto lingüísticos como sociales, y adoptando una perspectiva que reconoce el efecto de la frecuencia léxica en la variación y en el cambio lingüístico. Las preguntas de investigación son: (1) ¿Cuáles son los factores lingüísticos y sociales que favorecen de manera significativa los procesos fonológicos que afectan la pronunciación de /-l/ en la variedad andaluza de Alcalá de Guadaíra (Sevilla)?; (2) ¿Cuál es el papel de la frecuencia léxica en ellos?

2. Metodología y análisis

El corpus consta de 36 entrevistas sociolingüísticas realizadas con hablantes nativos de Alcalá de Guadaíra (Sevilla) en el verano de 2006. Los participantes fueron agrupados según su educación (elemental, secundaria y universitaria), edad (21-34, 35-55 y 56+) y sexo. La variable dependiente consiste en las dos variantes principales de /-l/: elisión y neutralización con /-r/. Para el análisis sociolingüístico se tuvieron en cuenta los siguientes factores: el contexto fonético siguiente y la posición en la palabra, la categoría gramatical, el número de sílabas, el acento, la educación, la edad y el sexo. El efecto de la frecuencia léxica se midió de acuerdo con la frecuencia de las palabras en el corpus (si aparecían más de 50 veces se consideraron de alta frecuencia) y de acuerdo con el diccionario de frecuencia de Juilland &Chang (1964) (se consideraron palabras de alta frecuencia aquellas con un coeficiente de uso superior a 58.29).[1]

Los datos se analizaron estadísticamente con Goldvarb 2001, un programa diseñado para el estudio de la variación sociolingüística que hace un análisis logístico regresivo de los datos (VARBRUL) y que permite determinar el efecto relativo que un grupo de factores independientes tiene sobre la variable dependiente. Dado que Goldvarb sólo permite un valor de aplicación por análisis, los fenómenos de elisión y neutralización tuvieron que examinarse por separado. A continuación se presentan los resultados obtenidos para cada proceso seguidos de una breve discusión de ambos.

3. Los resultados

3.1. La elisión de /-l/

El factor "categoría gramatical" tuvo que ser eliminado en el análisis de la elisión debido a las interacciones con otros factores[2] y se tuvieron que analizar las palabras de contenido y las funcionales por separado. Los resultados de las palabras de contenido están basados en 1127 casos y muestran un total de 42% de elisión. GoldVarb seleccionó los siguientes grupos de factores como significativos: el contexto fonético y la posición en la palabra, el número de sílabas, la educación, la edad y la frecuencia (dentro del corpus. La tabla 1 contiene un resumen de los resultados para cada grupo de factores.

Grupos de factores	Factores	Peso	%	Casos de elisión
1. Contexto fonético y posición en la palabra	Obstruyente (final de palabra) *nivel de*	.679	58	136/234
	Nasal (final de palabra) *al mismo tiempo*	.614	49	25/51
	Nasal (dentro de la palabra) *actualmente*	.611	52	83/157
	Pausa (final de palabra) *en abril*	.574	46	148/321
	Vocal (final de palabral) *material escolar*	.499	40	46/115
	Obstruyente (dentro de la palabra) *Alto*	.185	14	37/249
2. Número de sílabas	4+ sílabas *actualmente*	.605	47	105/219
	2-3 sílabas *salgo*	.514	42	353/831
	1 sílaba *sal*	.149	22	17/77

3. Edad	21-34 años	.645	55	190/346
	56+ años	.486	39	156/397
	35-55 años	.386	33	129/390
4. Educación	Educación elemental	.620	51	185/357
	Educación secundaria	.468	41	138/329
	Educación universitaria	.425	34	152/441
5. Frecuencia dentro del corpus	Palabras de alta frecuencia *Igual*	.615	48	137/281
	Palabras de baja frecuencia *Almacén*	.461	40	338/845

Input: 0.394 **Significantividad** 0.000 **Casos de elisión**: 475 **Casos de retención**: 652

Tabla 1. Factores seleccionados como significativos en la elisión de /-l/.

De acuerdo con los resultados para el factor "contexto fonético y posición en la palabra", el sonido/-l/ favorece la elisión cuando va seguido de pausa (.575), de obstruyente en posición final (.679) o de consonante nasal tanto en posición interior (.611) como en posición final (.614). Estos resultados demuestran que la elisión de este sonido no está limitada a la posición final de palabra en esta variedad dialectal, [3] como se ha sugerido en estudios previos, sino que el contexto fonético que le sigue juega también un papel muy importante. Al analizar el efecto del número de sílabas, se distinguieron tres grupos: palabras monosilábicas, palabras de dos o tres sílabas, y palabras de cuatro sílabas o más. Como vemos en la tabla 1, las palabras monosilábicas son las únicas que desfavorecen este fenómeno (.149).

En cuanto a la distribución social, los resultados para la edad indican que hay una mayor tendencia a elidir la /-l/ en la generación más joven (.645). Las otras dos generaciones desfavorecen el proceso, y son los hablantes de mediana edad los que eliden menos (.386). Esto último se puede deber a que este grupo, al tener un papel más activo en la vida socioeconómica y profesional de la comunidad, quiere mantener una pronunciación más estándar.[4] Aunque los jóvenes son los que eliden más, los datos no representan la curva gradual característica de una situación de cambio lingüístico sino una curva invertida que se suele interpretar como autocorrección y supresión de un rasgo estigmatizado por parte de los hablantes de edades intermedias (Figura 1). Sin embargo, el hecho de que este proceso sea mucho más frecuente entre los jóvenes que entre los hablantes de las otras dos generaciones refleja la vitalidad que tiene el fenómeno. El análisis del factor "educación" confirma los resultados de estudios anteriores sobre el poco prestigio de este proceso. Como se puede ver en la tabla 1, los hablantes que claramente favorecen la elisión pertenecen al grupo de educación elemental (.620).

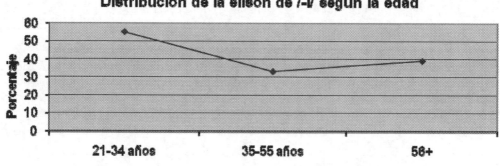

Figura 1. Distribución de la elisión de /-l/ según la edad.

El último factor que salió significativo es "la frecuencia de la palabra dentro del corpus". Como se esperaba, los resultados indican una mayor probabilidad de elisión en las palabras que ocurren frecuentemente en el corpus (.615).

Los resultados sobre la elisión de /-l/ presentados hasta el momento se basan, como se explicó al principio de esta sección, en las palabras de contenido y excluyen todos los casos de *el* y *él*, y de otras palabras funcionales como *algún*, *cualquiera*, *algo*, etc. El análisis estadístico de la elisión en estas palabras funcionales muestra un 30% de elisión. Los factores seleccionados como significativos en Goldvarb fueron el contexto fonético siguiente, la edad, la educación y el sexo. En general, las tendencias encontradas para las palabras funcionales son similares a las de las palabras de contenido: los sonidos nasales y obstruyentes siguientes, las palabras polisilábicas, los jóvenes y las personas con un nivel de educación básico favorecen la elisión (.689, .619, 594, .587, .566, respectivamente). La diferencia más importante es que en este caso la diferencia entre hombres y mujeres fue seleccionada como significativa, con los hombres favoreciendo el fenómeno (.546) y las mujeres desfavoreciéndolo (.457), y que las personas de mediana edad y de educación secundaria también favorecen el fenómeno (.517, .547, respectivamente). Esta distribución, con los hombres y las personas de bajo nivel educativo favoreciendo la elisión, sugiere la posibilidad de que estemos ante un fenómeno de prestigio encubierto, de lo cual hablaremos en la sección 3.3.

3.2. La neutralización de /-l/

Los resultados para este proceso están basados en el análisis de 3869 casos de /-l/, de los cuales un 42% presentaron neutralización con /-r/. Los factores lingüísticos "el contexto fonético siguiente y la posición en la palabra" y "el acento", todos los factores sociales y la frecuencia de la palabra de acuerdo con el diccionario de frecuencia fueron seleccionados como significativos en este proceso, como vemos en la tabla 2.

Grupos de factores	Factores	Peso	%	Casos
1. Contexto fonético y posición en la palabra	Obstruyente (dentro de la palabra) *Algo*	.804	58	454/775
	Obstruyente (final de palabra) *el suelo*	.688	57	1006/1758

	Nasal (dentro de la palabra) *actualmente*	.679	40	49/123
	Nasal (final de palabra) *todo el mundo*	.526	40	104/260
	Pausa (final de palabra) *mal...*	.111	5	17/323
	Vocal (final de palabra) *del año*	.045	3	19/630
2. El acento	Átona *alcanzar*	.559	57	503/898
	Tónica *algo*	.468	34	1146/2971
3. Edad	21-34 años	.610	51	643/1243
	56+ años	.462	39	511/1282
	35-55 años	.433	36	495/1344
4. Educación	Educación secundaria	.554	47	589/1250
	Educación elemental	.533	45	560/1230
	Educación universitaria	.423	35	500/1389
5. Sexo	Hombres	.546	46	898/1950
	Mujeres	.453	39	751/1999
6. Frecuencia de la palabra (diccionario)	Palabras de alta frecuencia	.503	44	1383/3135
	Palabras de baja frecuencia	.479	37	176/473
Input: .265 **Significatividad**: 0.012 **Casos de neutralización**: 1649				

Tabla 2. Factores seleccionados como significativos para la neutralización de /-l/.

El análisis del contexto fonético y la posición de /-l/ en la palabra indica que la neutralización de /-l/ tiende a ocurrir en todos los contextos excepto cuando va seguida de pausa (.111) o de vocal (.045). Por lo tanto, la neutralización no ocurre exclusivamente dentro de la palabra, como se sugiere en estudios previos, sino que el contexto fonético juega un papel significativo, puesto que aún cuando /-l/ ocurre al final de palabra la probabilidad de neutralización es alta después de consonantes obstruyentes (.688) y nasales (.526).[5] El acento es otro factor lingüístico con un efecto significativo en la neutralización, la cual es desfavorecida cuando la /-l/ ocurre en una sílaba tónica (.468). Este resultado apoya la tendencia mencionada por Casali (1997) de mantener material lingüístico en posiciones salientes como las sílabas tónicas, y al debilitamiento de las consonantes en sílabas átonas, como señalan D'Introno, Del Teso & Weston (1995).

En cuanto a su manifestación social, vemos que la neutralización de /-l/ es mucho más común y favorecida por los jóvenes alcalareños (.610). En este caso si colocamos los datos en un gráfico (figura 2), observamos una curva gradual en la que el porcentaje de neutralización desciende a medida que ascendemos en la escala de edad, patrón que se suele identificar con una situación de cambio en progreso.

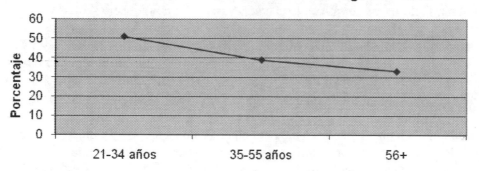

Distribución de la neutralización de /-l/ según la edad

Figura 2. Distribución de la neutralización de /-l/ según la edad.

Los resultados del factor "educación" revelan que la neutralización de /-l/ se ve favorecida entre los hablantes del nivel educativo elemental y medio, lo cual confirma el bajo valor social asociado con este proceso en estudios anteriores. En cuanto a la diferencia entre hombres y mujeres, los hombres son los favorecedores de este fenómeno (.546). El hecho de que los hablantes de los grupos educativos inferiores y los hombres muestren tendencia favorecedoras hacia la neutralización sugiere la posibilidad de que este fenómeno tenga prestigio encubierto en la comunidad alcalareña.

Por último, el proceso de neutralización ocurre más frecuentemente en las palabras de alta frecuencia, las cuales favorecen este proceso aunque sea ligeramente (.503). Esta misma tendencia se mantiene cuando la frecuencia se mide dentro del corpus, ya que el índice de neutralización es mayor en las palabras de alta frecuencia (43%) que en las palabras de baja frecuencia (38%).

3.3. *Los procesos de elisión y neutralización de /-l/ en el español andaluz*

Hemos visto que estos dos procesos variables tienden a ocurrir en contextos lingüísticos diferentes y a veces complementarios: la elisión es más común en posición final de sílaba, especialmente ante obstruyente, y la neutralización se ve altamente favorecida en posición interna cuando va seguida de un obstruyente (contexto más desfavorecedor de la elisión). Aunque la posición en la palabra es un factor relevante, como se ha sugerido en la literatura, esta investigación demuestra que el contexto fonético que sigue a /-l/ tiene que tenerse en cuenta también, pues ambos fenómenos pueden aparecer en posición interna y final de palabra. Por último, los dos fenómenos tienden a ocurrir cuando la /-l/ va seguida de una nasal, independientemente de la posición en la palabra, y son poco probables cuando le sigue una vocal.

Otros factores lingüísticos relevantes son el número de sílabas para la elisión y el acento para la neutralización. Además, la frecuencia léxica juega un papel importante en la manera en que estos fenómenos se están extendiendo, afectando a las palabras de alta frecuencia primero y en mayor medida. Los resultados sobre el efecto de la frecuencia léxica aportan evidencia a los estudios de Hooper (1976), Jurafsky, Bell & Raymond (2001), Bybee (2001, 2002), Brown (2004), Alba (2005), Díaz-Campos (2005, 2006), y Ruiz-Sánchez (2007), los cuales han demostrado que los cambios fonéticos suelen afectar a las palabras de mayor frecuencia primero, debido al efecto reductor de la automatización articulatoria.

Resulta interesante ver que ambos procesos tienen una distribución social bastante parecida en esta comunidad: son más comunes entre los hablantes jóvenes, los grupos de nivel educativo más bajo y entre los hombres. El hecho de que estos fenómenos son comunes entre los hablantes del nivel educativo bajo confirma las observaciones sobre su bajo estatus social. Sin embargo, la edad y el sexo son también factores significativos que, como veremos a continuación, revelan información importante sobre la manifestación social de estos procesos en la comunidad alcalareña.

Tanto la elisión como la neutralización son procesos muy antiguos, ya presentes en el español andaluz del siglo XVI, que se han tratado como casos de variación estable en la literatura. Los resultados de esta investigación indican que ambos procesos tienen más vitalidad entre los jóvenes, lo cual puede interpretarse de diferentes maneras. Es posible que estos procesos sean cambios en progreso desde abajo que están en su última etapa. Otra posibilidad es que estos procesos se han estabilizado y que la distribución de edad indica un caso de gradación por edad.[6] Y una tercera posibilidad, y en mi opinión la más probable dados los recientes movimientos nacionalistas en España y la mayor aceptación del andaluz dentro de Andalucía, es que estos procesos, que parecían estabilizados, están empezando a cambiar de nuevo, es decir, el cambio sigue progresando. Como no tenemos datos en el tiempo real, no se puede confirmar ninguna de estas posibilidades.

Tanto si estamos ante cambio en progreso o variación estable, los datos en esta investigación indican que tanto la elisión como la neutralización tienen prestigio encubierto en el andaluz. Los miembros de la comunidad son conscientes de estos fenómenos, pues hablan explícitamente de "comerse los sonidos", es decir, de la elisión, y del cambio /-l/>/-r/, como reflejan algunos grafitis encontrados por la ciudad ("Ana, no te orvidaré nunca") y algunos nombres de bares o casetas de feria ("Me dá iguá", "Todo er mundo es güeno").

Ambos fenómenos son temas abiertos de comentario social y se usan en la imitación y ridiculación del acento andaluz, es decir, son estereotipos lingüísticos. A pesar de esto, los andaluces los siguen usando frecuentemente en el habla informal, probablemente como símbolos de identidad regional, pues encontramos ejemplos de estos fenómenos en el lema de uno de los equipos de fútbol locales ("Viva er Betis") o en el nombre de partidos o grupos nacionalistas ("Er llano"). Además, actualmente hay movimientos que tratan de cambiar la percepción negativa y complejo de inferioridad que los andaluces tienen sobre su propia habla, promoviendo el uso del andaluz con el lema "Habla bien, habla andaluz." Esta reciente promoción y aceptación del andaluz se nota igualmente en el uso de esta variedad dialectal por los presentadores de las noticias del canal regional (Canal Sur) y por los actores que trabajan en series de producción andaluza (como Arrayán), algo novedoso ya que anteriormente sólo se oía el castellano en la televisión, incluso en el canal andaluz, y los únicos personajes andaluces que aparecían en las series españolas eran los que hacían de criados o de graciosos.

4. Conclusión

Los resultados de esta investigación sociolingüística constituyen una importante contribución a los estudios sobre el habla andaluza, los cuales describen el fenómeno de elisión de /-l/ como exclusivo de la posición final de palabra y el fenómeno de neutralización como característico de la posición interior de palabra. Este estudio ha demostrado, por medio de un análisis cuantitativo de los datos, que ambos fenómenos están presentes en las posiciones internas y finales de la palabra y que el contexto fonético siguiente es un factor significativo Además, el análisis de la frecuencia léxica aporta evidencia a los modelos de variación y cambio basados en el uso: el índice de elisión y neutralización es más alto para las palabras de alta frecuencia, y confirma resultados anteriores que han demostrado empíricamente el papel significativo del uso lingüístico en la estructura de la lengua. Por último, este estudio ofrece datos que nos permite entender mejor la estratificación social de estos procesos. Los dos fenómenos son más comunes entre los jóvenes, los grupos educativos más bajos y los hombres, lo que sugiere que estos procesos tienen prestigio encubierto en esta comunidad, lo cual explica que sigan activamente presentes en esta comunidad andaluza.

NOTAS

I. Ese coeficiente incluye las 150 palabras más frecuentes del español según el diccionario.

II. El problema parece estar en el altísimo número de casos del determinante *el* y el pronombre *él*. Tras numerosos análisis, los mejores resultados obtenidos fueron aquellos en los que se excluía la categoría gramatical.

III. Cuando se analiza el factor "posición en la palabra" por separado se observa que las tendencias encontradas en estudios anteriores se mantienen, pues la elisión se ve favorecida en posición final de palabra (.649) pero desfavorecida en posición interna (.252).

IV. Se espera que los grupos de edades intermedias, al estar inmersos en el mundo de la competencia profesional, económica y social, presenten perfiles más marcados de autocorrección.

V. De nuevo cuando se examinó el factor "posición en la palabra" por separado se observó que la posición interna favorece el fenómeno (.616) y la posición final lo desfavorece (.464), es decir, se confirman las tendencias encontradas en estudios anteriores.

VI. La gradación por edad implica que las conductas lingüísticas cambian a lo largo de la vida de un individuo, en lugar de mantenerse estables, como ocurre en situaciones de cambio lingüístico.

OBRAS CITADAS

Alba, Matthew. "A Usage-Based Approach to Hiatus Resolution in Spanish." *New Ways of Analyzing Variation 34*. New York University, 2005.

Brown, Esther. *Reduction of syllable-initial /s/ in the Spanish of New Mexico and Southern Colorado: a usage-based approach*. PhD Dissertation. Albuquerque, NM: University of New Mexico, 2004.

Bybee, Joan. "Word frequency and context of use in the lexical diffusion of phonetically conditioned sound change." *Language Variation and Change* 14 (2002): 261-290.

--- *Phonology and language use*. Cambridge: Cambridge University Press, 2001.

Cano Aguilar, Rafael. *Las hablas andaluzas*. Sevilla: Conserjería de Educación y Ciencias de Andalucía, 2000.

Carbonero, Pedro. *El habla de Sevilla*. Sevilla: Servicio de Publicaciones del Ayuntamiento, 1982.

---*Estudios sobre sociolingüística andaluza*. Sevilla: Secretariado de la Universidad de Sevilla, 2003.

Casali, Roderic. "Vowel elision in hiatus contexts: Which vowel goes?" *Language* 73 (1997): 493-533.

Díaz-Campos, Manuel. "The role of frequency in the study of phonological variation: A usage-based analysis of /r/ deletion in Venezuelan Spanish." *Kentucky Foreign Language Conference*. University of Kentucky, 2005.

---"Phonological Variation in Vowel Sequences: The Role of Frequency in Phonetic Reductive Processes." *New Ways of Analyzing Variation 35*. The Ohio State University, 2006.

Díaz-Campos, Manuel, & Carmen Ruiz-Sánchez. "The Value of Frequency as a Linguistic Factor: The Case of Two Dialectal Regions in the Spanish Speaking World." *Selected Proceedings of the Fourth International Workshop on Spanish Sociolinguistics*. Somerville, MA: Cascadilla Proceedings Project, 2008.

D'Introno, Francesco, Enrique del Teso Martín & Rosemary Weston. *Fonética y fonología actual del español*. Madrid: Cátedra, 1995.

Hooper, Paul. "Word frequency in lexical diffusion and the source of morphophonological change." *Current progress in historical linguistics*. Ed. William Christie. Amsterdam: North Holland Publishing Company, 1976. 95-105.

Jiménez Fernández, Rafael. *El andaluz*. Madrid: Arco/Libros, 1999.

Juilland, Alphonse, & Eugenio Chang-Rodríguez. *Frequency dictionary of Spanish words*. The Hague: Mouton, 1964.

Jurafsky, Daniel, Alan Bell, Michelle Gregory & William D. Raymond. "Probabilistic relations between words: evidence from reduction in lexical production." *Frequency and the emergence of linguistic structure*. Ed. Joan Bybee & P"aul Hopper. Amsterdam: John Benjamins, 2001. 309–335.

Narbona Jiménez, Antonio, Rafael Cano & Rafael Morillo. *El español hablado en Andalucía.* Barcelona : Editorial Ariel, 2003.

Ruiz-Sánchez, Carmen. *The Variable Behavior of /-r/ in the Spanish Variety of Alcalá de Guadaíra (Seville): The Role of Lexical Frequency.* PhD. Dissertation. Bloomington, IN: Indiana University, 2007.

Uruburu, Agustín. *Estudios sobre la lengua española en Córdoba.* Córdoba: Diputación provincial, 1990.

LENGUAS EN CONTACTO EN CEUTA: ESPAÑOL Y ÁRABE CEUTÍ

Verónica Rivera Reyes
Centro de Profesores y Recursos de Ceuta, España

En este trabajo se realiza una aproximación al panorama lingüístico ceutí y a la realidad sociocultural de Ceuta, con la finalidad de ofrecer un análisis de la situación actual del contacto de lenguas en la ciudad y contribuir al estudio de las variantes sociolingüísticas tanto del castellano o español como del *dariya* o **árabe ceutí**. Así pues, tras un breve recorrido histórico por las lenguas que entran en contacto en esta ciudad fronteriza, nos centraremos en las consecuencias de la convivencia lingüística. En primer lugar, trataremos el bilingüismo, en un intento de caracterización del hablante ceutí que no posee el español como lengua materna. En relación con el elemento social, describiremos la situación "doblemente diglósica" que se vive en la ciudad, donde por un lado el árabe ceutí se encuentra en situación de desventaja social respecto a la lengua española, pero por otro lado también se identifica como lengua débil si la relacionamos al árabe culto o árabe *fusha*.

Finalmente, como consecuencia del contacto de lenguas surgen de modo casi inevitable las interferencias lingüísticas y el denominado *code-switching* o alternancia de códigos. Por ello, describiremos las características principales de la forma habitual de intercambio comunicativo entre numerosos hablantes bilingües: la alternancia y/o mezcla de idiomas, para terminar valorando las repercusiones que este fenómeno conlleva en las dos lenguas alternadas.

1.- Introducción.

La Ciudad Autónoma de Ceuta, situada al norte del continente africano, presenta una serie de características que la hacen distinta a cualquier otra capital española. Para empezar, su condición fronteriza intercontinental y su geografía casi insular hacen de ella una ciudad de tránsito entre dos continentes, dos países, dos culturas –con sus dos lenguas correspondientes- y dos formas distintas de contemplar la vida[1].

La historia de Ceuta ha estado y estará condicionada inevitablemente por su situación geográfica y por su condición de enclave fronterizo estratégico. En efecto, Ceuta constituye un lugar crucial para el control del paso del mar Mediterráneo al océano Atlántico y por este motivo siempre ha sido un territorio muy disputado entre las grandes potencias, desde los cartagineses a los romanos, sin olvidar a los árabes o a los portugueses. No obstante, desde su conquista por parte de los romanos, la ciudad ha permanecido continuamente vinculada administrativa y políticamente a la Península Ibérica, tanto a la Corona española como a la portuguesa –entre 1415 y 1581-, salvo épocas muy concretas, como la autoproclamación de la ciudad como reino de Taifa independiente[2].

Actualmente, en esta ciudad autónoma habitan 77.977 personas, además de unas 25.000 que constituyen la denominada "población flotante" y el colectivo inmigrante[3]. Desafortunadamente, la

---

1   Aunque hablamos en términos duales, para ser exactos hay que puntualizar que existen cuatro comunidades culturales y religiosas con amplia representación en la vida pública ceutí: la comunidad cristiana, la musulmana, la hebrea y la hindú -conocidas en la ciudad con esta denominación, que es la que utilizaremos en adelante.

2   Sobre la historia de Ceuta en este periodo puede consultarse Instituto de Estudios Ceutíes (2009), vol. I.

3   La población extranjera alcanza el 4%, frente al 10% de la media española (Consejo Económico y Social de Ceuta 2009: 28).

ciudad soporta unas elevadas cifras –superiores a la media nacional- de desempleo, analfabetismo y tasa de natalidad, amén de poseer una densidad poblacional muy elevada[4].

Cristianos, musulmanes, hebreos e hindúes "cohabitan", más que conviven, en una ciudad en la que las diferencias entre musulmanes y no musulmanes afectan tanto al plano económico como al sociocultural. En este sentido, puede observarse que la población ceutí se encuentra polarizada entre los dos grandes grupos mayoritarios: musulmanes (40 % de la población) y cristianos[5].

2.- Las lenguas de la ciudad.

La lengua no sólo funciona como elemento primordial para la comunicación entre las personas, sino que constituye una de las manifestaciones culturales más importantes, integrando uno de los pilares fundamentales de cualquier cultura. La lengua, por lo tanto, es cultura, genera cultura e identifica y afianza la identidad de los hablantes. Además, "si el lengua es nuestra seña de identidad más característica, la concepción del mundo, la conciencia o el modelo que tenemos, dependerá de manera decisiva de nuestra condición lingüística" (Tusón 2009: 38).

Los individuos pertenecientes a las dos culturas ceutíes mayoritarias poseen códigos lingüísticos diferentes: el español o castellano, en el caso de la cultura cristiana, y el dialecto árabe ceutí en la cultura musulmana. En sentido lingüístico, la comunidad musulmana ceutí posee unas características que no se observan en otros hablantes españoles, ya que el árabe no es la lengua oficial del territorio en que se habla y además el bilingüismo posee una gran estabilidad, que no se encuentra "amenazada" por elementos normativos que hagan sentir a los hablantes que su situación lingüística es transitoria. Asimismo, los individuos pertenecientes al colectivo musulmán forman parte de lo que Ogbú (1993) denominaba "minoría involuntaria" o "de casta".

Las otras dos culturas socialmente significativas, esto es, la hebrea y la hindú, poseen como patrimonio lingüístico la *jaquetía* –código usual en la época del Protectorado español en Marruecos pero sin finalidad comunicativa en la actualidad- y el *sindhi*. Esta última lengua, perteneciente a la rama indo-aria del indoeuropeo, sí se habla en la ciudad, aunque está previsto que se arbitren medidas[6] para que no desaparezca, puesto que los jóvenes de cultura hindú apenas la conocen. Por último, existen grupos determinados –como, por ejemplo, el de los habitantes de más de 40 años y de origen beréber o rifeño- que dominan y utilizan en el ámbito familiar el tamazight o tarifit[7] (Maimón, 2008).

3.- Antecedentes históricos del contacto lingüístico.

Para referirnos de manera precisa al árabe hablado en la ciudad, hemos de remontarnos a dos etapas históricas distintas: la Edad Media, por un lado –época de esplendor de la cultura árabe en Ceuta y origen de la arabización del norte de Marruecos- y el siglo XIX, por otro. En efecto, los orígenes del árabe ceutí se hallan en el grupo dialectal andalusí hablado en el siglo X, "un periodo en el que se ha establecido el comienzo de una etapa de monolingüismo árabe en Alandalús, a la que se llegó tras un lapso de tres siglos de bilingüismo árabe andalusí-romandalusí" (Vicente 2007: 66).

Por otro lado, los primeros núcleos de población musulmana ceutí datan de mediados del siglo XIX –de 1860, para ser más exactos (Planet, 1998)-, cuando comienzan a instalarse en Ceuta inmigrantes procedentes de Marruecos que encuentran en la ciudad mayores posibilidades de promoción que en el vecino territorio. Es en esta época cuando comienza a hablarse "un dialecto de tipo occidental,

---

4   Con 4.216,05 habitantes/km², la densidad de población se encuentra cuarenta y siete veces por encima de los 89,51habitantes/km² de la media española (Consejo Económico y Social de Ceuta, 2009).

5   En adelante utilizaré este término por ser así como se conoce a la población de origen cristiano-occidental, independientemente de sus creencias religiosas.

6   Entre estas medidas destacan las clases impartidas por los miembros de más edad de la comunidad.

7   El escasísimo o nulo uso por parte de la población joven y la ausencia de una política lingüística de reconocimiento, aprecio y valoración de estas lenguas hace que corran el riesgo de extinguirse en esta zona geográfica.

prehilalí y rural, es decir, de las mismas características que el hablado en estas regiones septentrionales marroquíes" (Vicente 2008: 545).

El árabe ceutí de la actualidad, también denominado *darija* o *dariya*[8], *que significa 'dialecto' en árabe, es la lengua materna de un porcentaje muy elevado de ceutíes, más aún si tenemos en cuenta a la población flotante*[9]. *Se trata de una lengua minoritaria caracterizada por el uso oral y, por lo tanto, carente del carácter normativo que aporta la existencia de un código escrito. El árabe ceutí, fruto de diversas influencias y tendencias lingüísticas, está muy relacionado con la zona del Yebbala o Jbāla*, región al norte de Marruecos que incluye, entre otras, las poblaciones de Tánger, Larache y Tetuán, ciudad esta última donde el dialecto puede ser considerado como un tipo de koiné septentrional, cada día más influenciada por otro gran grupo lingüístico marroquí, la koiné de Casablanca, que goza de un elevado prestigio a nivel nacional.

Estamos, por lo tanto, ante un dialecto del árabe de origen fundamentalmente rural, de tipo occidental o magrebí (Vicente 2008: 545), de grupos humanos sedentarios, con los rasgos característicos de los dialectos del norte de Marruecos y, además, con rasgos lingüísticos procedentes del castellano. Es precisamente esta confluencia de rasgos y tendencias la que hace del árabe ceutí una variante del árabe que funciona como código propio de la comunidad arabófona ceutí[10]. Respecto a su consideración social –que veremos más adelante- el dialecto árabe de Ceuta se encuentra doblemente estigmatizado: por una parte, por los monolingües cristianos –que no consideran que un código oral y familiar pueda adquirir el rango de lengua[11]- y, por otra parte, por los arabófonos vecinos de Marruecos –orgullosos de hablar "la verdadera *dariya* marroquí".

4.- El contacto lingüístico en la actualidad.

4.1. - Bilingüismo.

La cohabitación del *dariya* y el español, plasmación y consecuencia de la convivencia de culturas, conforma la identidad sociocultural de una fracción elevada de ceutíes. La población bilingüe español-árabe de Ceuta es mayoritariamente musulmana[12], ya que apenas existen personas que tengan un buen dominio del árabe ceutí en los demás colectivos culturales. Dicho bilingüismo no está suficientemente bien valorado en la ciudad, ni siquiera por los propios bilingües, que consideran que el árabe ceutí que hablan no es una "verdadera lengua", como sí lo son el español o el árabe culto (*al-arabiyya al-fusha*). Así pues, la situación social del bilingüismo en Ceuta sería la siguiente: existe un grupo monolingüe –dominante socioeconómica y culturalmente- y un colectivo bilingüe con una relevancia social en aumento pero lejos de alcanzar las cuotas de poder económico que obtienen los otros grupos (cristianos, hebreos e hindúes). Sociolingüísticamente podría hablarse de dos *comunidades lingüísticas* diferenciadas -la española y la árabe-, puesto que en ambos casos los hablantes mantienen una interacción y comunicación regular y frecuente en estas lenguas.

Aproximadamente el 35-40% de la población ceutí puede considerarse bilingüe, aunque según el segmento de edad y el estrato social que analicemos, las capacidades y destrezas básicas -receptivas y productivas- son dominadas de diferente modo. Para Vicente (2007) o Jiménez Gámez (2006)

---

8   Respecto al género del término –debido a su traducción- no hay consenso, pudiéndose escuchar tanto "la dariya" como "el dariya".

9   La población flotante, como hemos apuntado en la introducción, ronda las 25.000 personas. Se trata, fundamentalmente, de empleadas del hogar y pequeños comerciantes que diariamente cruzan la frontera de Ceuta con Marruecos.

10   En el árabe hablado en la ciudad también pueden hallarse diferencias diatópicas. Véase el apartado dedicado a los sociolectos del árabe.

11   Sobre esta diferenciación, eminentemente social y no lingüística, véanse Moreno Cabrera (2008: 44-49) y Tusón (2003: 87-93).

12   Hablamos en términos cuantitativos. El colectivo hindú también es bilingüe (excepto los más jóvenes), pero su incidencia porcentual es mínima. Como dijimos en la introducción, ciertos segmentos de la población musulmana también hablan *tmazigh* o beréber, aunque en un porcentaje en creciente descenso.

la cuestión no ofrece dudas: casi la mitad de la población ceutí –incluyendo el elevado número de trabajadores que diariamente cruzan la frontera marroquí- es capaz de comprender y expresarse en árabe y español con cierta fluidez.

La gradación tan variada que ofrece el bilingüismo en Ceuta acentúa la complejidad del estudio de los rasgos socioculturales que intervienen en el mismo. No obstante, podrían establecerse ciertas generalizaciones como la relación de la población joven de ambos sexos con las cifras más altas de bilingüismo o, en el extremo opuesto, la correlación entre la variable sociolingüística "sexo femenino de avanzada edad" y los niveles más elevados de monolingüismo árabe y grandes carencias en el conocimiento y uso de la lengua española. En los manuales sobre contacto de lenguas, la población bilingüe ceutí es considerada a menudo inmigrante -pese a estar registrada desde el siglo XIX- por lo que el árabe ceutí no adquiere la condición de lengua regional o minoritaria[13].

De manera breve, estos serían los principales tipos de bilingüismo que podrían aplicarse al ámbito ceutí (Rivera, 2009 *a*):

- *Bilingüismo substractivo o "de pérdida"*, debido a que el español es la lengua oficial, en la que se imparte enseñanza, y a la ausencia de políticas lingüísticas y sociales de aprecio y valoración del patrimonio cultural del colectivo musulmán.
- *Bilingüismo adscrito*. La lengua española se adquiere tempranamente -alrededor de los tres años de edad- cuando comienza la Educación Infantil (3-6 años).
- *Bilingüismo bicultural*. Al dominio de las dos lenguas va unido una identidad cultural distinta.
- *Bilingüismo secundario*. Pese a que la familia conozca y use el español –en general, alternándolo con el árabe-, la segunda lengua –el español- se aprende formalmente, en la escuela.
- *Bilingüismo equilibrado*. Aquí incluimos a los hablantes que poseen igual fluidez en español y en árabe, en contextos lingüísticos variados.

Respecto a las actitudes asociadas al bilingüismo, la población cristiana posee una cierta tendencia *asimilacionista* en relación con la cultura de origen musulmán. De acuerdo con Mijares (2007) y Martín Rojo (2003), si la asimilación se llevara a la práctica en el terreno lingüístico, entrañaría importantes consecuencias en el desarrollo de las lenguas[14] puesto que la lengua materna podría deteriorarse, o bien la adquisición de las dos lenguas –materna y lengua de instrucción- no se conseguiría plenamente.

En realidad, el peligro no se halla en la amenaza de una lengua oral por parte de otra escrita, puesto que la inmediatez que posee el código oral, por ejemplo, se pierde en la escritura, sino en la repercusión que tendría en el prestigio del que gozan ambas lenguas. En este sentido, la lengua oral sí que estaría seriamente amenazada.

En el contexto ceutí el problema de la pérdida de valores puramente culturales no es tan alarmante, dado que el árabe *fusha[15], aunque desconocido para algunos arabófonos ceutíes, se encarga de transmitir los valores culturales ligados a la religión y a su libro sagrado, El Corán*. No obstante, sí que podría decirse que se está produciendo una cierta simplificación idiomática[16]. Ciertos segmentos

---

13   Para esta cuestión, véase el art. 1.1. del Dictamen del Comité de las Regiones sobre la "Promoción y protección de las lenguas regionales y minoritarias", Consejo de Europa, Diario Oficial, nº C357 del 14/12/2001. 33-36.

14   Lambert (1981: 12-14) también reflexiona sobre los problemas que conlleva la preponderancia cultural de un determinado grupo social. Entre ellos destaca el bilingüismo "de pérdida" y el denominado "semilingüismo".

15   El árabe *fusha (al-arabiyya al-fusha)* es el árabe culto, el que aprende una buena parte de los arabófonos, tanto en centros oficiales -como puede ser la Escuela Oficial de Idiomas- como en las escuelas coránicas.

16   Con esta afirmación me refiero fundamentalmente a una modificación de las estructuras morfosintácticas y a una pérdida de léxico.

de la población juvenil arabófona de la ciudad están asistiendo a una simplificación de los dos idiomas, el árabe y el español, con las consecuentes rémoras en el desarrollo lingüístico y psicosocial de estos jóvenes.

4.2.- Diglosia.

Como consecuencia del contacto y la distribución de contextos de uso entre el árabe ceutí, el español y el árabe culto –en este caso, no hablado, pero considerado código culturalmente prestigioso- surge la situación denominada "diglosia". Tanto si adoptamos una perspectiva *clásica* como si recurrimos a una concepción *extendida*, el *dariya* se encuentra en situación de diglosia; por un lado, respecto al árabe clásico -según los postulados de Ferguson- y, por otro, también en relación al español -siguiendo la máxima de Fishman. Como consecuencia, a todas luces puede afirmarse que existe diglosia en Ceuta o, como veremos a continuación, *doble diglosia*, situación en la cual entran en juego los tres códigos anteriormente mencionados con el árabe ceutí –variedad débil o baja- como elemento común de bajo prestigio y consideración social.

4.2.1.- La doble diglosia del árabe de Ceuta.

La forma concreta que toma la diglosia en una situación determinada está influida por diversos factores (Siguan 2001: 192), entre los que destacan:

- El número y la proporción de los hablantes de cada una de las lenguas en contacto.
- El hecho de que la lengua débil esté o no formalizada y tenga o no una tradición de uso escrito.
- El nivel de identificación de los hablantes con cada una de las lenguas.

Por un lado, tomando en consideración la propuesta clásica -en la que se incluye como ejemplo el caso de las lenguas de los países árabes-, el árabe de Ceuta es una variante de uso eminentemente familiar y carece del prestigio que aporta la codificación escrita[17]. Esta variante convive con el prestigioso árabe clásico o *fusha*, lengua en la que está escrito el libro sagrado de los musulmanes y que cada vez más hablantes arabófonos conocen.

El dialecto árabe ceutí, considerado una variante familiar, se encuentra en clara situación de desventaja. Sus hablantes, además, poseen un cierto "complejo de inferioridad" lingüística (Vicente 2005: 63) que va unido a la carencia de una identidad socionacional clara al no ser marroquíes y no ser considerados plenamente españoles por muchas personas. Así, no es extraño que puedan escucharse expresiones como "la *dariya* no sirve para nada, en Marruecos me llaman española porque hablo árabe de Ceuta"[18]; si a esto se une la identificación del árabe con Marruecos, que subyace en el fuero interno de muchos castellanohablantes monolingües ceutíes, el resultado es un conflicto tanto lingüístico como identitario.

La segunda variante que entra en liza al tratar la doble diglosia ceutí es el árabe clásico o árabe *fusha*. El *loga*[19] *se usa en las mezquitas y se aprende en las escuelas coránicas*[20], *junto con nociones relacionadas con la religión y los comportamientos morales y sociales derivados de ella. La motivación*

---

17   Este es uno de los aspectos en los que más incide la población monolingüe en español para negar el bilingüismo y oponerse a todo tipo de iniciativas que fomenten el aprecio y la valoración de la lengua materna de numerosos ciudadanos ceutíes. Sobre el prestigio de las lenguas, cfr. Moreno Cabrera (2004; 2008) y Tusón (2003; 2009).

18   El corpus documental que manejamos cuenta con 13 entrevistas realizadas en 2007 a alumnos y alumnas que cursan la Enseñanza Secundaria Obligatoria en el IES "Almina" (Ceuta). En él pueden encontrarse también expresiones como, "mi madre sí habla como ellos [marroquíes] y cuando vamos al zoco de Tetuán o a Castillejos me dice que me calle, que como hable nos ven que somos de Ceuta y nos suben el precio de las cosas".

19   'Lengua', por extensión, 'árabe clásico'.

20   Existen 18 escuelas coránicas en la ciudad: 4 son particulares, 7 dependen de comunidades y 7 de mezquitas. Datos referidos al año 2006 (Jiménez Gámez 2006: 48).

para su aprendizaje es, pues, de carácter religioso y con finalidad de refuerzo comunitario[21], más allá de los propósitos del aprendizaje lingüístico o comunicativo. Ángeles Vicente realiza la siguiente valoración del árabe clásico en Ceuta:

> De plus, cette variété de la langue arabe fonctionne comme un moyen de renforcer l'identité du groupe, en donnant le sentiment d'appartenir à une communauté plus grande, qui est celle de tous les musulmans du monde (2005: 69).

Adoptando una perspectiva menos restrictiva de la diglosia (Fishman, 1979; Myers-Scotton, 2006) se constata que ésta puede extenderse a contextos en los que interactúan socialmente dos lenguas no relacionadas entre sí y no dos variantes de una misma lengua, pudiéndose llegar a la conclusión de que en Ceuta el español o castellano funciona como lengua A o de prestigio y el árabe ceutí como lengua B o lengua en desventaja.

Tanto si se adopta una perspectiva clásica como si se observa la realidad lingüística ceutí desde el prisma de la diglosia extendida, el árabe de Ceuta funciona como una variedad B o de bajo prestigio respecto a las dos lenguas con las que se encuentra en contacto. Los contextos de uso del árabe ceutí y del español muestran muy claramente una situación diglósica en la que el *dariya* se configura como lengua familiar, de la calle, etc. y el español como lengua institucional, oficial.

4.3.- Transferencias.

El contacto de lenguas conlleva la aparición en mayor o menor medida de fenómenos lingüísticos como la interferencia, la transferencia, el préstamo y la alternancia de códigos, aunque para el hablante monolingüe no dejen de ser una mezcla de palabras procedentes de dos lenguas en una misma conversación. En el contexto lingüístico que analizamos se documentan las situaciones de transferencia de comunicación más habituales (Ellis, 1994), destacando entre ellas el *codeswitching* y el préstamo -a las que habría que añadir las interferencias. Esto es:

- *Mezcla de código lingüístico o code-mixing.* Combinación de la lengua inicial y de la lengua terminal con la finalidad de construir la misma producción comunicativa.
- *Cambio de código lingüístico o code-switching.* Uso alterno de la lengua inicial y de la lengua terminal dentro del mismo discurso.

Entendemos por *transferencia* un 'fenómeno consistente en la aplicación de ciertos elementos o estructuras pertenecientes a la primera lengua, lengua de partida o lengua materna, en el aprendizaje y uso de una segunda lengua'. Este fenómeno lingüístico es inevitable y puede entenderse como una estrategia universal que se da al inicio del proceso de aprendizaje y en los estadios intermedios, cuando se crea inestabilidad (Torijano Pérez 2004: 45). El *code-switching*, lejos de ser una mera alternancia idiomática, se ha erigido en una nueva forma de comunicación, en un "nuevo idioma" (Berdonés, 2004) entre gran parte de la población ceutí que intenta de este modo autoafianzarse mediante la lengua, bajo una identidad propia y diferenciada.

4.3.1.- Interferencias.

En el caso del árabe ceutí y el español, la lengua que adopta los préstamos es la primera. La impermeabilidad de los hablantes cuya lengua materna es el español es muy elevada, por lo que únicamente algunos términos del árabe utilizados en ocasiones con ánimo jocoso constituyen la excepción. Entre ellos pueden oírse: *hamdu-llah*[22] ('gracias a Dios'), *ma-nɛaraf* ('no lo sé' o 'no sé'), *in-ša-Allah* ('si Dios quiere'), *wajja?* ('¿de acuerdo?') o *safi* ('se acabó'), expresiones que se

---

21   Entendiendo por ello un refuerzo de la pertenencia a una *nación global musulmana* o *umma*.
22   La expresión árabe es *Al-hamdu-li-llah*.

utilizan con la misma intención que sus correspondientes del denominado "mock Spanish" o 'español simulado' (Moreno Fernández 2006: 18; Silva-Corvalán, ed. 1995).

Respecto a los hablantes arabófonos, en este caso sí pueden sistematizarse ciertas interferencias, fundamentalmente en los planos fonético y léxico-semántico. Las interferencias fonéticas y prosódicas son las más fáciles de apreciar y las más difíciles de erradicar (Rivera, 2009 b): el uso de e por i, el seseo, la ausencia de pronunciación de la /χ / o la acentuación grave de palabras agudas constituyen un buen ejemplo de las interferencias del árabe en el español. A ellas puede añadirse el aumento de la cantidad vocálica como intensificador (ejemplo: buiiiina por 'muy buena' o 'buenísima').

Respecto a la ortografía, dada la ausencia de código escrito en una de las lenguas en contacto, estas interferencias no se aprecian. Al carecer el árabe de Ceuta de código escrito, los errores ortográficos del tipo *sotea, licates* o "*púntate* en la lista" no se consideran interferencias ortográficas sino transferencias fonéticas que se plasman en el terreno gráfico.

A modo de resumen, estas son las principales influencias del dialecto árabe en el español hablado en Ceuta:

- Pronunciación rehilada de /y/ y /λ/.
  Ejemplos: [póŷo] *pollo*; [aŷunámo] *ayunamos*.

- Seseo.
  Ejemplos: [súmo] *zumo*; [kosína] *cocina*; [resámo] *rezamos*.

- /x/ no relajada, como cabría esperar siendo la modalidad lingüística andaluza la imperante.
  Ejemplos: [próximo] *prójimo*; [xwés] *juez*.

- Confusión, en la comprensión oral y en el plano escrito, de /χ -/y/-/ĉ/ y palatales en general.
  Ejemplos: "enpesamos a comer cuando *anollece*"; [yimenéa] *chimenea*.

- Confusión de /e/-/i/ y /o/-/u/ (tres sonidos vocálicos en árabe frente a cinco en español).
  Ejemplos: "en Ramada no se puede *mintir* ni *discotir*"; "en el ramadan no se *ensulta*"; "cuando *termenes* de comer…".

- Modificación acentual. Tendencia a hacer llanas ciertas palabras agudas del español.
  Ejemplos: [peréxil] *perejil*.

En lo que se refiere a las interferencias gramaticales no existen casos suficientemente significativos para recogerlos aquí, aunque Herrero Muñoz-Cobo (1996: 62) justifica la simplificación de ciertas estructuras gramaticales y sintácticas del árabe marroquí por la influencia del español[23], aclarando que en el marroquí, como en todas las lenguas orales, se observa una tendencia a la concisión, a la expresividad y a la economía.

Por último, las interferencias que se producen en el plano léxico-semántico dan lugar a los *préstamos*[24], *que son elementos lingüísticos –léxico, generalmente- que una lengua toma de otra, bien*

---

23 Por ejemplo, la influencia morfosintáctica hispánica hizo que el *dual* perdiera su rendimiento funcional o que se produzca una inobservancia de caso o la omisión del llamado "pronombre retornante" (Herrero Muñoz-Cobo 1996: 40).

24 Los préstamos, a su vez, están muy relacionados con la alternancia de códigos, ya que el hablante al cambiar de idioma recurre en ocasiones a la otra lengua y toma prestados de ella algunos términos.
   Sobre la noción de préstamo, tipos, motivación y función del mismo, resultan muy interesantes los trabajos de Gómez Capuz (1998; 2005).

adaptándolos en su forma primitiva o bien transformándolos en alguna medida (Lázaro Carreter, 1990). En el caso del árabe de Ceuta, palabras como risíbo ('recibo'), *skwíla* ('escuela'), *bandíra* ('bandera') o la propia *pristámo* ('préstamo bancario') son una buena muestra de ello.

Expresiones propias del habla de Ceuta (la mayoría calcos semánticos del *dariya*):

- Uso del verbo *arreglar* con el significado de 'preparar'. Ejemplo: "me *arreglo* el bocadillo por las mañanas"; "yo tengo una mujer que me *arregla* por las tardes a mí y a mi padre lo siguiente: harira, rgief, chubaquí, breuas y dulces".
- Utilización de *todavía* por 'todavía no' (por influencia del *baqi* árabe). Ejemplos: ¿Te has comprado el libro de lengua? –*Todavía.*
- Confusión entre *también* y *tampoco.*
- Uso de *un poquito* por 'un poco mejor', ya que estamos ante un calco del árabe *stito.* Ejemplos: "¿Qué tal estás? - *Un poquito*".
- Utilización de 'bajo' como sinónimo de 'despacio'. Ejemplo: "Habla más *bajito*", en lugar de "Habla más despacio".

Como apreciación final, merece la pena tener en cuenta que las interferencias favorecen a las lenguas más fuertes, las que poseen un prestigio mayor o las más habladas, motivo por el cual es habitual hallar numerosas interferencias del español en el árabe de Ceuta pero muy pocas en sentido contrario.

4.4.- Code-switching.

Otra de las consecuencias más representativas del contacto de lenguas es la alternancia de códigos o *code-switching*. Si atendemos a lo expuesto en el apartado dedicado a la historia y caracterización del *dariya*, en Ceuta conviven –y, de manera casi inevitable, se alternan- el español y el árabe ceutí desde hace más de un siglo, aunque "encontramos algo parecido, aunque no exactamente igual, en la sociedad andalusí de la Edad Media, donde existieron varios periodos de bilingüismo entre el árabe andalusí y las diversas lenguas romances de la península" (Vicente 2008: 547).

En referencia a los factores que pueden afectar a la mezcla de códigos, Romaine (1996: 79) menciona las actitudes de los participantes. En algunas comunidades bilingües[25] se han observado actitudes favorables hacia el *code-switching*, que se ha convertido en marcador de identidad étnica y ha incrementado, por estos motivos, su frecuencia de aparición. El *code-switching* puede estudiarse en profundidad únicamente en Ceuta debido a que, si bien el número de arabófonos en otras ciudades españolas va en aumento, los hablantes de otras comunidades no llevan establecidos en nuestro país tanto tiempo como en Ceuta[26].

Como prueba de ello, en las encuestas[27] realizadas a chicos de 12 a 16 años sobre actitudes sociolingüísticas, la alternancia entre el árabe y el español figura, con diferencia sobre las demás, como forma habitual de intercambio comunicativo en el entorno familiar. En la siguiente figura puede observarse gráficamente este fenómeno:

---

25   Si bien la autora se refiere al bilingüismo español/inglés, la idea puede trasladarse perfectamente al entorno lingüístico que aquí se analiza.

26   No obstante, en lugares como Cataluña estamos asistiendo al nacimiento de un código nuevo: el rifeño-catalán:http://www.elpais.com/articulo/ultima/Ha/nacido/nueva/lengua/rifeno-catalan/elpepiult/20080325elpepiult_2/Tes/

27   Las encuestas fueron realizadas en el Instituto de Enseñanza Secundaria "Almina" (Ceuta) durante el curso escolar 2006/07. En total, participaron 96 alumnos que poseen el árabe ceutí como lengua materna.

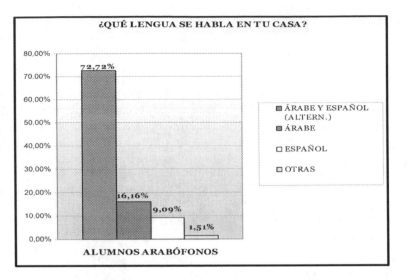

El *code-switching* es una consecuencia lógica de la convivencia multicultural y multiétnica propia de las ciudades-frontera o los denominados *espacios de frontera* (Planet, 1998). Este nuevo código independiente o *variedad de mezcla bilingüe* (Moreno Fernández 2006: 18) sirve como elemento caracterizador e identificador de un grupo etnolingüístico concreto, el de los musulmanes arabófonos ceutíes. Hamers y Blanc (2000: 272) también opinan que "bilingual code-switching can become an autonomous code which develops in closed social settings and identifies an ethnolinguistic group".

Otra *borderland* y un lugar muy rico en cuanto a manifestaciones lingüísticas, a la vez que cercano al territorio sobre el que se realiza esta investigación es Gibraltar[28], un lugar donde "the high level of proficiency in two languages explains the variety and richness of communicative strategies available to bilingual members of this community" (Moyer 1993: 215). La alternancia entre el árabe ceutí y el español es una manera más que tiene la comunidad bilingüe de reafirmar su personalidad "no marroquí" y "no española cristiana", siéndole totalmente aplicables unas consideraciones que en este caso reflejan la identidad gibraltareña:

Gibraltarians have the need to reaffirm their uniqueness because of the Spanish goverment who permanently exercises its claims over the territory [...] However, they also need to distinguish themselves from British colonial power and resist the second-class citizen status they sometimes are assigned (Moyer 1993: 220).

En las encuestas y entrevistas[29] realizadas a jóvenes bilingües queda muy claro que su particular manera de hablar alternando los dos idiomas es más una cuestión de identidad personal que de aptitud lingüística –frente a la tradicional creencia de los monolingües castellanohablantes de que la alternancia responde a carencia en el dominio de la lengua española- puesto que sólo el que domina las dos lenguas es capaz de alternarlas. Uno de los sujetos entrevistados afirmaba orgulloso: "para algo que puedo hacer mejor que un *gewri*[30]... ".

Al cambio de código, alternancia de códigos (López Morales 2004: 171 y ss.) o *traslación*[31] (Gumperz y Bennet 1981: 119) se han acercado numerosos autores, siendo el primero de ellos Haugen (1953), quien utilizó la expresión *code-switching* para destacar que los códigos en contacto se

---

28   No deja de resultar curioso que, a ambos lados del Estrecho de Gibraltar se den situaciones lingüísticas -no así socioculturales o sociolingüísticas- parecidas. En el caso de Gibraltar, es el inglés el que se alterna con el español.

29   Cfr. nota 27.

30   Forma despectiva usada por los jóvenes arabófonos para referirse a los cristianos.

31   Sobre las distintas traducciones de esta expresión, véase Blas Arroyo (1998: 73-74), quien apunta que tal vez esta "relativa anarquía terminológica" se deba a los notables problemas de caracterización que aún hoy presenta el fenómeno del *code-switching*.

mantienen separados, en clara contraposición con otros fenómenos lingüísticos propios del contacto de lenguas –los de interferencia- en los que un código se adapta a las estructuras propias de la otra lengua con la que establece contacto. Desde entonces las perspectivas metodológicas que han tomado los estudiosos de este campo son, como cabría esperar, muy dispares. En este sentido, conviene recordar que una de las polémicas que han suscitado los estudios sobre el cambio de código se refiere a la línea que separa a un *rasgo de interferencia* de la *alternancia* propiamente dicha. Respecto a estas posturas, Blas Arroyo (1999: 14) señala que:

> existen dos posiciones claramente enfrentadas, desde los que proponen que las unidades lingüísticas deben ser mayores que la palabra ya que, en caso contrario, estamos en presencia de préstamos léxicos más o menos integrados en las lenguas meta (Poplack, 1987), hasta quienes abogan por que el cambio de código puede producirse en los límites de la palabra y aún en su interior, siempre que se cumplan determinados requisitos estructurales entre las lenguas en contacto (Myers-Scotton, 1993).

Myers-Scotton, una de las autoras más representativas en relación con este aspecto del contacto de lenguas, plantea la distinción entre el *code-switching clásico* y el *code-switching compuesto*, para establecer el marco teórico de su modelo: el *Matrix Language Frame* (Myers-Scotton, 1998).

Comenzando con la definición clásica de *code-switching*, éste incluye elementos pertenecientes a dos lenguas distintas que se usan en el mismo enunciado, but "only one of these varieties is the source of the morphosyntactic frame for the clause" (Myers-Scotton 2006: 241). Es necesario, pues, en este caso, que el hablante posea un elevado dominio de los dos códigos, como es el caso que aquí se analiza, donde, además, la variedad que funciona como base (*matrix language*) es el dialecto árabe ceutí, aunque en el habla juvenil pueden encontrarse ejemplos en los que la lengua base es el español. A continuación se muestran ejemplos de los dos tipos:

a) Dialecto árabe ceutí como lengua matriz:

- *εandi l'ejersisio dyal-a* ('yo tengo su ejercicio o yo tengo el ejercicio de ella').

- *n'εml-ek devolúsion*[32] *pero ger hneiya Zara España, fhamti?* ('puedo hacerte la devolución, pero tiene que ser aquí, en *Zara* España, ¿me entiendes?').

b) Lengua española como lengua matriz:

- *Hya k∂-y-shab la* ('ella se cree') que es la reina de los mares.

- *Qalit-li* que *εayyet-li n'numera* ('dice que me ha llamado al móvil') pero yo el móvil no lo llevo.

- En *lailatu l'qadr* ('noche del destino') bajan los *malaica* ('ángeles') y suplican a Al-lah y se quedan toda la noche con nosotros y hasta el *fallr* ('amanecer') rezando.

- Esa peña de *dreris* ('colegas') del *jauma* ('barrio'). Este es el *nick* utilizado por uno de mis informantes en un *chat* de internet[33].

---

32   El término español *devolución* sufre el cambio acentual que caracteriza al árabe ceutí por encontrarse la palabra en este determinado contexto. La dependienta que emitió el enunciado dijo claramente "devolución" cuando atendió a la castellanohablante que iba detrás en la cola. El ejemplo que he recogido, bajo el punto de vista de la persona que hablaba, está exclusivamente en árabe (su interlocutora, además, era marroquí meridional y desconocía totalmente el español).

33   Los *nicks* o apodos que se utilizan habitualmente en los chats de internet constituyen una fuente riquísima para estudiar las actitudes y la lealtad lingüísticas, entre otros muchos aspectos de interés. Es común que jóvenes que no saben leer y escribir en árabe clásico o *fusha* utilicen caracteres arábigos en una cadena sin sentido, como apoyo a su nombre o sobrenombre, con la única finalidad de marcar su identidad étnico-religiosa.

- ¿Qué hora εandek ('tienes')?

4.4.1.- Tipos de *code-switching*.

La alternancia de diferentes lenguas o códigos lingüísticos puede ser estudiada utilizando diversos parámetros. De este modo, el *code-switching* puede ser catalogado empleando como criterio el conocimiento que de las lenguas posea el hablante, o bien su objetivo al elegir esta forma de comunicación, siendo en este caso muy relevante el hecho de que el interlocutor pertenezca o no a su misma cultura. Respecto a los motivos que pueden llevar a su utilización, puede estar motivado por factores como un cambio de la orientación discursiva, la diferencia de interlocutores, la inserción de citas en el discurso, o bien porque el hablante se encuentra más capacitado para expresarse en un idioma distinto al utilizado en el resto de su exposición (Vinagre Laranjeira 2005: 28).

1.1.1.1.- *Desde el punto de vista del hablante.*

En referencia a este aspecto, Hamers y Blanc (2000) establecen los conceptos de *bilingual code-switching* frente a la *incompetence code-switching* o 'estrategia a la que recurren los hablantes cuando carecen de competencia suficiente en el idioma' y creen que el paso fluido entre varios códigos sólo es posible cuando los hablantes son competentes en todos los sistemas de comunicación que manejan y son capaces de emplear esta estrategia de modo equilibrado, hasta el punto de convertirla en el "código institucionalizado" (*institucionalized code-switching*), con el que los miembros de la comunidad pueden manifestar su pluralidad cultural.

Según las anteriores definiciones, en el contexto que aquí analizamos podría caracterizarse la alternancia de códigos como *bilingual code-switching*, dado que los hablantes –sobre todo los jóvenes- son competentes tanto en español como en árabe ceutí. Por lo tanto, en el nivel coloquial, podría hablarse de la existencia de un *código institucionalizado*, puesto que la alternancia de lenguas funciona como un código independiente y es, además, una manifestación cultural propia del hablante arabófono ceutí. No obstante, entre la población arabófona de edad avanzada –sobre todo en el segmento femenino que no ha tenido acceso a la escolarización y que realiza su vida diaria en barriadas de la periferia- sí es posible encontrar una alternancia del tipo *incompetence code-switching*.

4.4.1.2.- *Desde el punto de vista lingüístico.*

Pasando a la esfera puramente lingüística, recojo una clasificación que tal vez sea la más utilizada y conocida entre los lingüistas dedicados al estudio de la alternancia de códigos. La propuesta de Romaine (1996), bastante práctica e ilustrativa, insiste en el lugar en el que aparece este fenómeno dentro del discurso. La siguiente división y clasificación de los tipos de *code-switching* se ha relizado tomando en consideración que la alternancia de códigos puede encuadrarse en tres tipos fundamentales: la *etiqueta*, la *alternancia de código interoracional* y la *alternancia intraoracional*, también denominada *code-mixing*.

a.- *Etiquetas.*

Las denominadas *etiquetas* o *tag switching* (Poplack, 1983) suelen ser interjecciones, muletillas, fórmulas sociales y exclamaciones de diverso tipo, y no es necesario que el hablante posea un amplio conocimiento de las lenguas. Las expresiones que sirven para iniciar, mantener o finalizar un intercambio comunicativo también entrarían dentro de esta llamada *alternancia emblemática*.

Ejemplos:

- venga, *bslama* ('adiós').

- *ewa* ('¿qué pasa?') ¿ya has salido de clase?

- *safi*[34] ('se acabó, basta').

- me lo traes mañana, *wajja?* ('¿de acuerdo?').

- me lo dijo *l'usteda* ('la profesora').

- ana šri-t ('compré') *el pan.*

Este tipo de enunciados es habitual entre los bilingües y, aunque de manera esporádica, también se observa entre monolingües (español) que, mediante el uso de etiquetas, realizan un acercamiento afectivo hacia el hablante bilingüe, "una curiosa estrategia de *captatio benevolentiae*" (Blas Arroyo 1998: 90).

b.- *Alternancia interoracional.*

Este fenómeno consiste en que el hablante bilingüe alterna oraciones en una lengua y en otra, con lo que el conocimiento gramatical de los dos idiomas es necesariamente mayor. En el caso del *code-switching dariya/*español, la mayor parte de los intercambios comunicativos que se realizan alternando códigos se enmarcarían dentro de este grupo interoracional.

Ejemplos:

- *hwa qal-li* ('él me dijo') que tenía que llevar la declaración de la renta[35].

- *Ara-li* ('dame') l-buli ('el bolígrafo') negro, que se me ha olvidado.

- ¡*Skut,* ('cállate') *l'usteda* ('la profesora') explicando[36]!

c.- *Alternancia intraoracional.*

En esta ocasión la alternancia de códigos se produce dentro de la misma oración, llegándose a identificar, para algunos autores (Vinagre Laranjeira, 2005: 29) con el *code-mixing*.

Ejemplos:

- *¿Baja ntina?* ('¿baja tú?')[37].

- *ɛalaš aprobar-ti-ni-ši?* ('¿por qué no me has aprobado?').

---

34 Esta es una de las pocas expresiones que mayoría de los hablantes monolingües ha utilizado alguna vez. Otros términos, como *bslama* ('adiós'), son conocidos por ellos, pero no se suelen utilizar. Casado-Fresnillo (1995: 282) los incluye entre las palabras frecuentes en el español norteafricano, junto con otras que no se utilizan en nuestra ciudad.

35 Este extracto pertenece a una conversación entre dos señoras que escuché en la puerta de la Dirección Provincial del Ministerio de Educación. El enunciado se repitió dos veces durante el diálogo, aunque la segunda vez la hablante recurrió al español: "digo, el tío me ha dicho...", sin utilización alguna de elementos en árabe.

36 La elisión de *estar* se debe a que la lengua matriz del enunciado es el árabe ceutí y, por lo tanto, la oración carece de verbo explícito.

37 Lo que en realidad quiso decir la señora con la que me encontré en el ascensor es: "¿baja?" o "¿va para abajo?", tan comunes en estas situaciones.

4.5.- El *code-switching* como forma habitual de intercambio comunicativo en Ceuta y sus connotaciones.

El cambio de código –fenómeno que sorprende, por desconocido, a numerosos turistas que visitan la ciudad- permite a los hablantes bilingües ceutíes comunicarse a través de la combinación de elementos lingüísticos pertenecientes al árabe de Ceuta y a la lengua española. El primero contribuye a que los miembros del colectivo arabófono se mantengan unidos a su cultura y tradición, mientras que la segunda facilita la integración dentro de la sociedad en la que desarrollan su vida.

Esta estrategia comunicativa conlleva la participación de los hablantes en dos mundos: uno que contribuye a dar forma a su comunidad[38] y otro que les hace tomar conciencia de su pluralidad cultural dentro de la sociedad multicultural ceutí. Muchos hablantes, fundamentalmente jóvenes, afirman que su código especial[39] es tan legítimo como el español o el árabe y por eso lo utilizan continuamente. Mediante el *code-switching* los hablantes ceutíes en general y los jóvenes en particular, transmiten significados tanto lingüísticos como sociales, dado que la información que recibe el interlocutor trasciende lo lingüístico, pues permite identificar los rasgos culturales del hablante a través de su producción verbal. Efectivamente, tanto la elección de la lengua que se utiliza en cada proceso comunicativo como la preferencia por el *code-switching* como alternativa al "idioma puro" afecta de manera importante al juicio que se forma el oyente, por un lado sobre su interlocutor y por otro sobre la información transmitida.

En nuestras encuestas[40] puede comprobarse que el fenómeno de *mezcla de lenguas* -como lo llaman ellos- o alternancia de códigos, posee una gran aceptación entre la población joven. De todos modos, puede observarse que en la situación actual de Ceuta, en la que la lengua se convierte en símbolo de la identidad colectiva, se advierte una amplia graduación de actitudes individuales desde el purismo estricto hasta posturas más relajadas, que justifican cualquier interferencia debido a su alta aceptación social.

Desde el punto de vista de la mayoría monolingüe castellanohablante, el uso de un código que alterna el árabe y el español no está del todo bien visto, existiendo algunos hablantes monolingües que restringen el cambio de código a la denominada *incompetence code-switching* mencionada con anterioridad, y creen que sus convecinos recurren a esta estrategia al no dominar convenientemente ni el árabe ni el español. La alternancia de códigos, además, podría amenazar a la lengua española, que se vería "arabizada", cuando -al igual que ocurre con el español en los EE.UU., por ejemplo- "el español mantiene su integridad sintáctica, morfológica y fonética a la vez que participa en la gama de aproximaciones mutuas que caracterizan toda zona bilingüe" (Lipski 2004: 1123).

Durante la realización de entrevistas a hablantes monolingües, algunos definieron la alternancia de códigos con frases del tipo: "hablan entre ellos el árabe pero a veces ni ellos mismos saben las palabras y las tienen que decir en español" o "una parrafada en árabe y de repente te sueltan algunas palabras en español"[41], idea que refuerza el modelo *Matrix Language Frame* (Myers-Scotton, 2006) descrito anteriormente[42].

---

38   No conviene olvidar que esta *comunidad lingüística* no es la única que poseen los musulmanes ceutíes. Recordemos que el tercer código en liza, es decir, el árabe clásico, dota a los entendidos en él de la posibilidad de mantenerse más unidos a la *umma* islámica.

39   Berdonés López (2004) utiliza la denominación *árabespañol* en una obra que analiza la interinfluencia del español y el árabe en Marruecos.

40   Cfr. nota 27.

41   Jiménez Gámez (2006: 54) también se hace eco de este hecho: "en medio de la conversación en el dialecto, una mujer soltaba el refrán *la avaricia rompe el saco*".

42   Conviene recordar, como ya dije anteriormente, que aunque el árabe sea la lengua base en la mayoría de los intercambios comunicativos, el español también funciona como lengua matriz, fundamentalmente en el discurso juvenil.

5.- Situación sociolingüística actual.

En la actualidad nos encontramos con la siguiente situación sociolingüística en Ceuta:

Existe un grupo mayoritario monolingüe español, identificado con el habla andaluza occidental, que posee unas características lingüísticas y una actitud hacia su variante comunicativa similares a las de los hablantes del sur de la Península Ibérica. Este colectivo, al ser dominante socioeconómicamente y tener como lengua materna la oficial, no ve amenazado su futuro lingüístico, aunque no ocurre lo mismo en el ámbito social –donde la "lenta invasión" musulmana aparece recurrentemente en el imaginario popular ceutí.

Respecto a la minoría mayoritaria, no existe un sentimiento especial de alerta hacia una lengua que pueda extinguirse –ni siquiera como fruto del proceso de asimilación cultural al que se encuentra sometida- aunque la ausencia de políticas lingüísticas que favorezca su reconocimiento, valoración y aprecio, hace que está simplificando sus estructuras.

El español hablado en la ciudad posee, en general, unos rasgos característicos según la procedencia cultural de los hablantes. Así, el sociolecto musulmán estaría caracterizado por los siguientes rasgos:

- Seseo (ausencia total de ceceo).
- Pronunciación de /-s/ junto con aspiración de la misma.
- Yeísmo, con rehilamiento en ocasiones.
- Aspiración de /x/ junto a la realización velar (/x/ castellana).
- Dificultad en la realización de /χ/.
- En ocasiones, confusión vocálica por adecuación del sistema árabe al español.
- Modificación acentual. Tendencia a hacer llanas las palabras agudas.

Por otro lado, el sociolecto cristiano, como hemos apuntado anteriormente, posee las características de las hablas andaluzas occidentales:

- Aspiración de /s/ en posición implosiva.
- Seseo (ceceo ocasional).
- Yeísmo.
- Fricatización de /ĉ/.
- Aspiración de /x/.

Respecto a los sociolectos de árabe ceutí, Vicente (2007) recuerda que existen dos: uno considerado la variante de prestigio, y el otro, la variante arcaica o conservadora –hablada por mujeres de mediana/avanzada edad y con un reducido conocimiento y dominio de la lengua española. Los hablantes del barrio de Benzú se distinguen desde el punto de vista sociolingüístico de los otros musulmanes arabófonos que viven en Ceuta. Esto se debe a la situación geográfica del barrio- frontera Belliounech.

En la actualidad, si tuviéramos que perfilar un modelo prestigioso de hablante, éste respondería a las siguientes características:

- ceutí de nacimiento.
- de religión islámica.
- con estudios medios y un perfecto dominio del castellano.
- con un buen dominio del árabe, que se ve incrementado por su práctica diaria (tanto en Ceuta como en las vecinas localidades de Castillejos o Tetuán).
- totalmente insertado en la sociedad ceutí y activo socialmente.

6.- Conclusiones.

La lengua constituye uno de los elementos caracterizadores de la singularidad de las diferentes culturas ceutíes. Las lenguas habladas mayoritariamente en la ciudad son el español y el árabe de Ceuta, *dariya* o árabe dialectal. A esto hay que unir la existencia del árabe clásico (al-arabiya al-*fusha*) como lengua de cultura, presente fundamentalmente en el ámbito formal/culto y religioso. Aproximadamente el 40% de la población ceutí es, en mayor o menor medida bilingüe, y domina o conoce con cierta profundidad tanto la lengua española como el dialecto árabe de Ceuta. El bilingüismo de la población ceutí además de bicultural o, lo que es lo mismo, al dominio de cada uno de los dos códigos va unido un cambio de cultura, es sustractivo, adscrito, secundario y equilibrado.

En referencia al aspecto social del contacto de lenguas, hay que recordar que el uso que se hace de los tres códigos en contacto, es decir, el árabe clásico, el *dariya* y el español, no es igualitario ni uniforme. Estamos, por lo tanto, ante lo que denomino *la doble diglosia del árabe de Ceuta*. Doble por dos motivos:

a.- Porque se utiliza el concepto de diglosia clásica por un lado y el de diglosia extendida por otro.
b.- Porque interviene una doble relación lingüística:
     - árabe clásico / árabe de Ceuta.
     - español / árabe de Ceuta.

En ambos casos el árabe ceutí es considerado variedad baja o débil, frente a las otras dos lenguas, que se utilizan en contextos formales o religiosos.

Las consecuencias fundamentales del contacto de lenguas, al menos las que más relación guardan con la situación lingüística de Ceuta, son las interferencias y la alternancia y mezcla de códigos. Por interferencia entiendo 'el desvío de cualquiera de los dos códigos que se produce cuando un hablante aprende o domina dos lenguas'.

Tal vez la consecuencia más llamativa del contacto de lenguas en la ciudad de Ceuta sea el uso del *code-switching* como código independiente o idioma propio. En efecto, esta forma de hablar -que cada vez cuenta con un mayor número de usuarios- posee una importante función como demarcador cultural e identitario, "no marroquí" y "no español cristiano". En algunas ocasiones, existe una finalidad estratégica tras la alternancia de códigos, puesto que no es comprendida ni por los monolingües castellanohablantes ni por los monolingües arabófonos del país vecino, convirtiéndose así el *code-switching* en un elemento "de poder". Conviene también recordar que la alternancia de lenguas no está muy bien vista por parte de la población monolingüe, que afirma que demuestra carencias tanto en el conocimiento del árabe ceutí como del español, cuando ocurre justo lo contrario: la alternancia idiomática sólo es posible cuando el hablante domina de igual modo las dos lenguas.

La consideración y gestión de la diversidad lingüística y cultural constituye aún una asignatura pendiente para la sociedad ceutí. Desde la apreciación de la diversidad como un elemento positivo y enriquecedor podrán generarse verdaderas y necesarias dinámicas de interculturalidad. El conocimiento de la realidad del contacto de lenguas es el paso previo para conseguir que las culturas ceutíes tengan un estatus y reconocimiento igualitario y equitativo, y que sean consideradas como patrimonio comunitario más que como compartimentos estancos.

OBRAS CITADAS

Berdonés López, A. (2004). *El árabe marroquí y el español: el árabespañol, lengua de encuentro*. Granada: Ayuntamiento de Granada.

Blas Arroyo, J. L. (1998). *Las comunidades de habla bilingües. Temas de sociolingüística española*. Zaragoza: Pórtico.

Blas Arroyo, J. L. (1999). *Lenguas en contacto. Consecuencias lingüísticas del bilingüismo social en las comunidades de habla del este peninsular*. Madrid-Frankfurt am Main: Iberoamericana-Vervuert.

Casado-Fresnillo, C. (1995). "Resultados del contacto del español con el árabe y con las lenguas autóctonas de Guinea Ecuatorial". Spanish in four continents: Studies in language contact and bilingualism. Ed. Silva-Corvalán. Washington D.C.: Georgetown University Press. 281-292.

Consejo Económico y Social de Ceuta (2009). *Memoria 2007 sobre la situación socioeconómica y laboral de Ceuta* (http://www.ceuta.es/ces/paginas/memoriasociec.html)

Ellis, R. (1994). *The Study of Second Language Acquisition*. Oxford: Oxford University Press.

Fishman, J. 1979 (1972). *Sociología del lenguaje*. Madrid: Cátedra.

Gómez Capuz, J. (1998). *El préstamo lingüístico: conceptos, problemas y métodos*. València: Universitat de València.

Gómez Capuz, J. (2005). *La inmigración léxica*. Madrid: Arco Libros.

Gumperz, J. J. y Bennett, A. (1981). *Lenguaje y cultura*. Barcelona: Anagrama.

Hamers, J. F. y Blanc, M. (2000). *Bilinguality and Bilingualism*. Cambridge: Cambridge University Press.

Haugen, E. (1953). *The Norwegian Language in America. A Study in Bilingual Behavior*. Philadelphia: University of Pennsylvania Press.

Herrero Muñoz-Cobo, B. (1996). *El árabe marroquí: aproximación sociolingüística*. Almería: Universidad de Almería.

Instituto de Estudios Ceutíes (2009). *Historia de Ceuta*. Ceuta: Instituto de Estudios Ceutíes.

Jiménez Gámez, R. (2006). "El uso del dialecto árabe marroquí en Ceuta, defensa frente a poder. Un estudio de caso en un centro de educación secundaria". Actas del I Congreso Árabe Marroquí: Estudio, Enseñanza y Aprendizaje. Eds. Moscoso García y Nouaouri. Cádiz: Universidad de Cádiz. 129-150

Lambert, W. E. (1981). "Bilingualism and language acquisition". Native Language and Foreign Language Acquisition. Ed. Winitz, H. New York: New York Academy of Sciences. 9-23.

Lázaro Carreter, F. (1990). *Diccionario de términos filológicos*. Madrid: Gredos.

Lipski, J. M. (1978). "Code switching and the problem of bilingual competence". Aspects of Bilingualism. Ed. Paradis. Columbia: Hornbeam. 250-264.

Lipski, J. M. (2004). "El español de América: los contactos bilingües". Historia de la lengua española. Ed. Cano Aguilar. Barcelona: Ariel. 1117-1138.

López Morales, H. 2004 (1989). *Sociolingüística*. Madrid: Gredos.

Maimón, S. (2008). "El dariya como instrumento didáctico para el profesorado". http://www.cprceuta. es/ENL (*I Jornadas de Español como Nueva Lengua en Ceuta*).

Martín Rojo, L. (2003). *¿Asimilar o integrar?: dilemas ante el multilingüismo en las aulas*. Madrid: Centro de Investigación y Documentación Educativa.

Mijares, L. (2007). *Aprendiendo a ser marroquíes: inmigración, diversidad lingüística y escuela*. Guadarrama: Ed. del Oriente y del Mediterráneo.

Moreno Cabrera, J. C. 2004 (2000). *La dignidad e igualdad de las lenguas. Crítica de la discriminación lingüística*. Madrid: Alianza.

Moreno Cabrera, J. C. (2008). *El nacionalismo lingüístico. Una ideología destructiva*. Barcelona: Península.

Moreno Fernández, F. (2006). *Sociolingüística del español en los EE.UU.* Madrid: Liceus (www. liceus.com).

Myers-Scotton, C. (1993). *Duelling Languages: Grammatical Structure in Codeswitching*, Oxford, Clarendon Press.

Myers-Scotton, C. (1998). "The matrix language frame model: Development and responses". Codeswitching Worldwide II. Ed. Jacobson. Berlin-New York: Mouton de Gruyter. 23-58.

Myers-Scotton, C. (2006). *Multiple Voices: an Introduction to Bilingualism*. Oxford: Blackwell.

Moyer, M. G. (1993). *Analisis of Code Switching in Gibraltar*. Bellaterra: Universidad Autónoma de Barcelona.

Ogbú, J. U. (1993). "Etnografía escolar. Una aproximación a nivel múltiple". Lecturas de antropología para educadores. El ámbito de la antropología de la educación y de la etnografía escolar. Díaz de Rada, et alt. Coords.145-174.

Planet, A. I. (1998). *Ceuta y Melilla: espacios de frontera hispano-marroquíes*. Melilla: Ciudad Autónoma de Melilla.

Poplack, S. (1983). "Lenguas en contacto". Introducción a la lingüística actual. Ed. López Morales. Madrid: Playor. 183-207.

Preston, D. R. y Young, R. (2000). *Adquisición de segundas lenguas: variación y contexto social*. Madrid: Arco Libros.

Rivera Reyes, V. (2009 *a*). "Características del bilingüismo español-árabe ceutí en Ceuta", *Escenarios bilingües*, Sevilla: Universidad de Sevilla - Peter Lang (en prensa).

Rivera Reyes, V. (2009 *b*). "Dificultades para el aprendizaje del español de los alumnos que tienen el árabe ceutí como lengua materna", *Tonos Digital*, nº 17-Julio.

Romaine, S. (1996). *El lenguaje en la sociedad. Una introducción a la sociolingüística*. Barcelona: Ariel.

Siguan, M. (2001). *Bilingüismo y lenguas en contacto*. Madrid: Alianza Editorial.

Silva-Corvalán, C. Ed. (1995). *Spanish in four continents: studies in language contact and bilingualism*. Washington D.C.: Georgetown University Press.

Torijano Pérez, J. A. (2004). *Errores de aprendizaje, aprendizaje de los errores*. Madrid: Arco Libros.

Tusón, J. 2003 (1996). *Los prejuicios lingüísticos*. Barcelona: Octaedro.

Tusón, J. (2009). *Patrimonio natural. Elogio y defensa de la diversidad lingüística*. Barcelona: Ariel.

Vicente, A.(2005).*Ceuta: une ville entre deux langues. Une étude sociolinguistique de sa communauté musulmane*. Paris: L'Harmattan.

Vicente, A. (2007). *Ceuta: una ciudad entre dos lenguas*. Ceuta: Instituto de Estudios Ceutíes.

Vicente, A. (2008). "La interacción de lenguas en Ceuta: formación y evolución del dialecto árabe ceutí". *V Congreso de Inmigración, Interculturalidad y Convivencia*. Ceuta: Instituto de Estudios Ceutíes. 543-553.

Vinagre Laranjeira, M. (2005). *El cambio de código en la conversación bilingüe: la alternancia de lenguas*. Madrid: Arco Libros.

El cambio de códigos intra-oracional en la comunidad gibraltareña

Carmen Ruiz Sánchez
Michigan State University, Estados Unidos

1. Introducción

La mayoría de las investigaciones sobre el cambio de códigos han estado enfocadas en las restricciones que gobiernan el cambio de lenguas. Por una parte, se han propuesto restricciones socio-situacionales y discursivas para el cambio de códigos entre oraciones, como en Poplack (1980), Gumperz (1982), Bell (1984), Auer (1984), Milroy & Wei (1991), y por otra, se han formulado restricciones sintácticas para el cambio de códigos dentro de la oración, algunas desde una perspectiva variacionista, como las de Pfaff (1976) y Poplack (1980), y otras desde una perspectiva generativa, como las de Woolford (1983), Di Sciullo, Muyken & Singh (1986), Meyers-Scotton (1992), Muysken (1991), Belazi, Rubin & Toribio (1994), pero todas ellas con el propósito de demostrar que el cambio de códigos dentro de la oración no es una mezcla irregular de dos lenguas sino un cambio gobernado por ciertos principios sintácticos.

Uno de los estudios variacionistas más citados es el de Poplack (1980) en el que la autora formula dos principios: *el principio de la equivalencia*, según el cual no es posible tener cambios de lenguas entre morfemas ligados, como en "Yo estoy *eat*-iendo" ('Yo estoy comiendo'), y *el principio del morfema libre*, según el cual no es posible tener cambios cuando las reglas de los dos idiomas difieren, como es el caso del orden de los pronombres objetos en inglés y en español: "*I saw* lo" ('Lo vio'). La imposibilidad del cambio cuando las reglas de las dos lenguas difieren aparece igualmente recogida en los principios propuestos por Pfaff (1979) y Woolford (1983).

Otro principio sintáctico frecuentemente citado es *la restricción de gobierno* (*Government Constraint*), propuesto por Di Sciullo et al.(1986) y modificado por Muysken (1991), según el cual el cambio de códigos intra-oracional no es posible cuando los elementos que se cambian están en una relación de gobierno o dominio (los complementos del verbo y el verbo, los adjetivos y los nombres, y los complementos de una preposición y la preposición). Dentro del mismo marco teórico, Belazi et al.(1994) formularon *el principio del núcleo funcional* (*Functional Head Constraint*), el cual prohíbe el cambio de códigos entre un núcleo funcional (conjunción subordinante, inflexión o verbo auxiliar, negación, determinante, cuantificador) y su complemento (cláusula, sintagma verbal, sintagma verbal, sintagma nominal y sintagma nominal, respectivamente), pero permite el cambio de lenguas entre un núcleo léxico (verbo o preposición) y su complemento.[1] Este ensayo se enfoca precisamente en el cambio de lenguas entre un núcleo funcional y su complemento ya que los datos muestran que, a diferencia de lo que predicen los principios generativos mencionados, este es un lugar de frecuentes cambios de lenguas en yanito,[2] lo cual parece distinguirlo de otras situaciones de cambio de códigos. El cambio entre estos constituyentes no es, sin embargo, libre en yanito sino que, como veremos, sigue unos patrones que se repiten sistemáticamente.

En cuanto a la situación (socio)lingüística en Gibraltar, son ya bastantes los estudios dedicados a este tema,[3] pero son pocos los que se enfocan en el cambio de códigos que caracteriza a esta comunidad. En este último campo destaca el trabajo de Moyer (1993) quien analiza las restricciones situacionales, las estrategias del discurso y la estructura sintáctica de los cambios de códigos. Aunque Moyer identifica ciertas combinaciones de constituyentes sintácticos del inglés y del español dentro de la misma oración, y nota la inserción de elementos léxicos individualizados y de expresiones culturales, la autora se limita a presentar ejemplos aislados sin llegar a ninguna conclusión sobre el cambio de códigos en Gibraltar. Según ella, el cambio de códigos se permite siempre que no se violen las reglas gramaticales del español o del inglés (251). Esta generalización no explica, sin embargo, que los yanitos no produzcan o acepten cambios de códigos entre ciertos constituyentes aunque no se violen las reglas del español o del inglés.

El propósito de este ensayo es ofrecer una visión general del cambio de códigos intra-oracional característico de Gibraltar, y más concretamente, demostrar la existencia de patrones sistemáticos cuando el cambio se produce entre un palabra funcional o gramatical y una de contenido. Para ello, se analizan múltiples ejemplos de cambios de códigos en esta juntura encontrados en el yanito y se explora la posibilidad de otros cambios entre determinados tipos de palabras. Además, a modo de conclusión, se usan los resultados encontrados en estos nuevos datos para sugerir un cambio en el estatus lingüístico del yanito dentro de esta comunidad.

2. La comunidad y su situación lingüística

Gibraltar, situada en la costa sur de España, ha sido una colonia británica desde 1713. Mide cuatro kilómetros de largo y tiene una población de 28.875 (de acuerdo con el 2006 *Abstract Statistics, Statistics Office, Government of Gibraltar*). Gibraltar es un lugar de gran diversidad étnica ya que durante siglos múltiples culturas y lenguas se han establecido allí por razones comerciales o militares. Aún así los gibraltareños constituyen un grupo homogéneo y unido por un fuerte sentido de identidad nacional y cultural.

Debido a las diferentes características demográficas, históricas y educacionales de los gibraltareños, no todos demuestran el mismo nivel de competencia en inglés y español. En Gibraltar el inglés es la lengua oficial, reservada para la educación, el trabajo y otros contextos formales, mientras que el español es la lengua hablada en casa y en contextos informales. De acuerdo con los estudios recientes de Kellerman (2001) y Levey (2007), y con los participantes de este estudio, esta situación está cambiando hoy en día ya que el inglés se está convirtiendo en la lengua dominante, cada vez más usada en casa y en otros contextos informales. Esta nueva influencia del inglés se refleja igualmente en el cambio de códigos entre el español y el inglés en el que cada vez se incorporan más elementos léxicos del inglés. El yanito se habla principalmente entre amigos y familiares dentro de la comunidad y se ha convertido en una parte importante de la identidad gibraltareña. Los participantes de este estudio afirman que hablan yanito para diferenciarse de los españoles y de los británicos: ellos no se consideran ni españoles ni británicos sino gibraltareños o yanitos.

3. Metodología.

Los datos usados en esta investigación provienen de 30 mensajes de correo electrónico, 30 copias de la columna satírica *La Calentita: Gibraltar's National Dish,*[4] y una prueba de aceptabilidad (adaptada de Toribio 2001) en la que los participantes evaluaron (en una escala del 1 al 7) la aceptabilidad de 52 oraciones con cambios de códigos en diferentes puntos de la oración y luego reescribieron las oraciones que consideraban inaceptables. Seis jóvenes gibraltareños de entre 20 y 35 años participaron en este proyecto. Todos ellos son hablantes bilingües que usan el yanito de manera regular para comunicarse con su familia y amigos.

4. Los resultados

A continuación se presentan los resultados organizados según el punto dentro de la oración donde se produce el cambio de lenguas. Dada la limitación de espacio, en cada sección se analizan y explican ejemplos relevantes e ilustrativos del cambio de códigos característico del yanito. Esta investigación se enfoca en los cambios de códigos entre lo que en gramática generativa se considera un núcleo funcional y su complemento, considerados imposibles o poco frecuentes en estudios previos pero presentes y a veces frecuentes en la comunidad gibraltareña.

4.1. El cambio de códigos entre una conjunción subordinante y su complemento

Los datos recogidos muestran un patrón consistente en el cambio de lenguas entre una conjunción subordinante y su cláusula subordinada. Oraciones del tipo "Supongo que *I speak two languages*" ('Supongo que hablo dos idiomas') y "*I suppose* que *that's what we can call it*" ('Supongo que lo podemos llamar así'), en las que la conjunción subordinante aparece en español y la cláusula dependiente en inglés, son muy comunes y consideradas aceptables en yanito. Sin embargo, una oración como "*He told me that* es posible que Clara venga" ('Me dijo que es posible que Clara venga') o "Supongo *that* vale la pena intentarlo" ('Supongo que vale la pena intentarlo') en las que la conjunción está en inglés y la cláusula en español no apareció ni en *Calentinta* ni en los correos electrónicos.[5] Este tipo de cambio en el que la conjunción aparece en inglés y la cláusula en español fue incluido en la prueba de aceptabilidad y evaluado como raro o marginal por los participantes.

Estos resultados no sólo demuestran que el cambio entre un núcleo funcional y su complemento es posible en el yanito sino que hay una preferencia por mantener el núcleo funcional o la palabra gramatical en español, independientemente de la lengua en la que aparezca el complemento o cláusula subordinada. Esta preferencia se observa igualmente en las oraciones que los participantes proveyeron en la prueba de aceptabilidad ya que cambiaron las conjunciones que aparecían en inglés por sus correspondientes españolas. De esta manera, la oración "Supongo *that* vale la pena intentarlo" se cambió por "*I suppose* que vale la pena" o "*I suppose* que *it´s worthy*" ('Supongo que vale la pena'), y "Hago esto porque *he told me that you would help me*" por "Hago esto porque me dijo que *you would help me*" (Hago esto porque me dijo que me ayudarías').

4.2. El cambio de códigos entre un verbo auxiliar y su complemento

Aunque el cambio de códigos entre estos constituyentes aparece con poca frecuencia en los datos, el hecho de que se produzca con ciertos verbos auxiliares contribuye a demostrar que el cambio entre un núcleo funcional y su complemento es posible en yanito: "Los cables están *connected* al hi-fi" ('Los cables están conectados al equipo de música') , "Estabas *downloading music*" ('Estabas bajándote música'), "Estoy *studying* para el examen"('Estoy estudiando para el examen'). Es más, en estas y otras oraciones de este tipo la palabra gramatical, el verbo auxiliar en este caso, aparece siempre en español y su complemento en inglés, pero nunca a la inversa. Curiosamente, cuando se les preguntó a los participantes por la aceptabilidad de una oración del tipo "*I'm* studiando mucho" ('Estoy estudiando mucho'), en la que el verbo auxiliar aparece en inglés y su complemento en español, todos la evaluaron como inaceptable y la cambiaron a "Estoy *studying* mucho", con el verbo auxiliar en español y el complemento en inglés, o a "*I'm studying* mucho" o "Estoy estudiando mucho", sin cambio de idiomas en este punto. El test de aceptabilidad incluía oraciones con otras posibles combinaciones entre verbos auxiliares y verbos principales[6] pero todas se consideraron inaceptables por los participantes. Sólo en un par de casos, como en "El hombre *fue jailed for his crimes*" ('El hombre fue encarcelado por sus crímenes') y "Vamos a *take it easy tonight*" ('Vamos a tomárnoslo con tranquilidad esta noche') hubo desacuerdo entre los participantes sobre la aceptabilidad del cambio. Lo interesante otra vez es que incluso en estos casos dudosos los verbos auxiliares están en español y sus complementos en inglés.

Basándonos en estos datos, podemos hacer algunas generalizaciones sobre el cambio de códigos entre estos constituyentes. Se puede afirmar que el tipo de verbo auxiliar es un factor importante a la hora de determinar la aceptabilidad de un cambio entre un verbo auxiliar y su complemento, ya que algunos parecen permitir el cambio pero otros no. Un segundo factor importante es la lengua en la que aparece el verbo auxiliar y la dirección del cambio. Los resultados muestran el mismo patrón observado anteriormente: los yanitos prefieren los cambios de un núcleo funcional español a un complemento en inglés y no al revés. Es posible que la expresión de ciertos núcleos funcionales en español, como la conjunción *que* o el verbo auxiliar *estar*, se haya propagado y regularizado entre los hablantes del yanito, mientras que la expresión de otros núcleos en español, como *ser* o *ir a*, que han recibido evaluaciones de aceptabilidad discrepantes, se encuentren en proceso de hacerlo, De manera tentativa, se podría pensar que un fenómeno de cambio lingüístico está ocurriendo en esta comunidad de habla, un cambio en el que las palabras funcionales se expresan progresivamente en español y las palabras léxicas en inglés.

En relación a este tipo de cambio de códigos, los datos muestran un patrón muy productivo en yanito que consiste en el uso del verbo *hacer* y un gerundio en inglés: "Pues que haga *abdicating*" ('Pues que abdiquen'), "Se hacen *mixing* los dos idiomas" ('Se mezclan los dos idiomas'), "¿Cómo estás haciendo *studying* este tema?" ('¿Cómo estás estudiando este tema?'). Según Moyer (1993), en estos ejemplos el verbo *hacer* se comporta como un verbo principal y el gerundio como su complemento directo, por lo que esta estructura representaría un cambio entre un núcleo léxico y su complemento y no requeriría más explicación. Sin embargo, si miramos más detenidamente el comportamiento de *hacer* en yanito, notaremos que este verbo ha perdido su significado original y que ha pasado a comportarse como una especie de verbo auxiliar, cuya única función es llevar las marcas flexivas del verbo que, debido al cambio de códigos, aparece en inglés. Esto se refleja claramente en las respuestas del test de aceptabilidad: los cambios entre un verbo auxiliar y su complemento considerados inaceptables se sustituyeron por oraciones con *hacer* + gerundio en inglés. Por ejemplo, los participantes escribieron "En ese asunto hay que hacer *standing back*" ('En este asunto no hay que meterse'), "*He wants to* hacer *studying economics*" ('Él quiere estudiar economía'), "Los estudiantes han hecho *electing* un *new representative*" ('Los estudiantes han elegido un nuevo representante'), "Hicieron *jailing* al hombre *for his crimes*" ('Encarcelaron al hombre por sus delitos') como correcciones para "En este asunto hay que *stand back*", "*He wants to* estudiar economía", "Los estudiantes han *elected* un nuevo representante", "El hombre fue *jailed for his crimes*", respectivamente.

Esta estructura, inexistente en inglés y en español, se repite en el habla de los yanitos y apoya la idea de que el yanito parece estar regularizando ciertos patrones en su cambio de códigos, como la ya mencionada preferencia por tener ciertas palabras funcionales en español. De los resultados del test de aceptabilidad se puede deducir además que el uso de *hacer* se ha convertido en una estrategia, bastante productiva, para cambiar de códigos dentro del sintagma verbal, especialmente entre aquellos verbos auxiliares y complementos en los que no se acepta el cambio de códigos.

4.3. El cambio de códigos entre la negación y un sintagma verbal

Los principios sintácticos propuestos para el cambio de códigos predicen que un cambio entre la negación y el sintagma verbal es imposible. Los datos del yanito lo confirman pues no se encontró ningún cambio de códigos entre estos elementos, y cuando los participantes evaluaron oraciones que contenían este cambio,[7] todos las rechazaron y las corrigieron poniendo el sintagma verbal en el idioma en el que aparecía la negación.

4.4. El cambio de códigos entre el determinante y el sintagma nominal

En los acercamientos generativos el determinante se considera un núcleo funcional y el sintagma nominal que lo acompaña su complemento. De acuerdo con *el principio del núcleo funcional*, un cambio entre estos dos constituyentes no es posible, pero los datos del yanito demuestran lo contrario. Sin embargo, como en la mayoría de estos casos los nombres son las únicas palabras que aparecen en otro idioma, es difícil determinar, como indica Toribio (2001), si realmente se trata de cambio de códigos o de préstamos. Lo que resulta relevante en los datos del yanito es que los participantes cambiaron muchos de los sintagmas nominales que aparecían en un solo idioma en la prueba (sin cambio entre el determinante y el nombre) por sintagmas nominales en los que los determinantes aparecían en español y el nombre en inglés, pero nunca al revés (*La biblioteca* > el *library*, Los deberes > el *homework*, *on Sunday* > los *Sundays*, etc.).

Vemos de nuevo la tendencia a tener la palabra funcional, el determinante en este caso, en español, y la palabra de contenido, el nombre, en inglés. No se trata simplemente de una cuestión de permitir el cambio de lenguas entre palabras gramaticales y de contenido, sino que parece haber un proceso de regularización en yanito en el que el determinante aparece siempre en español y en masculino.

Además del cambio entre determinantes definidos y nombres, se encontraron ejemplos de cambio de lengua entre cuantificadores y nombres, y en los que de nuevo el núcleo funcional, el cuantificador, aparecía en español y el resto del sintagma nominal en inglés: "Hay bastantes *calendar clashes*" ('Hay bastantes conflictos de horario'), "Hay mucho over-regulation in that country" ('Hay muchas reglas en ese país'). Asimismo, cuando los participantes evaluaron oraciones en las que el cuantificador aparecía en inglés y el nombre en español como en "*On this campus many* estudiantes andan en bicicleta" ('En este campus muchos estudiantes andan en bicicleta', tomado de Toribio 2001), todos consideraron tal cambio inaceptable y propusieron "*many students*" o "muchos *students*" como mejores alternativas.

5. Conclusión

En este estudio se han examinado ejemplos representativos del cambio de códigos intra-oracional característico de la comunidad gibraltareña. En particular se han examinado los cambios de lenguas que se producen entre lo que la gramática generativa llama núcleo funcional y su complemento, considerados imposibles según *el principio del núcleo funcional*. Los datos de esta investigación muestran que el cambio de códigos entre estos elementos ocurre frecuentemente en el yanito (sobre todo cuando el núcleo funcional es una conjunción subordinante, un determinante definido o cuantificador y *hacer*), pero no afecta a todas las categorías gramaticales de la misma manera: el cambio con algunos verbos auxiliares causa desacuerdo entre los yanitos, y con otros verbos auxiliares y con la negación no se produce nunca, lo cual tampoco se explica con los principios que permiten el cambio de códigos cuando se respetan las reglas de las dos idiomas.

Esto unido a la fuerte tendencia a expresar los núcleos funcionales en español, parece indicar que un fenómeno de regularización está en proceso en yanito, un proceso por el que las palabras funcionales se van expresando en español y las palabras léxicas en inglés. Este proceso puede estar relacionado con el hecho de que el inglés está adquiriendo más poder en esta comunidad. En otras situaciones de lenguas en contacto, se ha observado que cuando una lengua se vuelve dominante suele funcionar como base léxica de la mezcla de lenguas mientras que la lengua que solía ser dominante pero que deja de serlo funciona como base sintáctica-estructural (como ha ocurrido con Media Lengua en Ecuador). Esta idea lleva a replantearnos el estatus lingüístico del yanito: ¿se trata realmente de cambio de códigos o se podría argumentar que va camino de convertirse en una lengua mezclada? La respuesta a esta pregunta es compleja y escapa obviamente el propósito de este estudio, pero la posibilidad de que el yanito esté en proceso de convertirse en una lengua mezclada debe ser estudiada en más profundidad. Son muchas las características que la comunidad gibraltareña comparte con otras comunidades con lenguas mezcladas: hay un fuerte sentido de identidad, la mezcla o cambio de idiomas se ha convertido en un símbolo de esta identidad, hay un constante flujo de trabajadores de ciudades vecinas, y una de las lenguas se ha vuelto más dominante dentro de la comunidad bilingüe.

NOTAS

[1] De acuerdo con este principio no son aceptables estas oraciones: "El profesor dijo que *the police had received an A*," "*The police officers have* visto un ladrón," "El hombre no *wants the book*," "Pocos *students finished the exam*," mientras que los cambios en "*They used to serve* bebidas alcohólicas en ese restaurante" y "*underneath* la cuna del niño" serían aceptables.

[2] Nombre que se le da al cambio de códigos en Gibraltar. Algunos dicen que es el resultado de la adaptación fonética del nombre inglés *John* por hablantes no nativos, y otros proponen que proviene del nombre italiano *Gianni* (Lipski 1986).

[3] Destacan West 1956, Becker 1970, Fierro Cubiella 1984, Kramer 1986, Lipski 1986, Cavilla 1990, Enriles 1992, García Martín 1997, Ballantine 2000, Cal Valera 2001, Kellermann 2001, Fernández Martínez 2003, 2005, 2006, Levey 2008.

[4] Columna humorística publicada en el periódico electrónico *Panorama* que representa la conversación idealizada en yanito entre dos amas de casa gibraltareñas.

[5] Excepciones: *whereas* ('mientras') y *since* ('ya que') aparecieron en inglés, pero son conectores de mayor contenido semántico que *that*.

[6] Se incluyeron oraciones como "El *candidate* puede *prepare his remarks*," "*When can they* dejar de seguirlo?," "*He must* dejar de fumar," "Tengo que *make sure that he knows*," "*He wants to* estudiar economía," "*They are going to* hacerlo si se lo pides de buenas maneras," "Los estudiantes han *elected a new representative*," "*I have* estado en Madrid varias veces," "Yo creo que apenas se había *washed out*."

[7] Oraciones como "*Two colleagues did not* entregar trabajos para el congreso," "*I know that never* escribo," "La biblioteca normalmente no *opens on Sunday mornings*."

OBRAS CITADAS

Auer, Peter. *Bilingual conversation*. Philadelphia: John Benjamins, 1984.

Ballantine, Sergious. "English and Spanish in Gibraltar: Development and characteristics of two languages in a bilingual community." *Gibraltar Heritage Journal* 7 (2001): 115-24.

Becker, Friedrich. "La influencia del español sobre el inglés del Gibraltar." *Boletín de Filología Española* 34-5 (1970): 19-26.

Bell, Adam. "Language style as audience design." *Language in Society* 13 (1984): 145-204.

Belazi, Heidi, Edward Rubin, & Jacqueline Almeida Toribio. "Code-switching and X-bar theory: the functional head constraint." *Linguistic Inquiry* 25 (1994): 221-237.

Cal Varela, Mario *Algunos aspectos sociolingüísticos del inglés gibraltareño. Análisis cuantitativo de tres variables en el nivel fónico*. Santiago de Compostela: Universidad de Santiago de Compostela servicio de publicaciones, 2001.

Cavilla, Manuel. *Diccionario yanito*. 2ª ed. Gibraltar: MedSUN, 1990.

Di Sciullo, Anne-Marie, Pieter Muysken, & Rajendra Singh. "Government and code-mixing. *Journal of Linguistics* 22 (1986): 1-24.

Enriles, J.M. *The Vowel System of Gibraltarian English*. MA dissertation. University College London, 1992.

Fernández Martín, Carmen. *An Approach to Language Attitudes in Gibraltar*. Madrid: Umi-ProQuest information on Learning, 2003.

---"Gibraltar and its hinterland: Sociolinguistic exchanges between two neighboring communities." *Antes y después del Quijote*. Ed. Richard Archer, Valdi Astvaldsson, Stephen Boyd & Michael Thompson. Valencia: Biblioteca Valencia, 2005. 795-806.

---"Gibraltar´s multilingual past, monolingual society in the future? A quantitative and qualitative analysis of the three main varieties spoken in the rock." *Discurso y Sociedad: Contribuciones al Estudio de la Lengua*. Ed. José Luis Blas, Manuela Casanova & Mónica Velando. Castellón: Universitat Jaime I, 2006. 503-15.

Fierro Cubiella, Eduardo. *Gibraltar: Aproximación a un estudio sociolingüístico y cultural de la roca*. Cádiz: Servicios de publicaciones de la Universidad de Cádiz, 1997.

García Martín, José Maria. "El español en Gibraltar. Panorama general." *Demófilo: Revista de cultura tradicional de Andalucía* 22 (1997): 141-154.

Gumperz, John. *Discourse strategies*. Stanford, CA: Stanford UP, 1982.

Kellermann, Anja. *A New New English: Language, politics and identity in Gibraltar*. Heidelberg: Herstellung, 2001.

Kramer, Johannes. *English and Spanish in Gibraltar*. Hamburg: Helmut Buske Verlag, 1986.

Levey, David. *Language Change and Variation in Gibraltar*. Philadelphia: John Benjamins, 2008.

Lipski, John M. "Sobre el bilingüismo anglo-hispánico en Gibraltar." *Neuphilologische Mitteilungen* 87. 3 (1986): 414-427

Milroy, Lesley & Li Wei. "A social network perspective on code switching and language choice: The example of Tyneside Chinese community." *Papers for the workshop on code switching in bilingual studies: Theory, significance and perspectives* (1991): 233-252.

Moyer Greer, Melissa. *Analysis of code switching in Gibraltar.* Doctoral Dissertation. Universitat Autonoma de Barcelona, Spain, 1993.

Myers-Scotton, Carol. Constructing the frame in intrasentential code switching. *Multilingua* 11.1 (1992): 101-127.

Muysken, Pieter. "Needed a comparative approach." *Symposium on code switching in bilingual studies. Theory significance and perspectives* (1991). Strasbourg: European Science Foundation.

Pfaff, Carol W. "Constraints on language mixing: intrasentential code switching and borrowing in Spanish/English." *Language* 55 (1979): 291-318.

Poplack, Shana. "Sometimes I´ll start a sentence in Spanish y termino en Español: toward a typology of codes-switching." *Spanish in the United States: sociolinguistic aspects.* Ed. Jon Amastae & Lucía Elías-Olivares. Cambridge, UK: Cambridge UP, 1980. 230-263.

Toribio, Almeida Jacqueline. "On emergence of bilingual code switching competence. Bilingualism." *Language and Cognition* 4.3 (2001): 203-231.

West, Michael. "Bilingualism in Gibraltar." *Overseas Education* 27 (1956): 148-53.

Woolford, Ellen. "Bilingual code switching and syntactic theory." *Linguistic Inquiry* 14 (1983): 520-536.

ABOUT THE AUTHORS

Carmen Ferrero es profesora asociada de lengua y literatura española en Moravian College, Pennsylvania. Cursó estudios de filología en la Universidad de Valladolid (España). Recibió una Maestría de la Universidad de Maine y un doctorado de la Universidad de Rutgers en New Jersey.

Nilsa Lasso-von Lang es profesora asociada de lengua y literatura latinoamericana en Moravian College, Pennsylvania. Cursó estudios de literatura y lingüística en la Universidad de Northern Iowa. Recibió una Maestría de esta misma institución y un doctorado de la Universidad de Arizona.